日本語研究とその可能性

益岡隆志［編］

開拓社

まえがき

　日本語研究には非常に豊かな蓄積と大きな発展の可能性がある―そのことを実感を持って捉えたい，そして多くの人に伝えたいという強い気持ちが以前から編者にはあった．その気持ちが本書刊行の原動力となった．

　本書の企画を動機づけているものは，2つのキーワードに集約することができる．1つは「異なる分野・アプローチ間の対話・交流」である．研究が継続して進められるなか，研究成果の蓄積が増大していくにしたがって分野・アプローチの細分化が著しく進行している．かつては全体的な展望のもとで個々の研究が進められていたのに対して，現在はそれぞれの分野・アプローチの内部で独立に研究が行われることが多くなったように思われる．研究の細分化に伴って全体を見通すことが困難になったのではないだろうか．かつては一人の研究者が日本語研究の概説を書くことが可能であったが，現在ではそれは困難であり，実際そのような試みをあまり目にしなくなった．そのような研究の細分化の時代にあって何より求められるのは異なる分野・アプローチ間の対話・交流である．

　もう1つのキーワードは日本語研究の国際化である．日本語は伝統的には主として日本国内で日本語を母語とする研究者によって研究が進められてきたが，国際化の潮流のなかで，日本語研究も近年は海外での研究が盛んになり，また日本語を母語としない研究者による研究も活発に行われるようになった．そのような国際化の時代にあって日本語研究も国際性ということを真剣に考えなくてはならない状況にある．その際留意すべきは，国際性を念頭に置くときその足元に地域性を併せて考える必要があるということである．"グローバル"ということと"ローカル"ということは車の両輪であり，一方に偏ってしまうことは好ましくないであろう．

　日本言語学会2013年秋季大会（第147回大会）のシンポジウムの企画を担当することになったとき，編者の頭にあったのはそうした問題意識であった．当初，日本語研究をシンポジウムの対象とし，可能であれば，異なる分野・アプローチ間の対話・交流と日本語研究の国際化の両方をその趣旨に盛

り込むという考えで企画をスタートさせたが，その後，シンポジウムの時間配分など現実的な条件を考慮し，異なる分野・アプローチ間の対話・交流のほうに重点を置くことにした．

また，取り上げる分野・アプローチについても，シンポジウムに割り当てられた時間などを勘案し，3つの分野，2つのアプローチに的を絞ることにした．すなわち，分野については音韻・語彙／レキシコン・文法の3つを，アプローチについては個別言語研究としての日本語研究のアプローチと言語研究のアプローチの2つを取り上げることにした．それに基づき，音韻については高山知明氏と田中伸一氏，語彙／レキシコンについては斎藤倫明氏と由本陽子氏，文法については野田尚史氏と堀江薫氏にそれぞれ講師として発題をお願いすることになった．

これら6名の講師の方々のご尽力によりシンポジウム「日本語研究とその可能性」は，編者自身も学ぶところの多い大変充実したものとなった．その興奮覚めやらぬとき，開拓社の川田賢氏から，このシンポジウムに基づく論集刊行のご提案をいただいた．川田氏にシンポジウムの内容に関心をお持ちいただけたことは編者にとって望外の幸せであった．シンポジウムの講師の方々からも論集刊行のご賛同が得られ，シンポジウムの発題を中心とする論集を編むことを決断したのであった．

論集の企画に当たっては，シンポジウムの発題に基づく論考を収めるとともに，シンポジウムでは取り上げることができなかった話題も併せて掲載することとした．そこで，全体を2部構成とし，シンポジウムにかかわる6つの論考を第I部に，分野間の対話の拡大と日本語研究の国際化を盛り込んだ4つの論考を第II部に収めることにした．分野間の対話の拡大については，日本語研究と他の学問分野との対話を対象に今回はそのなかで特に「文学研究との接点」というテーマを取り上げることとし，山口治彦氏と森山卓郎氏に執筆をお願いした．また，日本語研究の国際化をめぐっては，「日本語研究の国際性と地域性」というテーマのもと，日本語研究を国際的に発信するという観点，及び，日本語が使われている足元の地域を見つめるという観点を話題にすることとし，遠藤喜雄氏と小林隆氏に執筆をお願いした．

本書の具体的な構成は次の通りである．まず第I部は「日本語研究の3つ

の分野―音韻・語彙/レキシコン・文法を対象に―」という標題のもと，6つの章が収められている．これらはそれぞれ2つの章が音韻のグループ，語彙/レキシコンのグループ，文法のグループを構成している．第1章・第2章（音韻グループ）においては，高山氏と田中氏が濁音の問題をそれぞれ個別言語の研究の観点と音韻理論の観点から論じている．第3章・第4章（語彙/レキシコングループ）においては，斎藤氏と由本氏が語構成・語形成の問題にかかわって，それぞれ複合字音語基と「名詞＋動詞」複合語について論じている．そして第5章・第6章（文法グループ）においては，野田氏と堀江氏が文法研究の今後の可能性についてそれぞれ日本語研究の観点と言語類型論の観点から論じている．

続いて第II部は「多様な可能性―2つのテーマを対象に―」という標題のもと，4つの章が収められている．第II部も2つの章がそれぞれ一組を成している．すなわち，第7章・第8章は「文学研究との接点」を目指して山口氏と森山氏がそれぞれ物語のテクストの分析と韻文の分析を試みている．また，「日本語研究の国際性と地域性」をテーマとする第9章・第10章では，遠藤氏と小林氏がそれぞれ国際的に発信するという観点と地域を見つめるという観点から日本語研究の可能性を追究している．

本書の刊行については多くの方々にご協力・ご支援をいただいた．上記シンポジウムで発題をお引き受けいただくとともに本書のためにご論考をお寄せいただいた高山・田中・斎藤・由本・野田・堀江の各氏に，本書刊行のためにご論考をご執筆くださった山口・森山・遠藤・小林の各氏に，そしてシンポジウムの実現にお力添えいただいた大会関係者の皆様に感謝申し上げる．また，論集刊行のご提案をいただきその後の編集作業においても多大なご尽力をいただいた開拓社の川田氏にも謝意を表するものである．

本書が今後の日本語研究・言語研究の発展に寄与することを切に願っている．そして，本書をお読みくださった方々が日本語研究・言語研究の可能性に思いを巡らせていただけることを心から願う次第である．

2015年4月1日　京都宇治にて

益岡　隆志

目　次

まえがき　iii

第 I 部
日本語研究の3つの分野
──音韻・語彙/レキシコン・文法を対象に──

第1章　連濁と濁音始まりの付属形式
　　　　──個別言語研究の意義──
　　　　………………………………………………………… 高山　知明　2

第2章　有声性の強さから見た日本語の不透明現象
　　　　──濁りの表示による透明化──
　　　　………………………………………………………… 田中　伸一　26

第3章　複合字音語基分類再考
　　　　──「語種」の観点から──
　　　　………………………………………………………… 斎藤　倫明　52

第4章　「名詞＋動詞」複合語の統語範疇と意味的カテゴリー
　　　　………………………………………………………… 由本　陽子　80

第 5 章　世界の言語研究に貢献できる日本語文法研究とその可能性
　　　　──「する」言語と「なる」言語，高コンテクスト言語と
　　　　低コンテクスト言語の再検討を中心に──
　　　　　　　………………………………………………………… 野田　尚史　106

第 6 章　日本語の「非終止形述語」文末形式のタイポロジー
　　　　──他言語との比較を通じて──
　　　　　　　………………………………………………………… 堀江　薫　133

第 II 部
多様な可能性
──2 つのテーマを対象に──

第 7 章　「城の崎にて」を読む
　　　　──語りの構造と描写のストラテジー──
　　　　　　　………………………………………………………… 山口　治彦　170

第 8 章　日本語の韻文文学の表現と文法
　　　　　　　………………………………………………………… 森山　卓郎　195

第 9 章　日本語研究の海外発信：副詞節の事例研究
　　　　　　　………………………………………………………… 遠藤　喜雄　222

第10章 東北方言の特質
　　　―言語的発想法の視点から―
　　　　……………………………………………………… 小林　隆　248

編者・執筆者紹介 ……………………………………………………… 277

第Ⅰ部

日本語研究の3つの分野
―音韻・語彙/レキシコン・文法を対象に―

第 1 章

連濁と濁音始まりの付属形式
―個別言語研究の意義―*

高山　知明

金沢大学

1. はじめに

　連濁は，既存の語だけでなく新しく作られる複合語にも起こる，生産性の高い現象として知られている．そのため，多くの関心を集め，日本語の音韻に関する話題の中でも常に主要な問題として論じられてきた．また，日本語の音韻体系の根幹を成す清濁対立の核心に連濁が位置すると考えられることからも，重要視されてきた（金田一春彦（1976 [2001: 334-368, 2005: 583-614]）をはじめとする数多くの論文）．さらに，国語学，日本語学と呼ばれる場だけでなく，とりわけこの二，三十年は，一般理論研究の場においても連濁に大きな関心が向けられており（Itô and Mester (1986, 2003) をはじめとする研究），音韻理論に関する概説書や解説書（Kenstowicz (1994)，窪薗・太田 (1998) など）でも頻繁に取り上げられている．こうした多様な研究状況を踏まえて，2011 年から開始の国立国語研究所の共同研究プロ

---

　* 本稿を成すに当たっては，益岡隆志先生，開拓社の川田賢氏にたいへんお世話になった．とりわけ，原稿提出の大幅な遅れにもかかわらず，変わることなく温かいお言葉をおかけ下さった．また，シンポジウムの他のメンバーの先生方にもいろいろとご教示頂くことができた．とくに，田中伸一氏には当初より変わることなくパートナーとして建設的な提案でもって牽引して頂いた．以上，あらためて厚くお礼を申し上げる．なお，本研究は科学研究費補助金・基盤研究 (C)「濁音始まりの付属形式に関する基礎的研究」（研究課題番号 26370531），および本文に言及の「日本語レキシコン――連濁事典の編纂」の成果の一部を含むものである．

ジェクト「日本語レキシコン——連濁事典の編纂」(同プロジェクト・リーダー，Timothy J. Vance)のように，過去の研究の全体像を包括的にとらえようとする取り組みもなされている．本稿はこのような状況を踏まえて，連濁（とその周辺の現象）を1つの事例に選び，個別言語（日本語）を対象とする研究が言語研究全体の中でどのような役割を果たしうるのか，あらためて反省的にとらえることにする．

　類型論的研究や一般理論研究は，通言語的な観点なしには成り立たない．これに対し，個別言語研究では，多くの言語（ないし複数の言語）に見られる諸現象に目を向けることは必須の手続ではない．もちろん，現実には個別言語を対象とする研究においても通言語的観点が重要になることは少なくないが，研究全体におけるその意味付けは基本的に異なっている．通言語的に現象を取り扱う場合には，複数の言語から等価的と見込まれる現象をそれぞれ抽出し，それらを分析対象とする．このように各言語から一定の部分を取り出し，それらを横断的に見ることによって言語間に共通性を見出したり，さらに，その背後にある一般的な性質を明らかにしようとする．しかし，その半面，当該現象が個々の言語の内部で果たす役割の実際や，同一言語内の他の現象との関連性については深く追究せずに済ますことも多い．また，それらを当面の課題に直接関係しないものとして捨象せざるをえないこともある．

　これに対して，個別言語を対象とする場合には，問題の現象が同一言語内の他の現象や事実といかなる関わりを持ち，実際にどのように機能しているのかを詳しく取り上げることができる．その言語のしくみ全般を視野に入れ，その中で当該現象の占める位置を見定めることに集中する．この場合，一言語をくまなく俯瞰することが重要となる．

　このように考えれば，個別言語的視点と通言語的視点は，取り上げる対象がたとえ同一であっても，アングルの取り方は基本的に異なっている．当然，それぞれから得られる像もたがいに異なるはずである．結果として，別々の像が双方から提供できれば，より多角的に現象をとらえる道が開ける．その意味では，2つの立場は，たがいに補い合う役割をそれぞれ担っているということができる．

具体的問題として連濁を例に取れば，この現象は日本語の他の特徴とどのような関わりを持っているのだろうか．あるいは，日本語内部で，連濁と関わりのある現象は他にないのだろうか．このような問いに応じるためには，一言語の内部を全体として見渡すことが必要になる．本稿では，個別言語的視点に立って，あらためて連濁だけに限らず，濁音始まりの形態がどのように現れているかを見ていくことにする．結果的は，これまであまり顧みられることのなかった，連濁始まりの付属形式に注目することになる．また，日本語の音節構造，形態のあり方との関連についても触れる．同一言語内に見出される複数の現象を取り扱うことで，個別言語を総合的に見る意義をあらためて示す．

2. 連濁と濁音の配列則

すでによく知られているが，連濁がどのような現象かをまず簡単に見ておこう．

たとえば，単純語のカメ（亀），シマ（島），タナ（棚），ヘリ（縁）が，(1)に示すように複合語の後続要素となって現れるときには，その語頭の清音（厳密には清子音）はそれと対応する濁音（濁子音）に交替する．(2)はその清濁両子音の対応関係と連濁による交替を示す．

(1) イシ・ガメ（石亀），ツキ・ギメ（月極め），アマ・グリ（甘栗），ユキ・ゲシキ（雪景色），チュウ・ゴシ（中腰），イナカ・ザムライ（田舎侍），ハナレ・ジマ（離れ島），イレ・ズミ（入れ墨），ニイニイ・ゼミ（ニイニイ蝉），ユウ・ゾラ（夕空），ト・ダナ（戸棚），バカ・ヂカラ（馬鹿力），ココロ・ヅモリ（心づもり），ヤマ・デラ（山寺），ワタリ・ドリ（渡り鳥），ブンカ・バサミ（文化鋏），クロ・ビカリ（黒光り），アシ・ブミ（足踏み），カワ・ベリ（川縁），コウラ・ボシ（甲羅干し），…

(2) a. **k**ame（亀）→ isi+**g**ame（石亀）
　　b. **s**ima（島）→ hanare+**z**ima（離れ島）

c.　tana（棚）→ to + dana（戸棚）
　　d.　heri（縁）→ kawa + beri（川縁）

　ところで，和語（やまとことば）には（3）のような音配列則があることが知られている．濁音の分布に関するこの制限は，後述するように，連濁のしくみを考える上で重要な鍵を握ると考えられている．

　　（3）　濁音の配列則：原則として，濁音は語頭に現れない．

　連濁は，文献時代に入った頃にはすでに存在しており，そのことは容易に確認できる．連濁の発生は，それゆえ，文献時代以前のいずれかの段階で生じた出来事であり，その過程は推定する以外にない．そして，いくつかのシナリオがこれまでに提出されている．推定にあたっては，この（3）の配列則をどのように考えるかが重要になる．その取り扱いによって推定の中身も変わってくる．そのような中にあって，（3）の配列則と連濁との密接な関係を，音の運用という点から明快に示したのが小松（1981: 101-107）である．それによると，「和語には濁音で始まる語がなかったから，それが清濁の対立を持つ音節である限り，下に立つ語の語頭は必ず清音であった．したがって，それを濁音にかえることによって，複合の指標とすることが可能だったわけである」（同 104 頁）と指摘する．すなわち，（3）の配列則があるために，（連濁発生前は）複合語を構成する後続要素の先頭には（清濁の対に関わらない /m/ /n/ /j/ /w/ は別として[1]）必ず清音だけが来ていた．もしその清音を濁音にかえれば，そこが語の先頭でないこと（つまり先行要素に続く要素であること）を形の上に示すことができ，それが「複合の指標」となる．端的にいえば，（3）を基盤として連濁が発生した，ということである．必ずしもそう明言されているわけではないが，音声的性質に依拠した説明をいくらこころみたとしても，音の運用面に目を向けない限り，連濁発生の本質はとらえることができない，というのがこの説明の眼目である．

　この中で注目すべきは，単純語であれ複合語であれ，語を単位として（3）

---

[1] ラ行子音 /r/ は語頭に立たないので，ここには含まれない．

の制限がはたらく点である（ただし，その単位の認定は第4節で修正を加える）．他方，連濁に関連する音配列則として，もう一つ，次の(4)がある．[2]

(4) 濁音の配列則：原則として同一形態素内に複数現れない．

これは1つの形態素に複数の濁音が来ることがないというもので，このために，カゼ（風），クギ（釘），トカゲのように濁音をあらかじめ持っている単純語が複合語の後続要素に来ても連濁は起こらない（「ライマンの法則」の名で知られる現象である）．また，効力の及ぶ領域は形態素なので，複合語の先行要素に濁音があっても，(5)，(6)のように連濁の生起が阻まれることはない．

(5) クジ＋ビキ（kuzi＋**b**iki）
(6) シダレ＋ザクラ（si**d**are＋**z**akura）

(4)は形態素を単位とする制限であり，語を単位に規定される(3)とは対照的である．連濁は，このようにそれが及ぶ領域（言語単位）を異にする2つの音配列則を基にして生じている．

以下で問題として取り上げるのは，このうちの(3)である．語頭に関する制限がどのような範囲で起こるかに注目し，それを通して，濁音の分布と形態の連鎖構造の関係について見ることになる．具体的な議論に入る前に，本稿の主題に関連する，清濁の対立について振り返っておく．

3. 清濁の対立

清濁の対立は，音韻体系における弁別素性の相関関係という観点からでは適確にとらえ切れない．周知のように，そのことは，ハ行とバ行の関係に顕著に現れる．古代日本語では同一の調音点を共有するハ行とバ行の子音（/p/，/b/）だが，ハ行が今日の /h/ に変化したために，両者は音韻体系内でいびつな関係になっている．それでも，依然としてその清濁の対は有効性を

---

[2] 森田（1977），Itô and Mester（1986），山口佳紀（1988）を参照．

失っていない．古代語から現代語に至る過程を通じて，その関係は機能し続けている．清濁の対立は日本語音韻において基本的な概念とされているが，これを一般的な意味での音素対立と見るだけではその本質がうまくつかめない．

　この点に関しては，歴史的にハ行と分化したと推定されるパ行子音についてもいえる．同様に，弁別素性の相関関係によっては相互の関係性がうまくとらえられないからである．弁別素性の観点から見れば，パ行は，ハ行と無声という点で共通し，他方において調音点に関する素性（それをかりに唇音性としておく）を共有する有声のバ行と対立する．その意味では，ハ行と同じ枠でとらえられるべき位置にあるはずだが，半濁音と称されるように，むしろ，濁音に近い位置づけを持つことになる．

　むろん，「半濁」の呼称がどのような経緯で行われるようになったかは学史の問題として別に取り扱わなければならないが，そのとらえ方は，音声学的な事実との間に乖離が認められるとしても，言語学的に見ても決して奇妙なものではない．

　それは，パ行子音の現れ方と役割からいえることで，日本語の /p/ がどのようなふるまいをもつか，あるいは日本語の中でこれがどのように運用されているかということに関わる問題である．具体的にいうと，パ行子音も，濁音の場合と同じく，和語の語頭に立たないという音配列則が存在する（ただし，漢語もそこに含まれる点は濁音と異なる）．詳細については省くが，濁音と同じように，その現れ方には大きな制限がある．また，「反発（ハン-パツ）」「近辺（キン-ペン）」「安保（アン-ポ）」のように撥音の後で，「発（ハツ）」「辺（ヘン）」「保（ホ）」のハ行子音（清音）がパ行子音に替わる形態音韻論的現象も見出される．こうした点を顧みただけでも，パ行子音を濁音に準ずる位置とすることに一定の合理性が認められる．半濁音という名称がさほど違和感なく受け入れられているのも，この音のそうした面が直感的に感じ取られるからだろう．

　なお，濁音と半濁音が仮名文字に符号（すなわち濁点と半濁点）を加えて表されることに共通性を見出し，それを音の説明に適用させようとする考え方に遭遇することがあるが，これは文字のしくみの問題であって別に扱うべ

きである．文字体系におけるこうした付加記号の発達が，その音の現れ方や役割と無関係といえないにしても，文字の特質に直接結びつけて音の説明をこころみることは接近のしかたとして適切といえない．

　語形を形作る上で音がどのように運用されているかという点が清濁の対立の基礎にある．日本語音韻には，弁別素性の相関関係のみでとらえようとしてもうまくいかない「対立」がその根幹にある．こうした個別言語が持つ個性を，どのようなかたちで一般的な問題として提示するかという点も重要であろう．

　以上に述べたことは，先に言及した小松（1981）に，すでに別の形で論じられている．それによると，「そもそも清濁の対立は，この音韻法則（上記(3) の，語頭に立たないという濁音配列則）なしに成立しえなかったのである．そして，この音韻法則と清濁の対立とがなかったら，連濁による複合の表示ということもまたありえなかった」（小松（1981: 106-107），括弧部分は補足）と指摘されている．ここで直接問題にされているのは古代日本語であり，ハ行とパ行が分化する以前の段階である．また，その時期には，上に言及したハ行とバ行はともに唇音であり，まだ現代語のようないびつな関係にない．しかしながら，その段階にあって，今日のものと基本的に変わらない清濁の関係が確立されていた．この指摘で重要なのは，清濁の対立は当初より音配列の問題と不可分の関係にあったことである．その後，音の実質に変化が生じても，現代語に至るまでその関係が保たれたのは，これが音配列に基礎を持つものであったからであると考えられる．次節では，その清濁の関係が日本語の中でどのように運用されているのか，連濁だけに限らず，その周辺にも目を向けることにする．

4．濁音始まりの付属形式

　連濁による以外にも，濁音で始まる形式が少なからず存在する．これらは一連の付属形式に現れる．大きく分けて，接尾辞のように語の内部構造において現れるものと，それにさらに付随する助詞や助動詞において現れるものとがある．両方にまたがって現れることの意味は無視できないので，以下で

はそれぞれを別に扱った上で,総合的に見ていくことにする.また,当面は現代語を例にして説明するが,ここで述べる内容は歴史的な問題にも及ぶ.歴史に関する具体的なことがらについては次節以降で述べる.

これらはいずれも常に先行要素に続くことから,それ自体が先頭に立つことがない.ところで,語頭に濁音が来る (3) の音配列の違反語には,意味に顕著な偏りが見られる.たとえば (7) に見るように,汚い印象やどぎつい印象を伴うものや疑問を表す指示語というような偏りがある.

(7) ゴミ,ドロ,ブタ;ジラス,ドナル,バラス;ダレ,ドコ,ドレ,…

これに対し,濁音で始まる付属形式の場合には,同様の意味的な偏りは見られない.このことは,付属形式の場合には濁音で始まっても,実質的な面では (3) の音配列に違反していないということを示唆する.その点では,これらも連濁形と同じ性質を持っているといえる (表1).

濁音で始まる形態	意味的な偏り
語頭濁音語	有
連濁形 付属形式	無

表1 濁音で始まる和語の形態の分類

このようなことから,これらは連濁に準ずるものと見なされてきたようである.ただ,あらためて日本語の音配列について包括的にとらえようとすれば,典型的な連濁だけでなく,これらの形式にも十分に目を向ける必要がある.本章筆者もこれらについて高山知明 (1995, 2003: 22-42),T. Takayama (2013) で言及したことはあるが,問題の整理を十分行わないままで済ませている.本節以下では,このような反省に立ち,連濁と合わせて,あらためて付属形式全体に関わる問題を考える.

4.1. 語の内部構造における形態

　たとえば「もの悲しい」は，モノ-ガナシイのような複合語であり，モノに続くカナシイが連濁している．ココロ-グルシイなどもこれと同様の構成である．さて，その語幹モノ-ガナシに接尾辞ゲが付くと，モノ-ガナシ-ゲが派生される．もちろん，この場合のゲは連濁によるものではなく（「気（け）」に戻す必要はなく），派生形を導く接辞としてはたらいている．こうしてできるモノ-ガナシ-ゲはそれ自体が形容動詞（ナ形容詞）の語幹となりうる．

　　(8)　モノ-ガナシ-ゲ（もの悲しげ）

このように，濁音を先頭に持つ形態であるガナシとゲが，順次結合してひとつの語形を構成する．(9)，(10)，(11) も同じように濁音で始まる形態が後続して作られている例である．

　　(9)　シブリ-ガチ（渋りがち），シズミ-ガチ（沈みがち），
　　(10)　サム-ガル（寒がる），ヤメ-タ-ガル（止めたがる），
　　(11)　イイワケ-ガマシイ（言い訳がましい），

これらはいずれも全体が1語であり，その先端部分が語頭となる．(3) の音配列則によって語頭には濁音は立たないから，連濁が生じる場合と同じように，後に続く形態が濁音で始まれば，それが複合の標示となる．その点に限っては，これらも連濁と同じように考えることができる．

4.2. 助詞・助動詞の形態

　4.1 に見た語の内部構造に現れる形式に対して，次の (12)，(13)，(14) のような助詞，助動詞の類はどのように扱えばよいだろうか．

　　(12)　ホシ-ガキ-ダケ-ガ（干し柿だけが）
　　(13)　ヒダリ-ガワ-デ（左側で）
　　(14)　フチ-ドル-ベキ-ダロウ（縁取るべきだろう）

ここで取り上げるのは，(12) の名詞「干し柿」に付くダケとそれに続くガ，

(13)の名詞「左側」に付くデ，(14)の動詞「縁取る」に続くベキやダロウである．助詞や助動詞はいわゆる自立語ではないので，先行要素に付随するある種の接辞と見て処理することは可能である．そのようにすれば，語頭に濁音が来ないという音配列に支障なく合致することになる．ただ，定義の上でどのように処理すべきかは，ここでは，さほど重要な問題ではない．

　ここで注目すべきは，「語頭」に立たないという濁音の配列則が，個々の語形の問題にとどまらないことである．助詞や助動詞においても濁音で始まる形式が現れるということは，この音配列則が，助詞や助動詞が付いた形式連鎖全体に及ぶことを意味する．(12)の，最初のホシ-ガキの後に来る助詞を別のものに入れ替えると，たとえば，ホシ-ガキ-ダケ-デモ，ホシ-ガキ-グライ-ガのような組み合わせもできる．また，(14) フチ-ドル-ベキ-ダロウは，フチ-ドラ-ズ-ニ（縁取らずに），フチ-ドル-バッカ-ジャ（縁取るばっかじゃ，「縁取るばかりでは」の意）のような他の濁音始まりの形式を付けることも可能である．重要なのは，これらの形式の連鎖は，文中における語句のまとまりに対応している点である．つまり，語彙的な結び付きにとどまらず，文を構成する要素に対応する．しかも，複合語，接尾辞，助詞，助動詞といった様々な階層の単位に対して，同じ形態音韻論的手段が一貫して適用されていることも注目される（高山知明 (2010) 参照）．

　このように見ると，濁音が最初に来ない配列則は文のレベルにおける言語形式の切れ続きに関わる現象として見る必要が出てくる．前節4.1で(8)「もの悲しげ」，(10)「寒がる」について見たような，語の内部構造を問題にするだけでは不十分ということになる．

　もちろん，連濁するか否かにしても，個々の付属形式が濁音で始まるか否かに関しても，それがどのような形を取るかは，日本語の語彙内のレベルで個別に決められる．たとえば，ノミ-グスリ（飲み薬），キ-ベラ（木箆）は連濁するし，ミソ-シル（味噌汁），アマ-クチ（甘口）は連濁しない．また，助詞デ，ダケは濁音で始まる形を取るが，サエ，シカは濁音で始まらない．こうしたことは，語や形態ごとに決まっている．

　その一方において，これらの各形式をつなぎ合わせると，その連続全体において濁音の配列が具現されることになる．すなわち，その形式連鎖の先頭

に濁音が来ることはない．それとともに，その内部では次位の形態に濁音始まりの形が現れうる．結果として，文内部の語句のまとまりが濁音で始まらないという音配列で貫かれる．たとえば，(15)のような場合を見てみよう．

(15)　ソト-ガワ-オ　　シロ-デ　　フチ-ドル-ダケ-ジャ　ミ-バエ-ガ　ワルイ-ダロ
（外側を白で縁取るだけじゃ見映えが悪いだろ）

　まず，この中のそれぞれの語，形態について見ると，上にも述べたとおり，それらがどのような音形を取るかは語彙のレベルであらかじめ決められている．具体的には，連濁によるものだったり（縁-ドル，見-バエ），-ガワのように常に先行語に続く形態だったり，あるいは助詞（デ，ダケ，ジャ〔デ+ワ〕）や助動詞（ダロ）だったりする．その上で，それらをつなぎ合わせてできる結合体「外側を」「白で」「縁取るだけじゃ」「見映えが」「わるいだろ」において，その各々は，先頭に濁音が来ない音配列則で組み立てられることになる．これらは語の内部構造を越えて，文の切れ続きに対応する．他の言語を見てみると，ある種の母音調和も，たとえば，名詞と接辞，格標示から成る一連の形式の連続を領域として起こることがあるが，これと同様のものと見ることができる．そうした母音調和も，文中における単位の切れ続きを示す効果を持つが，日本語における濁音の現れ方もそれと同じ機能を持つと考えられる．

　母音調和の場合には，ある語句は男性母音のみ（および中性母音）で構成される一方，他の語句では女性母音のみ（および中性母音）が現れるというふうに，それぞれの語句のまとまりに応じて音形を変える．それによって，文中での形態間の結合を示したり，同時に，各語句間の切れ目を示したりする．[3] これに比べると，濁音の配列は，男性母音と女性母音といったような選択的な類別はつくらないので，一見すると母音調和とは異なる方式のよう

---

[3] 母音調和が起こる領域は言語によっても異なるし，同一言語内でも調和の種類によって異なることもある．また，単純語から成る複合語に調和が生じるか否かについても注意が必要である．

に見えるが，機能的な側面から見ると両者には共通点が認められる．濁音の場合には，先頭位置でその出現が抑制され，それ以外の位置では出現が抑制されないというシンタグマティックな構成によって，単位の切れ続きを反映させている点が特徴的である．

もちろん，上述のサエ，シカのように付属形式の中には清音で始まる形態も存在するし，ホドのように，第一音節以外に濁音を持ち，同一形態素内に複数の濁音が現れない配列則（既出の (4)）により，最初に濁音が来ない形態もある．[4] 連濁に関しても，それを起こさない複合語も少なくない．このように付属形式にしても複合語の後部要素にしても，その先頭で常に濁音が生起するわけではないが，単位の切れ続きに関する情報を音形に反映させているのは間違いない．

現代語では漢語や外来語が多く出てくるので，先頭に濁音が頻繁に来るが，古代語ではそこに濁音が来ることは希であった．次節以降でも述べるように，この音配列則は歴史的に見て，文の中での切れ続きを示す方向に諸形態が変化した蓄積の結果であろう．

5. 濁音始まりの付属形式の歴史

前節で見た濁音始まりの付属形式は，連濁とともに文献時代の最初から存在している．それにもかかわらず，歴史に関する関心はもっぱら連濁のほうに注がれてきた．付属形式の場合は，連濁に準ずるものと見なされてきたようである．しかし，もし濁音の配列則に関する問題を総合的に考えようとするのであれば，連濁だけでなく，これらにも十分な目配りが必要である．本節では，連濁との違いに注目しつつ，付属形式に焦点を当て，その歴史に関する問題点を指摘する．

(16) 伊邪古杼母　怒毘流都美邇　比流都美邇　和賀由久美知能迦具波斯　波那多知婆那波 … （いざ子ども，野蒜つみに　蒜つみに　わ

---

[4] ホドは，上代語ではホト（上代語の甲乙の区別は簡略のため示さない．以下同）とともに清音であったと推定されている．これは，濁音始まりのボトにならなかった．

が行く道のかぐはし　はなたちばなは　…）[5]

（『古事記』中巻　品陀和気命）

たとえば，(16) は，ヒルとノビル（蒜と野蒜）のように単純語とその複合語がともに歌の中に織り込まれている例であるが，このように上代語における連濁の存在はごくふつうに確認することができる．ハナタチバナ（花橘）はこれで一語とされるが，そのうちのタチバナ（橘）自体も複合語で，その後部要素がハナ（花）であるとすると，これも連濁の例である．そして，ここにはコ-ドモのドモのように名詞の接尾辞，すなわち濁音始まりの付属形式も現れる．付属形式の例をもう1つ (17) に掲げる．

(17)　可久婆可里（かくばかり）　　　　　（『万葉集』巻15，3739）

ドモもバカリも，それぞれ自立語のトモ，ハカリ（動詞ハカルからの派生）に由来するとすれば，一見すると連濁によって生じたと見なすことができそうに思われる．しかし，同じ付属形式でも，たとえば，接続助詞バ，格助詞ガ，副助詞ガテラ（ガテリ），助動詞ズ，ベシのようなものになると，連濁と同じような過程を経て濁音が最初に立つようになったとすることはできないし，そもそも濁音始まりでない形を想定することが困難な場合さえある．

それに，(17) のバカリに関しても，先行語に常に接続し，特定の文法的意味を担うようになっているので，その濁音の発生は，文法化に伴う形態の変容と見たほうがはるかに適切である．言語史の問題としては，そのような場合に濁音化が起こるという事実こそ見逃すべきではない（ナロック (2005) 参照）．[6] もちろん，連濁という用語が指し示す範囲を広く取れば，こうした

---

[5] 上代語の甲乙の区別は簡略に従い，省く（以下同）．

[6] ナロック (2005: 110) の次の指摘は本稿の内容にとっても興味深い．すなわち，「もし文法化論がアフリカのサハラ以南の言語や英語ではなく，日本語に基づいて構想されたならば，(中略) 形態変化の側面もより注目され，より中心となっているに違いない．日本語では，英語のような孤立語において自立的な「機能語」で表される文法的な意味は，接尾辞（学校文法でいわゆる助動詞，助詞など）で表されることが多く，つまり，日本語では文法化が形態変化と結び付くことが多いからである」とする．本稿が扱っている濁音始まりの付属形式に対しても，その形態的特徴と文法的な役割の関係の面から注目する必要がある．

文法化に関わる濁音化もその1つに数えられよう（実際，これまで連濁が指し示す内容はしばしば曖昧になりがちであった）．しかし，濁音始まりの形態が日本語の中でどのような振る舞いを見せるのかを詳しく知ろうとする場合に，いたずらに連濁という用語の指示内容を緩めることは有益ではない．その多様性が十分に汲み取れなくなるおそれがあるからである．

このような認識に立って，連濁形と付属形式の場合との相違，および両者の関係を(18),(19)に従って整理しておくことにしよう（第2節に掲げた小松(1981)，および前節の内容を参照）．両者はともに濁音始まりという点で共通するので，その点をとらえるために「濁音始まりの形態」という括り方で包摂する．

(18) 濁音は文中の語句のまとまりの先頭には立たない（(3)に掲げた配列則）．その先頭以外の位置では濁音始まりの形態が現れうる．

(19) 濁音は文中の語句のまとまりの先頭には立たない（(3)に掲げた配列則）．その先頭位置を占める語（自立語）は，濁音始まりでない形態で現れる．

(18)は，濁音で始まる形態は，それが他の自立語，接辞等に後続することを音形上に反映させた結果である，ということを意味する．あるいは，それを複合の標示と呼んでも同じことである．このことは，濁音始まりの形態全体（すなわち，連濁の場合と付属形式の場合の両方）にあてはまる．他方，(19)のように，ある語が語句のまとまりの先頭に位置するときには，濁音で始まる形態では現れない．しかし，その同じ語が，複合語の後続要素となるときには，(18)のように，濁音始まりの形態で現れることができる．このとき，同じ語のこれら2つの形態は複合語の後部要素であるか否かといった位置の違いによって使い分けられるので，安定的な異形態の関係を形作ることができる（言い換えれば，連濁形からもとの単純語形に還元することが容易に行える）．

なお，(19)が「先頭位置を占める語（自立語）は，濁音始まりでない形態で現れる」とするのに対し，(18)では「先頭以外の位置では濁音始まりの形態が現れうる」とするのは，連濁と付属形式のいずれであれ，濁音で始ま

る形態で必ず実現されるということではないからである．連濁が起こるかどうかは語彙的条件によって左右され，一定の音韻条件さえ満たされれば規則的に起こるというものではない．付属形式が濁音で始まるかどうかもこれと同様である．連濁についていえば，かつては規則的に起こっていたものが徐々に語彙化したとされることがあるが，そのような状態は確認できず，文献以前に遡っても，そのようなものではなかったと推定される（高山倫明(1992, 2012: 105-127)，肥爪 (2002, 2003) 参照）．

　上に述べた (18) と (19) の関係を図示したのが図1である．この図は，連濁の場合も付属形式の場合も，濁音始まりの形態であり，それらすべてが (18) によって記述されることを示している．その中にあって，(19) にも当てはまる場合が連濁であり，それに関わらないものが付属形式ということになる．

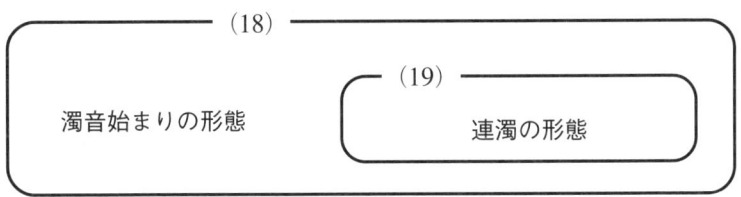

図1　濁音始まりの形態

さて，バカリに話を戻すと，一見するとこの形は連濁のように見えても，もとの語との同一性は必要とされない．これは，自立語から文法辞へと意味的変容・機能的変容を遂げるのに伴って形を変えたものと見るべきである．つまり，この場合には，2つの異形態の関係を安定的に保持する (19) には該当しない．付属形式としての機能に特化するのに伴って，形が濁音始まりに変わったのであり，その形式上の変化は自立語ハカリから離れることを示している．これに対して，複合語ノビル（野蒜）の後部要素のビルは，(18)，(19) がともに関わる場合であり，単純語ヒルと異形態の関係を保ち，そこに還元されることがこの複合語の存立にとって重要である．濁音で始まる形に変わるといっても，その意義は両者で異なっている．

　バカリについては，現代語における助詞グライ（もしくはクライ）と比べ

るとわかりやすい．これは自立語クライとは異形態の関係になく，意味的には，自立語のクライ（位）にいちいち戻して意味解釈する必要はない．グライはクライ（位）の連濁ではない．たとえ，現状では助詞に濁音で始まるグライとそうでないクライが並存していても連濁の場合とは異なっている．[7]

　さらに別の例を採り上げて見てみよう．動詞の未然形，已然形に続く接続助詞バは，助詞ハとの間に何らかの関わりがあるのではないかといわれているが，これも連濁の中に含めるのは躊躇される．もし歴史的に見て2つの助詞ハとバとが，二重語 doublet の関係にあるとすれば，それは文法的役割の違いに応じて分化が生じた結果であると推定される．条件節の場合がバに変わることにより，意味に応じて形が分岐したのだろう．[8] 意味の違いに応じて形の違いがつくられるという点では，複合語の場合（すなわち連濁）にも同じような例を見出すことができるが，連濁で得られた形態は，濁音で始まらない形に還元しうる．現代語を例に取ると，ツゲ-グチ（告げ口），タメ-グチ（ため口）のように「言葉」を意味するクチでは連濁が起こりうる一方，コイ-クチ（濃い口），ウス-クチ（うす口），アマ-クチ（甘口），カラ-クチ（辛口）のように「味」を意味するときには連濁が起こらない．こうした使い分けは複合語にも起こるが，濁音始まりの形態グチになっても単純語クチとの異形態の関係は保持されている．これに対して，条件節のバは，清音の形ハに戻す関係は持たない．

　上代語において，ゴト（シ）のような付属形式についても濁音で始まるのは興味深く，ノ-ゴト（シ），ガ-ゴト（シ）のように助詞のノ，ガが先行する場合でも濁音形を取っている．通常，格助詞を挟んで後続する語が濁音始まりの形態に替わることはないが，この場合には，一定の文法的な役割を担う

---

[7]「締切から遅れてさらに三ヶ月位かかった」のように，助詞クライに漢字「位」が当てられることがある．しかし，自立語「クライ」に戻しうる連濁の関係がこれによって示唆されはしないと考える．こうした例は，文字の運用の問題として考えるべきもので，当て字の用法の一つとして見るほうが適切であろう．「それ丈の日数」のような漢字の使い方も，これと同類である．

[8] この点に即して，「ずは」や，形容詞連用形に「は」が接続する場合もあわせて考える必要があるが，紙数の都合により，ここでは省略に従う（橋本（1951b [1951a: 301-323]）参照）．

固定した形式であるためにこうした形になっていると考えられる（橋本 (1940 [1951a: 205-236]) 参照）．

　上代以降の例を一つ挙げると，平安期に入ってから，ニ＋テの2つの助詞の連続が縮約化し，新たな助詞デがつくられるといった事例がある．この変化は，従来，音韻史では鼻音の同化によってテが濁音化した例として引かれることが多いが，濁音始まりの付属形式が形作られている点にもっと注目してもよいだろう．

　以上のように，濁音始まりの付属形式のそれぞれの事例を見ると，濁音始まりの形態の発生には固有の動機があり，またその過程も一様ではないことがうかがえる．その一方，付属形式に濁音で始まるものが次々に現れるという点では，通時的に概観してそこに一定の方向性が認められるのも事実である．個別の変化はたがいに違っていても，全体として見れば，長い時間をかけて一種の群化が進行していると見ることができる．濁音始まりの付属形式は文献時代に入る前よりすでに存在しており，上代以降も，上に述べた助詞デのほか，ダラケ，ダケのように，新しい形がさらに加わってきている．一連の変化の集積が，濁音の配列則に収斂している．このような歴史的な変化のあり方は，個別言語の研究を通して明らかにしうることであろう．その上で，さらに通言語的な視点からその結果をどう生かすかということが次の課題になると考えられる．

6. 濁音始まりの形態に関する諸問題

　本節では，濁音始まりの形態（連濁と付属形式の双方）に関するその他の問題について見ておくことにする．それぞれについては，今後の課題となるべき点が含まれている．

6.1. 連濁の起源説との関わり

　連濁の起源は，これまでもたびたび話題になってきた問題であるが，濁音始まりの付属形式をどう取り扱うかに関して明確な説明のないまま行われているのが現状である．前節でも見たように，付属形式に濁音始まりの形態が

現れる史的過程は，連濁とは異なると考えられ，これを連濁と同一視して取り扱うわけにはいかない．また，歴史的に見て，必ずしも連濁が先に起こったということもできない．かりに，いずれもが歴史のどこかの段階で新しく発生したものとすれば，論理的にその先後関係は (20), (21), (22) の3とおりがある．

(20) 連濁の発生 → 濁音始まりの付属形式の発生
(21) 濁音始まりの付属形式の発生 → 連濁の発生
(22) 両者が並行的に発生

しかし，(20), (21) はいずれも現実性のある推定とは考えられず，そのいずれであるかを問うことに大きな意義は見出せない．付属形式の濁音始まりの形態は，文献時代以降の変化の状況に照らし合わせて見ると，歴史的なある時点に一斉に発生したのではなく，それぞれの語によって発生の時期が異なると推測される．連濁の場合には，多くの複合語で大量に発生し始める段階が想定できそうに思えるが，かりにそうだとしても，連濁は，複合語が必要に応じてつくられていく中で生じるだろうから，語彙の中で，ある一定の広がりを見せるまでには，それ相応の時間を要するはずである．もちろん，最初期において，付属形式と複合語のいずれに濁音始まりの形態がいち早く現れたのかとの問いを設定してみることはできるが，そうした問いにどの程度の意義が見出せるかとなると，はなはだ疑わしい．言語史にとってより重要と考えられるのは，付属形式においても複合語においても濁音始まりの形態が次々に発生し，その数が徐々に増えていく過程のほうである．この間に起こった各語の語形変化と，濁音の配列則（とくに複数の形式の連結に濁音が現れるという点）の形成とは密接不可分の関係にあると推定される（肥爪 (2002, 2003) 参照）．[9]

---

[9] 肥爪 (2002, 2003) は，清濁の対立が存在しない段階において，複合語の内部境界を示し，複合語の結合も示そうとした結果，後続要素の最初の阻害音が前鼻子音で実現されるようになったと想定する．これが連濁の初期状態であり，清濁対立発生の契機となったとする．連濁，清濁対立，濁音の配列則の相互の関係を統一的に説明する史的過程の推定として注目される．この論文では，連濁が中心的に扱われているが，複合内部境界の明示と

ただし，文献時代以前の推定をより確からしいものとするためには，個別言語の研究にとどまらず，音配列の変化，形態面の変化，および両者の関係に関する通言語的な視点が必要になってくる．

ところで，連濁に関しては従来，その起源として，たとえば (23) の x の位置に no, ni など鼻音を持つ形が来るなど，二つの語の間に介在する形態素を想定する考えが出されている (Lyman (1894)，平野 (1974)，高山倫明 (2012) 参照)．

(23) ヤマ＋x＋トリ

しかし，付属形式が接続する場合には，こうした形態素の介在は想定が困難である．もちろん，先に述べた助詞デの形成では，ニ-テのように鼻子音を持つニが濁音（前鼻子音で実現）の生起に関わっているが，濁音の生起の全体をこうした要素によってすべて説明しうるものではない．また，ニ-テの場合にしても，2つの形態の縮約であって，結合形態素が介在したわけではない．濁音始まりの形態が付属形式だから許されるという，いわば音配列の落としどころがあって，縮約が達成されたものである．

6.2. 母音調和と濁音配列則

第4節で述べたように，濁音は，文中の語句のまとまり（あるいは，文を構成する要素）を単位としてその先頭に立つことがない．これはいわゆる文節にほぼ相当する．[10] トリ-ガ（鳥が）のように名詞に助詞が1つ続く場合もあれば，トリ-ダケ-ガのダケ，ガのように複数の助詞が連続する場合もあ

複合構成要素間の結合標示という点は，本稿で述べている付属形式に対しても当てはまる．肥爪論文の推定は，付属形式にも連濁にも同じような前鼻子音の実現の傾向が出てくることを予測するので，本稿の立場からすれば，そのように読み替えて理解することが可能である．

[10] たとえば，「とかげのしっぽが」「さかなの骨で」のような場合は，構文的には一つの「句」としてはたらく．濁音の音配列則に関しては，これらは二つの単位に分かれる（第5節で言及した「〜のごと（し）」「〜がごと（し）」はこの中に含まれない）．また，この単位は，音調（アクセント）における「句」とも異なる．そのため，本稿では混乱を避けて，句 (phrase) と呼ぶことは控えている．

る．また，述語の部分は，河野（1971[1979], 1995, 1996）のいう用言複合体に相当する．用言複合体というのは，「語基」（動詞や形容詞など）に「接辞」あるいは「助辞」が次々に付いてつくられる構成体で，言語類型の一つとされる「アルタイ型言語」（系統的な含意はない）に特徴的な述語形式の構造を指す．濁音の音配列則は，日本語のこのような統語面・形態面の構造に適したものとして発達してきたと考えられる．先行する自立語に順次付属的な要素が続いていくという形態の構造と，それらの形態の連続体から構成される文におけるその連続体の切れ続きとを，音配列に反映したものである．

第4節では，この配列則が適用される領域に関して，母音調和との共通性に触れた．母音調和の問題は日本語にとっても無縁ではなく，長年議論されてきた経緯があるので，ここでも濁音の音配列則と対照させるかたちで見ておくことにする．

「古代日本語に於ける音節結合の法則」（有坂（1934 [1957]），池上（1932）などを参照）について，有坂（1934）は，これを母音調和ないしその名残を留めるものであるとしている．[11] この「音節結合の法則」がはたして母音調和を示すものかどうかについては議論のあるところだが，ターナ（「手の」に相当する形．「たなごころ（掌）」など），ミーナ（「水の」に相当する形．「みなと（港，水-ナ-門）」など）のような形の存在から，文献時代よりもさらに遡れば，先行名詞の母音の種類に応じて助詞ノ～ナの交替が存在したのではないかとの指摘がなされている（有坂（1934），亀井（1973）など参照）．もしかりにそうだとしても，かなり早い時期にその生産性は失われており，また，有坂（1934）のいう「音節結合の法則」が母音調和の名残だとしても，その領域は「同一結合単位」すなわち形態素（語よりも小さい）にとどまっており，複数の形態素を貫くような生産性はほとんどなく，長い単位をまとめ上げるような統成力は有していない．すでに，母音調和の崩壊が始まりつ

---

[11] 有坂（1934）に基づいて示すと，(1)「オ列甲類とオ列乙類とは同一結合単位内に共存しない」，(2)「ウ列とオ列乙類とは同一結合単位内での共存が少ない」（とくに2音節の場合，オ列乙類ではあり得ない），(3)「ア列とオ列乙類とは同一結合単位内での共存が少ない」というものである．

つあったといわれる中期朝鮮語においても，日本語の助詞に相当する接辞や，動詞の連結語尾が，先行語や先行語幹に応じて，母音の形を替えているのとはきわめて対照的である（李基文（1972a, 1972b）など参照）．

同じ日本語でも，それに比べると濁音の配列則は，さらに長い形態の連鎖を領域としている．これは，日本語の中における形態のあり方，および形態音韻論の問題を考える上で注目すべき現象である．また，同時に，これと同様ないし類似の現象を通言語的な立場からあらためて探る必要も生じる．

6.3. 濁音始まりの付属形式の安定性

最後に，濁音始まりの付属形式が持つ安定性に関する要因を 2 点指摘する．

複合語（連濁）では，語構成が左枝分かれ構造を持つときには連濁が起こりうるのに対して，右枝分かれ構造の場合には，分岐の左端で連濁が抑制されることが知られている（Otsu (1980) 参照）．すなわち，(24) のクシには連濁が生じることがない．

(24) ［オオ＋［クシ＋ガキ］］（大-串柿）[12]
(25) ［［オオ＋グシ］＋ガキ］（大串-柿）

このように連濁では，複合語の後続要素であっても，その構造上の位置に応じて，濁音始まりの形態とそうでない形態を使い分ける必要が出てくる．これに対して，接尾辞や助詞，助動詞などの濁音始まりの付属形式は，複合語の場合と違って（すなわち連濁と違って），(24) のような右枝分かれ構造を持つことが事実上ない．(26) のように単体の形式が順次後続する構造にしかならないので，枝分かれに関する構造上の制約を受けることなく，いずれの後部位置に立っても，常に濁音始まりの形式で現れることができる．

(26) ［［［ソト＋ガワ］＋ダケ］＋デ］

---

[12] (24) が串柿の大きいものという意味であるのに対して，(25) のオオグシガキは，たとえば，大串を刺した柿という意味になる．

このことは，古代語においても基本的に変わらない．濁音始まりの付属形式がそれなりに発達し得た背景には，形態の交替を起こさずに済む条件が大きくはたらいたと考えられる．

　もう一点，先行要素との複合を形態の上に示しつつ，それでいてそれ自体の形が一定している点が形式上の特質として注目される．一般的には，後続要素はしばしば先行要素（とくにその末尾）の音に大きく影響され，それ自体の形態を替えることがあるからである．このことは，何も濁音始まりの付属形式だけでなく，助詞一般および助動詞の多くについてもいえることだが，日本語では，先行要素が持つ音韻的条件によってそれ自体の形態を替えることがない．これには，日本語が基本的に開音節構造を持つことが大きく関わっていると考えられる．朝鮮語（韓国語）では語末に閉音節が来るために，それに続く接辞（助詞を含む）の類は母音挿入を起こしたり，或いは接辞そのものが母音始まりの形態を持つことによってリエゾンを起こしたりする．こうした点と比べても，日本語の付属形式の形態上の特徴は違っている．濁音始まりの付属形式が常にその形を保持できるのも，音節構造と無関係ではない．これに関連して，濁音始まりの付属形式は，音節の切れ目と形態の切れ目とが常に一致する点も注目される．

　ところで，同じ日本語でも，これと対照的なのは，用言複合体の内部ではしばしば形態の切れ目が曖昧化することで，そのような位置では流音（ラ行子音）が目立って現れる（高山知明（2013）参照．たとえば，レル・ラレル，終止・連体形接辞ルなど）．同じく「語頭」に立たないといわれる濁音とラ行音だが，形態を形る上で2つの音のはたらきには違いが見られることにも注意を払う必要がある．

7.　おわりに

　本稿で取り上げた現象の1つ1つは，それぞれだけを取り出してみれば，必ずしも目新しいものではないが，個別言語の中においてそれらを俯瞰する立場からあらためて全体を見てきた．そのように見渡すことによって，個別言語に対する理解を深めることができれば，さらに次の段階の一般言語的研

究にもつなげることができると考える．ただし，本稿の内容がそれに見合うものかどうかは，今後に委ねざるを得ない．

　どのような立場であれ言語現象を扱うのに，言語一般の問題をまったく考慮しない研究はあり得ない．その上でなお，個別言語的研究の利点がどのような点にあるかといえば，当面，言語の一般性，普遍性に関する課題に直接とらわれることなく進めることができるところにある．そして，さらにその結果から何らかの一般化に寄与しうる問題が出てくるとすれば，重要な役割を果たすことになるだろう．個別言語研究と一般言語的視点に基づく研究とが相互に補完しうる関係がやはり求められる．

参考文献

有坂秀世（1934）「古代日本語における音節結合の法則」『国語と国文学』（昭和9年1月）有坂（1957）所収．
有坂秀世（1957）『国語音韻史の研究　増補新版』三省堂，東京．
橋本進吉（1940）「『ことさけば』の『こと』と如の『ごと』」『国語と国文学』198，橋本（1951a）所収．
橋本進吉（1951a）『上代語の研究（橋本進吉著作集第5冊）』岩波書店，東京．
橋本進吉（1951b）「上代の国語に於ける一種の『ずは』について」，橋本（1951a）所収．
平野尊識（1974）「連濁の規則性と起源」『文学研究』71, 21-43．
肥爪周二（2002）「ハ行子音をめぐる四種の『有声化』」『茨城大学人文学部紀要　人文学科論集』37, 97-118．
肥爪周二（2003）「清濁分化と促音・撥音」『国語学』213, 95-108．
池上禎造（1932）「古事記に於ける仮名『毛・母』に就いて」『国語国文』2-10．
Itô, Junko and Armin Mester (1986) "The Phonology of Voicing in Japanese: Theoretical Consequences for Morphological Accessibility," *Linguistic Inquiry* 17:1, 49-73.
Ito, Junko and Armin Mester (2003) *Japanese Morphophonemics: Markedness and Word Structure,* MIT Press, Cambridge, MA.
亀井孝（1973）「文献以前の時代の日本語」『日本語系統論のみち（亀井孝論文集2）』吉川弘文館，東京．
Kenstowicz, Michael (1994) *Phonology in Generative Grammar,* Blackwell, Oxford.

金田一春彦（1976）「連濁の解」*Sophia Linguistica* II, 1-22，金田一（2001, 2005）所収．
金田一春彦（2001）『日本語音韻音調史の研究』吉川弘文館，東京．
金田一春彦（2005）『金田一春彦著作集　第6巻』玉川大学出版部，東京．
小松英雄（1981）『日本語の世界7　日本語の音韻』，中央公論社，東京．
河野六郎（1971）「朝鮮語の膠着性について」『言語学論叢』11，河野（1979）所収．
河野六郎（1979）『河野六郎著作集』第1巻，平凡社，東京．
河野六郎（1995）『言語学大辞典』第2巻世界言語編，「日本語」の項目，1577-1588．
河野六郎（1996）『言語学大辞典』第6巻術語編，「アルタイ型」「言語類型論」「膠着」「範例」「用言複合体」の各項目．
窪薗晴夫・太田聡（1998）『音韻構造とアクセント』研究社，東京．
李基文（1972a）『國語史概説　改訂版』塔出版社，ソウル（李基文（1975））．
李基文（1972b [再版1977]）『國語音韻史研究』塔出版社，ソウル．
李基文・藤本幸夫（訳）（1975）『韓国語の歴史』大修館書店，東京．
Lyman, Benjamin. S. (1984) *Change from Surd to Sonant in Japanese Compounds*, Oriental Club of Philadelphia, Philadelphia.
森田武（1977）「日葡辞書に見える語音連結上の一傾向」『国語学』108, 20-32．
ナロック，ハイコ（2005）「日本語の文法化の形態論的側面」『日本語の研究』1-3, 108-122．
Otsu, Yukio (1980) "Some Aspects of Rendaku in Japanese and Related Problems," *Theoretical Issues in Japanese Linguistics*, MIT Working Papers in Linguistics, ed. by Yukio Otsu and Ann Farmer, 207–227.
高山倫明（1992）「連濁と連声濁」『訓点語と訓点資料』88, 115-124．
高山倫明（2012）『日本語音韻史の研究』ひつじ書房，東京．
高山知明（1995）「促音による複合と卓立」『国語学』182, 15-27．
高山知明（2003）「現代日本語の音韻とその機能」『朝倉日本語講座3　音声・音韻』，上野善道（編），朝倉書店，東京．
高山知明（2010）「音韻交替の二類と漢語の連濁」『漢語の言語学』，大島弘子・中島晶子・ブラン・ラウル（編），19-37，くろしお出版，東京．
高山知明（2013）「日韓両言語の流音の役割に関する共通性と相違点」『日本語学・日本語教育　2音韻・音声』，韓美卿（編），267-280，J&C，ソウル．
Takayama, Tomoaki (2013) "Gemination in Compounds and Complexes," *Current Issues in Japanese Phonology: Segmental Variation in Japanese*, ed. by Jeroen van de Weijer and Tetsuo Nishihara, 107-128, Kaitakusha, Tokyo.
山口佳紀（1988）「古代語の複合語に関する一考察—連濁をめぐって—」『日本語学』7:5, 4-12，明治書院．

第 2 章

有声性の強さから見た日本語の不透明現象
——濁りの表示による透明化——*

田中　伸一

東京大学

1. 日本語と不透明現象

　言語現象には，不透明性（opacity）を伴うものが少なからずある．透明な現象なら，ある条件が整えば規則が適用されるだけであり，単純でわかりやすいことこの上ないのだが，そうはいかない場合である．これには適用不全（underapplication）と適用過剰（overapplication）の 2 種類があって，前者は条件が整っているのに規則が適用されない場合，後者は条件が整っていないのに規則が適用される場合である．「例外のない規則はない」とはよく言ったもので，要は例外現象の一種である．いずれも何が原因でそうなっているのかは，表面だけを見ていてもよくわからない．不透明と言われる所以である．しかし，だからこそその原因を突き止めることが言語学者の仕事となり，突き止めた暁には例外は例外でなくなる．
　Kiparsky（1973: 79）はこの不透明性を上のように最初に定義し，表層にある構造だけからではわからない不透明性の原因を，より深層にある規則の

---

　* 本章の内容は，2013 年 11 月 24 日に神戸市外国語大学で開催された日本言語学会第 147 回大会におけるシンポジウム『日本語研究とその可能性——音韻・レキシコン・文法を中心に——』にて，「濁りの表示と不透明性：2 種類の有声表示による透明化」というタイトルで講演した田中（2013）に改訂を加えたものである．その場でコメントくださった佐々木冠氏，真栄城玄太氏，松浦年男氏，ご参加くださった皆様方，また原稿にコメントくださったクレメンス・ポッペ氏，橋本大樹氏，渡部直也氏，マルコ・フォンセカ氏，堀川遼太氏に謝意を表する．

順序付けに求めた．次節で見るように，規則どうしがある特定の順序関係を構成する場合に不透明性現象が起こるというものである．文法というものを「順序付けられた規則の集合」と考えるなら，それもありであろう．しかし，近年の音韻理論，特に最適性理論（Optimality Theory）と呼ばれる枠組みでは，文法を「序列化された制約の集合」と考えており，そこには複数の規則を順次適用していくというような派生のステップはない．つまり，表層構造が制約に合致しているか否かのみが説明の鍵となる．いわば，一見すると「表層にある構造だけからではわからない不透明性の原因」を表層構造のみから突き止めるというマジックが不可欠だというわけである．

　思えば，最適性理論の誕生は90年代初期であり，その20年ほどの歴史の大半は，こうした不透明性の解決をめぐる様々な提案を繰り返してきた．その提案のいくつかは McCarthy (2007) の *Hidden Generalizations: Phonological Opacity in Optimality Theory* というまさに不透明現象を扱った研究書の2章で紹介されており，そのどれもが表面だけからはわかりそうにない不透明性の原因，つまり「隠された一般化」を，いかにして表層構造だけから導き出すかを試みた努力の結晶となっている．ただ，目を見はるようなマジックであるか否かは未だ研究者間の意見の一致を見ていない．不透明性の解決の歴史こそが最適性理論の歴史だという背景の中で，決め手を欠いている現在の状況がある種の閉塞感を生んでいるのもまた事実ではある．

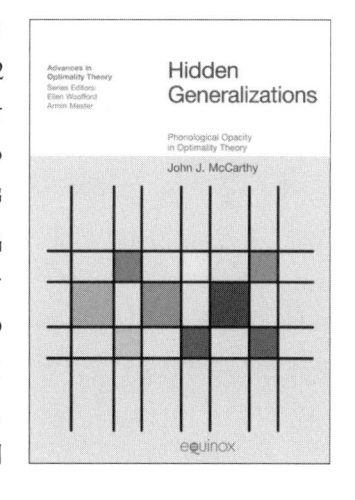

　本章では，そうした様々な提案の優劣を検証する余裕はないが，その有力候補の1つとして「濁りの表示」（turbid representation）による不透明性の解決を提案し，規則の順序付けではなく表層構造にかかる音韻表示や制約だけによって，不透明性が透明化できることを立証する．その際，日本語の有声音をめぐるいくつかの謎，つまり有声性に関わるいくつかの不透明現象を紹介しながら，その解決に濁りの表示が有効であることを主張する．また，

そうした主張の中で，有声音にはその有声性の内在的な強さに応じた三段階のスケールが存在することも実証する．内容の構成としては，1）有声音をめぐる3つの謎（不透明性）の紹介，2）有声性の内在的な強さに関するスケールの提示，3）濁りの表示による不透明性と強さのスケールの解き明かし，という順を追って展開することになる．

はたして，ここでいう解決方法が「目を見はる」までいかなくとも，それなりのマジックとなるかこじつけのトリックとなるかは，読者に委ねたい．具体的な謎がどういったものか，また，その謎解きがどのような論証に基づいているかが鍵となろう．いずれにしても，有声音をめぐる日本語固有の特性が，未来の音韻理論の発展に一石を投じることにつながることを祈りつつ，話を進めていこう．

2. 有声音をめぐる不透明な謎と強さのスケール

2.1. 共鳴音の謎：不完全指定のメカニズム

1つ目の謎は，日本語の共鳴音に関するものである．(1)のように日英語の動詞に過去接辞が付加された場合，語幹末の音の有声性に合わせて接辞初頭の子音が有声化する現象が一般に知られている．これを有声同化（voicing assimilation）という．語幹末が無声阻害音の場合は，kick-[t], kiss-[t], kak-[ta]「書いた」, kas-[ta]「貸した」のように接辞は有声化しない（または無声どうしで同化している）．もちろん，日本語の動詞はそれ以外の変化（tob-[da] → ton-[da] の鼻音化や kag-[da] → ka-i-[da] の挿入・削除，tor-[ta] → tot-[ta] の重子音化など）も含むのだが，ここでは詳細は省略する（Tsujimura (2013) の3章を参照）．重要なのは，もとの語幹末の音の有声性が同化の決定要因だという点である．

(1) 日英語の有声同化：田中（2011, 2013, 2014）
  a. 有声阻害音
   英語： describe-[d] hug-[d]
   日本語： tob-[da]「飛んだ」 kag-[da]「嗅いだ」

b. 共鳴音
英語：　　score-[d]　　　　borrow-[d]
　　　　　tie-[d]　　　　　toe-[d]
日本語：　*tor-[da]「取った」　*kaw-[da]「買った」
　　　　　*oki-[da]「起きた」　*ne-[da]「寝た」

　そして，有声阻害音は日英語ともに有声同化が適用される一方で，日本語のわたり音・流音・母音などの共鳴音は，英語と違ってそれが適用されない点が問題である．有声阻害音も共鳴音も等しく有声であるにも関わらず，である．つまり，形態素間の隣接する音どうしという条件が揃っているにも関わらず，日本語では有声同化が適用されていない点で，ここに適用不全の不透明性が介在することは明らかであろう．英語は透明でわかりやすいのだが．
　ただし，注目すべきは，有声阻害音と共鳴音の有声性に関する質の違いである．有声阻害音にとっての有声性は，対応する無声阻害音と区別するために「弁別的」(distinctive)であるのに対し，共鳴音にとっての有声性は，対応する無声共鳴音なるものがそもそもないために「余剰的」(redundant)である（なので，有声共鳴音とはわざわざ言わない）．だとすると，英語は有声阻害音であれ共鳴音であれ，とにかく音声的に有声であれば有声同化を引き起こす「表層型」だが，日本語は音韻的に有声な阻害音のみが有声同化を引き起こす「深層型」だという違いが浮き彫りになる．
　この共鳴音の日英語の違いを，規則の順序付けにより捉えたものが(2)である．いずれの言語でも有声阻害音の有声性は弁別的で基底形から指定されるが，共鳴音の有声性は基底形では指定されずにあとから規則により指定されるという不完全指定(underspecification)という考え方に基づいている．

(2)　日英語共鳴音の不完全指定：田中 (2011, 2014)
　　a.　英語：　供与の順序
　　　　基底形　　　/score-t/　　←　有声性は未指定
　　　　有声指定　　score-t　　　←　共鳴音が有声化
　　　　有声同化　　score-d　　　←　接辞の有声化
　　　　表層形　　　score-d

b. 日本語： 供与の逆順序

　　　基底形　　　/tor-ta/　　← 有声性は未指定
　　　有声同化　　　-　　　　← 接辞は無声のまま
　　　有声指定　　tor-ta　　← 共鳴音が有声化
　　　表層形　　　tot-ta　　← その他の規則適用 (cf. tor-u)

ここで，有声同化の規則が表層に近いか基底に近いかで，英語のような「表層型」か，日本語のような「深層型」かが決まることが見て取れる．

　また，これら2つの規則の順序関係に関して，英語では有声指定の適用があって初めて有声同化を適用できる点で供与の順序 (feeding order) にあるといえるが，日本語ではそれらを逆にすることにより，同化の適用不全の効果を導き出している．Kiparsky (1973) は，2つの規則が供与の逆順序 (counter-feeding order) にある場合にこそ先行する規則の適用不全が観察されると言ったが，日本語の共鳴音はまさにこの好例となっている．もっといえば，一般に，不完全指定とはまさに素性指定をその素性に言及する規則の適用よりあとに遅らせることでその効果を得るという，供与の逆順序を利用したメカニズムにほかならない．素性の underspecfication が規則の underapplication を導く所以である．

　しかしながら，このように深層を掘り返した複雑な規則の順序付けを想定しなくとも，上で見た有声性の質の違いに注目すれば，表層構造から同じ効果を簡単に導くことができる．つまり，有声阻害音は両言語で同化を引き起こすほど強い有声性を持っているが，共鳴音は同化の適用がまちまちでやや弱い有声性を持つといってもよい．要は，問題になる有声性が弁別的か余剰的かを表層構造の表示により区別すればよいのである．

　初期の最適性理論は，出力表示（表層構造の表示）にはすべての派生情報が含まれているとする考え方，つまり含有理論 (Containment Theory) に基づいており，入力から出力まで変化のない要素を X，入力にはないが出力に現れる要素を X̄，入力にはあるが出力にはない要素を <X> などと出力表示する（第4節参照）．「派生の歴史」を含有した出力表示を，Goldrick (2001) に倣って「濁りの表示」という．この理論に従って有声性を表示し

たものが (3) である．ここでは，X = V(oice) となる．

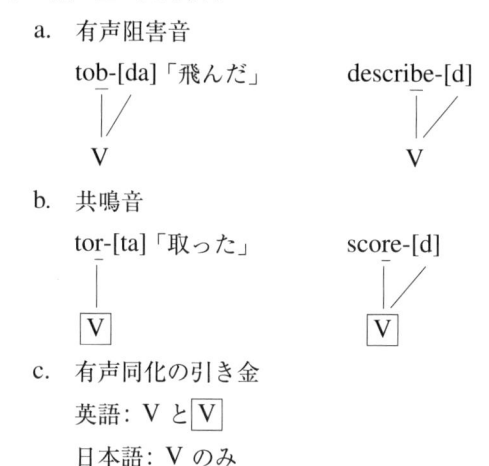

(3) 有声性の出力表示
    a. 有声阻害音
        tob-[da]「飛んだ」   describe-[d]
              |/ |/
              V   V

    b. 共鳴音
        tor-[ta]「取った」   score-[d]
              |/ |/
             [V]   [V]

    c. 有声同化の引き金
        英語：V と [V]
        日本語：V のみ

すると，有声阻害音の弁別的な有声性は，入力から出力へと変わらず存在するので V，共鳴音の余剰的な有声性は，（不完全指定に基づき）入力では無指定であとから派生されるので[V]と出力表示される．そして，この出力表示（表層構造の表示）に「形態素間の隣接音に有声同化を要求する制約」が課せられるとすれば，英語では V と[V]の両方が，日本語では V のみが引き金になると考えることにより，日英語の共鳴音の振る舞いの違いを簡単に説明することができる（最適性理論の制約階層に従えば，英語は Agree-V >> Agree-[V] >> Faith，日本語は Agree-V >> Faith >> Agree-[V]となり，Faith より上位に序列化された制約が可視化されるが，詳細は田中（2014），Tanaka（2014a）を参照）．また，有声阻害音と共鳴音の有声性の質の違い（強さの違い）も，弁別的か余剰的かというよりは，もともと問題の有声性が基底に存在するか派生的であるかにより捉えることができる．

　以上は，共鳴音の有声同化における適用不全の実例だが，実をいうと（1a）の有声阻害音の有声同化にも不透明性は含まれている．それは語幹が /k,g/ で終わる場合で，kak-ta → kak-[ta] → kak-i-[ta] → ka-i-[ta]「書いた」と kag-ta → kag-[da] → kag-i-[da] → ka-i-[da]「嗅いだ」の対立からわかるよ

うに，表層形には有声同化を導く条件の痕跡（「た」か「だ」を決める環境や引き金）が残されていない．つまり，有声同化とは本来は隣接する音どうしで引き起こされるものなのに，表面だけからは，その条件が整っていないのに有声同化が適用されているように見える．有声同化の適用過剰である．ここには [i] の挿入規則と /k, g/ の削除規則が関わっているが，これら2つの規則は本来，隣接する子音環境を奪うという意味で有声同化とは奪取の順序関係（bleeding order）にある．しかし上の派生のように，それが奪取の逆順序 (counter-bleeding order) となって有声同化が先に適用されるがために，適用過剰が生じるという実例となっている (田中 (2009))．Kiparsky (1973) の定義通りである．これを表層構造からどう説明するかについては，ここでは立ち入る余裕がないので，詳しくは Tanaka (2013, 2014a, b) を参照されたい．

　いずれにしても，(3) の説明のポイントをまとめると，有声音の強さのスケールは (4) のようになることがわかる．「---」の部分は，言語ごとの有声同化がスケールのどこまでを引き金にしているかを示している．

(4)　有声性の内在的強さのスケール（暫定版）
　　　有声阻害音 V　＞　共鳴音 V
　　　-------------------------------------- 英語の有声同化
　　　------------------ 日本語の有声同化

つまり，日本語の有声化は，スケール上で最も強い有声性を持つ V のみをその対象としているのである．

2.2. 鼻音の謎その1：有声性のパラドクス

　次に謎なのが，日本語の鼻音の振る舞いである．流音やわたり音と違って，共鳴音でありながら *sin*-[da]「死んだ」, *kam*-[da]「噛んだ」のように有声同化を引き起こす点では有声阻害音と同じ振る舞いを見せる（英語の *coin*-[d], *tame*-[d] も然り）．しかし，有声阻害音なら *takara-guzi「宝くじ」, *ao-gabi「青かび」のようにライマンの法則（語内部に濁音を2つ以上許さない和語の制約；Ito and Mester (1986)）が適用されて連濁が阻止

されるはずだが，notare-zini「のたれ死に」，ase-bami「汗ばみ」のように連濁を許す点では，yoku-bari「欲張り」，ki-dukawi「気遣い」のような共鳴音と同じ振る舞いを示す．つまり，鼻音が共鳴音と同じだとすれば有声同化の適用過剰となり，有声阻害音と同じだとすればライマンの法則の適用不全となる．これが鼻音の有声性のパラドクスである．

(5) 鼻音とその他の共鳴音：田中（2013, 2014）
    a. ライマンの法則の適用不全
        鼻音：
            notare-zini「のたれ死に」   ase-bami「汗ばみ」
            obore-zini「溺れ死に」   siri-gomi「尻込み」
        その他の共鳴音：
            yoku-bari「欲張り」   ki-dukawi「気遣い」
            saki-dori「先取り」   sitto-guruwi「嫉妬狂い」
    b. 有声同化の適用過剰
        鼻音：
            norare-zin-[da]「のたれ死んだ」ase-bam-[da]「汗ばんだ」
            obore-zin-[da]「溺れ死んだ」 siri-gom-[da]「尻込んだ」
        その他の共鳴音：
            yoku-bar-[ta]「欲張った」   ki-dukaw-[ta]「気遣った」
            saki-dor-[ta]「先取った」   sitto-guruw-[ta]「嫉妬狂った」

特に注目すべきは，(5b) の鼻音の例である．これらには同じ語形の中に鼻音が有声阻害音扱いされるプロセス（有声同化の適用過剰）と，鼻音が共鳴音扱いされるプロセス（ライマンの法則の適用不全）とが共存しており，有声性のパラドクスを如実に示すケースとなっている．

これを規則の順序付けを使って説明するなら，次のようになろう．鼻音の有声指定とその他の共鳴音の有声指定を別規則にするところがミソである．

(6) 鼻音とその他の共鳴音の不完全指定
    a. 鼻音：供与の逆順序と供与の順序

基底形	/notare-sin-ta/	←	有声性は未指定
連濁とライマンの法則	notare-zin-ta	←	鼻音は無声のまま
鼻音の有声指定	notare-zin-ta	←	鼻音が有声化
有声同化	notare-zin-da		
共鳴音の有声指定	-		
表層形	notare-zin-da		

    b. その他の共鳴音：いずれも供与の逆順序

基底形	/yoku-par-ta/	←	有声性は未指定
連濁とライマンの法則	yoku-bar-ta	←	共鳴音は無声のまま
鼻音の有声指定	-		
有声同化	-		
共鳴音の有声指定	yoku-bar-ta	←	共鳴音が有声化
表層形	yoku-bat-ta	←	その他の規則適用
			(cf. yoku-bar-u)

(6a)で，ライマンの法則と鼻音の有声指定は供与の逆順序となっているので（鼻音の有声指定がライマンの法則に先行すれば供与の順序となり，ライマンの法則が適用されるはずだから），(2b)と同じ理屈で，ライマンの法則の適用不全が説明される．つまり，ライマンの法則から見れば，鼻音は有声性に関して不完全指定の効果を持つのである．一方で，鼻音の有声指定があるからこそ鼻音の有声同化が引き起こされるので，これら2つの規則は供与の順序となっており，有声指定が遅れる他の共鳴音から見れば有声同化が過剰適用されているかに見える．もちろん，(6b)のように，その他の共鳴音の有声指定は，ライマンの法則と有声同化の両方と供与の逆順序の関係にあるので，いずれのプロセスから見ても適用不全であり，不完全指定の効果が得られるのである．

　ただ，このような規則の順序付けに基づく説明は，見ての通り非常に複雑な分析には違いない．細かな規則に分けて入り込んだステップを踏まざるを

得ないからである．また，Ito, Mester, and Padgett (1995) は早くから鼻音の有声性についてのこの謎に注目し，「素性の認可」(feature licensing) と「認可の解除」(licensing cancellation) という考え方に基づき，最適性理論の枠組みで説明しようと試みた．しかし，これも読んでみればわかるように非常に複雑で，不完全指定を派生のない理論から読み替えることの難しさを物語っている．

しかしながら，(7) のように，出力表示（表層構造の表示）にすべての派生情報が含まれているとする含有理論または濁りの表示に基づくなら，複雑なステップを踏むことなく表面から，簡単に鼻音の謎を解くことができるように思われる．

(7) 有声性の出力表示
　　a.　有声同化
　　　　tug-[da]「継いだ」　　　sin-[da]「死んだ」
　　　　　　　│／　　　　　　　　　　│／
　　　　　　　V　　　　　　　　　　　V

　　　　tukaw-[ta]「遣った」
　　　　　　　　│
　　　　　　　　V

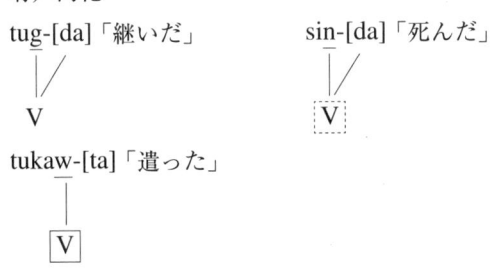

　　b.　ライマンの法則
　　　　ato - tugi「跡継ぎ」　　notare - zini「のたれ死に」
　　　　　‡ │　　　　　　　　　　│ │
　　　　　V V　　　　　　　　　　V V

　　　　ki - dukawi「気遣い」
　　　　　│　│
　　　　　V　V

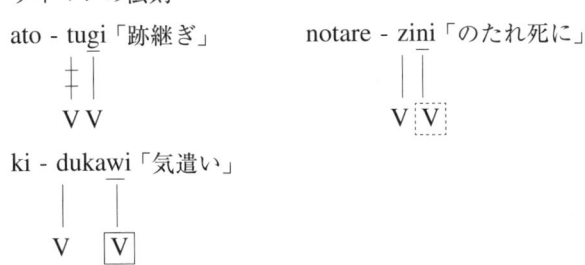

　　c.　有声同化とライマンの法則
　　　　ato - tug-[da]「跡継いだ」　notare - zin-[da]「のたれ死んだ」
　　　　　‡ │／　　　　　　　　　　　│ │／
　　　　　V V　　　　　　　　　　　　V V

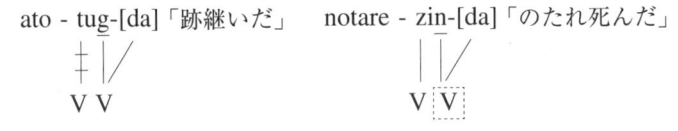

ki‐dukaw‐[ta]「気遣った」
　│　│
　V　V̈

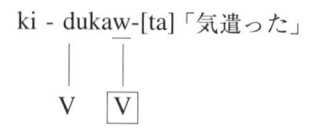

　ただし，そのためには 2 つの重要な仮説が必要である．以下でその 2 つについて順を追って説明する．

　まず第 1 に，鼻音の謎を解くために，基底から存在する V とあとから派生された V̇ の中間的な性質を持つものとして，(7) のように V̈ という表示を鼻音に与えるという仮説である．つまり，鼻音が有声阻害音のような有声性の強さを持つ点で V̇ とは異なるが，共鳴音のように派生された余剰的な有声性を持つ点で V とも異なる点を捉えたものである．強さのスケールでは，V > V̈ > V̇ となる．だとすれば，(4) を改訂して，英語の有声同化の引き金は V, V̈, V̇，日本語のそれは V, V̈ ということになり，(7a) の「遣った」と (7c) の「気遣った」のみが同化をしない点が説明される．（制約階層に従えば，英語は Agree-V >> Agree-V̈ >> Agree-V̇ >> Faith，日本語は Agree-V >> Agree-V̈ >> Faith >> Agree-V̇ となり，Faith より上位の制約が可視化される．）

　また，もう 1 つの重要な仮説が，連濁というプロセスを「複合語の語と語をつなぐ有声形態素 V が主要部に接頭辞化する操作」だと考える点である．形態素であるから，当然ながら，基底から存在する有声性 V に相当するものとなる．連濁の性質として，窪薗 (1999) のように母音と母音に挟まれた環境で無声子音が有声化する同化のプロセス（つまり派生された V̇）だと考えるのではなく，Ito and Mester (2003) や高山 (2013) の立場を採るということである．そうすると，ライマンの法則は，「基底から存在する V と V が語内部に存在することを阻止する制約」として捉えることができる．これにより，(7b) の「跡継ぎ」と (7c) の「跡継いだ」のみで連濁が阻止される（「╪」のように V の連結が解除される）ことがわかる．

　連濁を「語と語をつなぐ有声素性からなる形態素」だと考えるこの仮説には，少なくとも 3 つの根拠がある．1 つは，2 つの形態素や語をつなぐ役割をする形態素が他言語にも例が見られる事実である．たとえば，英語でも

Franco-American, morpho-syntax, psycho-linguistics, chemo-receptor, Sino-Japanese などのように形態素を複合する接辞 *-o* や, *statesman, salesman, headsman, bandsman, swordsman, tradesman, linesman* などのように語を複合する接辞 *-s* が観察される．いずれも接尾辞化している点では連濁とは異なるけれども．ただし，韓国語の「사이시옷」(sai-sios) という現象では，連濁に似た接頭辞が関わっている．これは一般的には，語と語の複合の際に平音が濃音化（声門閉鎖化），鼻音が重子音化する現象だとされる（孫 (2008))．

(8) 韓国語の複合名詞における子音スロット接頭辞
    a. 主要部の語頭子音が平音の場合に濃音化（重子音化）
        pom + pi → pom-p-pi「春雨」
        tɨl + čimsiŋ → tɨl-č-čimsiŋ「野獣」
        namu + kači → namu-k-kači「木の枝」
    b. 主要部の語頭子音が鼻音の場合に重子音化
        pi + mul → pi-m-mul「雨水」
        honča + mal → honča-m-mal「独り言」

しかし，(8a) のように濃音化（声門閉鎖化）は持続時間の延長を伴うので重子音化だと捉えれば，複合の際に子音スロット（C-slot）形態素が接頭辞化され，その子音の中身が主要部の語頭子音により決められると，統一的に捉えることができる．

連濁を「語と語をつなぐ有声素性からなる形態素」だとするもう1つの根拠は，有声性それ自体が形態素として振る舞う点も他言語に観察される点である．英語の名詞〜動詞の交替を示す *mouth* [mauθ] 〜 *mouth* [mauð], *house* [haus] 〜 *house* [hauz], *advice* [ədvais] 〜 *advise* [ədvaiz], *base* [beis] 〜 *base* [beiz], *bath* [bæθ] 〜 *bathe* [beið], *breath* [breθ] 〜 *breathe* [bri:ð] といった例や，ウェールズ語文語体（Literary Welsh）における男性形〜女性形の交替を示す *hogin tal* 'tall lad' 〜 *geneθ dal* 'tall girl', *dur klir* 'clear water' 〜 *nos glir* 'clear night', *gwint poeθ* 'hot wind' 〜 *teisen boeθ* 'hot cake' といった例（Radford et al.(2009: 164–

165))などの例である．

　さらに3つ目の根拠として，形態素であれば固有の例外を持たざるを得ない点である．連濁にも *azi-sio*「アジシオ」, *mori-tuti*「盛り土」, *okuri-saki*「送り先」, *asi-kase*「足かせ」, *asa-tuyu*「朝露」, *kosi-himo*「腰紐」のように形態素としてVを連結しない主要部固有の特性があり，たとえば *te-sio*「手塩」, *ama-sio*「甘塩」, *kara-sio*「辛塩」, *goma-sio*「胡麻塩」のように何を付けてもVが接頭辞化しにくい（Vance (1980: 251), Rosen (2001: 254–256)）．これはちょうど上の -s でも *mailman, fisherman, chairman, policeman, freeman* のように，前部の形態素によっては -s を接尾辞化しない事例に相当する．語彙の基底にあるからこその，形態素の固有性であろう．連濁にもその語彙特有の固有性が認められるということである．

　なお，Ito and Mester (1986: 57) いわく，連濁の歴史的起源は属格の「の」にあり，*yama-no-sakura* → *yama-n-sakura* → *yama-n-zakura* → *yama-zakura*「山桜」といったステップを経て発達したとされる（母音消失／有声同化／鼻音消失）．この歴史自体が1つ目と2つ目の根拠を補強するが，だとすれば，英語の -s の形態的特徴に似ているのはあながち偶然ではないだろう．

　以上の議論から，有声音の強さのスケールと音韻プロセスの適用性をまとめると，(4) は (9) のように改訂される．

　　(9)　有声性の内在的強さのスケール（改訂版）
　　　　有声阻害音 V > 鼻音 V̈ > 他の共鳴音 V̄

　　　　-- 英語の有声同化
　　　　------------------------------- 日本語の有声同化
　　　　----------------- ライマンの法則

このスケールは聞こえ（sonority）の階層とは負の相関にあり，母音・わたり音・流音 > 鼻音 > 有声阻害音という聞こえの階層において，低いものほど無声性との対立の上では有声性が相対的に重要となる，つまり (9) のスケールでは強くなることがわかる．これにより，表層構造のみから各音韻プロセスを簡単に捉え，さらには不透明な謎を透明化できることが明らかであろう．

2.3. 鼻音の謎その2:「踏ん縛る」問題と「逆とげ」問題のからくり

鼻音にはさらなる謎が2つある．これまでの先行研究では議論の俎上に載せられながらも，その不透明な問題を解く決定的な分析が見つかっていなかった謎である．ここでは，(9)の仮説に従えばこれらが簡単に解け，かつそのことが上の仮説のさらなる裏付けとなることを立証しよう．

1つは「踏ん縛る」問題と呼ばれるもので，Vance (1987), Ito and Mester (2001), Haraguchi (2002), Rice (1993, 2005) などで指摘された，ライマンの法則の適用不全に見える現象である．

(10) 「踏ん縛る」問題: ライマンの法則の適用不全
    a. yoko-suber-i「横滑り」   gakkou-sabor-i「学校さぼり」
        kodukai-sebir-i「小遣いせびり」
    b. *hun-sibaru / hun-zibar-u「踏ん縛る」
       *hun-siboru / hun-zibor-u「踏ん絞る」
       *hun-kibaru / huŋ-gibaru「踏ん気張る」

つまり，ライマンの法則が本来は(10a)のように(10b)の連濁を阻止するはずだが，連濁がライマンの法則を無視したかに見える．そして，(11a)のように，連濁形態素が基底から存在する有声性 V だとするなら，このことが説明できないかに見える．ライマンの法則は，(9)のように基底からの V の間で起こるものだから．「横滑り」と同様に連濁を阻止するはずだからである．

(11) 「踏ん縛る」問題のからくり
    a. *hun-sibar-u   b. hun- [z]ibar-u
          V V   V V
    c. hum-i-sibar-u「踏み縛る」   hum-i-sibor-u「踏み絞る」
       hum-i-kibaru「踏み気張る」

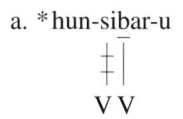

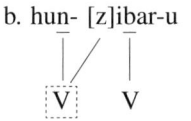

しかしながら，(10b)は連濁の例ではない．(11c)のように一般に複合動詞は連濁しないし，連濁形態素ではなくむしろ形態素 -i によって2つの動詞

を複合するものだからである．つまり，(10b)の有声化は，(11a)で示されるような連濁形態素ではなく，(11b)のように鼻音の有声同化によるものとするのが妥当であろう．これなら $\boxed{\text{V}}$ と V の並列なので，ライマンの法則が適用しないのもうなづける．

かくして，これまでの連濁に関する仮説が仇となると思いきや，有声同化の仮説と相まって，逆説的に裏付けられることがわかる．

そのことは，次の「逆とげ」問題でも同様である．この問題も古くは Ito and Mester (1997) で指摘され，Honma (2001) と同様に最適性理論の立場から説明が試みられたが，いかんせんその機構が複雑で，今の音韻理論では破棄されてしまったがために，未だに謎のままとなっている．その謎の中身としては，(12a) やこれまでも見たように，同じ鼻音でも [m, n] はライマンの法則が免除されて連濁を許すはずだが，鼻濁音 [ŋ] に限っては (12b) のように，鼻音にも関わらずライマンの法則が過剰適用され，連濁を阻止したかに見えるところがポイントである．

(12) 「逆とげ」問題：ライマンの法則の適用過剰
  a. saka-dome「坂止め」 moti-gome「もち米」
    yaki-zakana「焼き魚」
  b. saka-toŋe / *saka-doŋe「逆とげ」
    kuro-koŋe / *kuro-goŋe「黒こげ」
    oo-tokaŋe / *oo-dokaŋe「大とかげ」

この謎を解く鍵は，鼻濁音 [ŋ] がもともとは [g] であったという派生の歴史に関係があることに間違いはないのだが，表層構造にかかる制約だけから説明を試みる最適性理論にとっては，一筋縄ではゆかない問題として立ちはだかっていたのである．

しかしながら，表層構造に有声性の「派生の歴史」を組み込んだ (9) の仮説を用いれば，(13) のように問題の解決はたやすい．

第 2 章　有声性の強さから見た日本語の不透明現象　　　　　41

(13)　「逆とげ」問題のからくり
   a.　saka-dome   b.　saka-toŋe
     | | ‡ |
     V V̄   V V

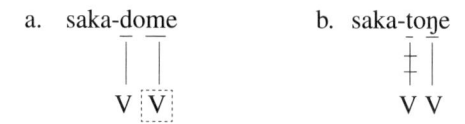

両者ともに連濁形態素 V が与えられており，(13a) の通常の鼻音は V を，(13b) の鼻濁音は基底からの V を持つことが，この問題を解く鍵である．つまり，ton-da「飛んだ」や yon-da「呼んだ」も，もともとは /tob-ta/ や /yob-ta/ のように語幹末は有声阻害音であったという「派生の歴史」を含んでいるので，この鼻音には基底からの V が与えられるべきものである．(3a) はそうしたことを前提とした表示であった．これと同様に，/toge/ → toŋe も母音間で鼻濁音化されるという「派生の歴史」があるので，鼻濁音が基底からの V を与えられるのは当然であろう．かくして，「逆とげ」問題もめでたく解決である．

　なお，「赤とんぼ」や「素人考え」で連濁を起こさない事実は，別の問題を喚起するかに見える．(14a) のように，tombo や kaŋgae の濁音が鼻音に由来するものだとすれば V を持つこととなり，連濁形態素 V との並存をライマンの法則は許すはずだからである．しかし，事実は逆である．

(14)　「赤とんぼ」問題のからくり
   a.　*aka- dombo   *sirooto-gaŋgae
     | |/ | |/
     V V̄   V V̄

   b.　aka- tombo   sirooto-kaŋgae
     ‡ | | |
     V V   V V

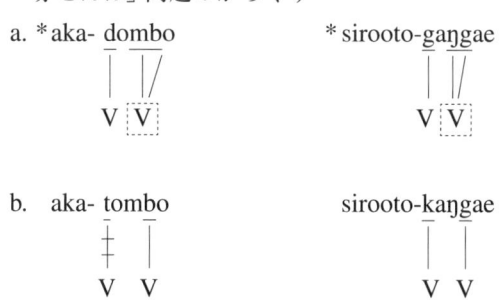

しかしながら，tombo や kaŋgae の濁音は派生されたものではなく，(14b) のように基底からの V だとここでは考えたい．なぜなら，これらは sin-da「死

んだ」や *kam-da*「噛んだ」と違って交替形（派生形）ではないので，鼻音による有声同化から導かれたとする根拠はないからである．実際に，*aŋko*「あんこ」，*uŋko*「うんこ」などでは有声同化が起こらず，鼻音後に無声阻害音が現れる例もある．つまり，鼻音後でも清濁が対立し得るのである．よしんば交替形だとしても，歴史的には「とんぼ」は「飛ん・棒」，「考える」は「か・むがふ」（彼方へ向かう）に由来するとされ，もともとは有声阻害音だった歴史があると考えられる．その意味では，*yu-kemuri*「湯煙」や *kawa-kamuri*「皮かむり」が連濁しないのも，「けぶる」や「かぶる」から派生されたために基底の V を保持しているからだという事実とも似ている．いずれも，基底に V があるという点で，(13b) の鼻濁音と同じ振る舞いを示している．

3. 濁りの表示と不透明性

3.1. 基底からの有声と派生された有声

これまで述べてきた不透明現象とその原因を整理すると，(15) のようにまとめることができる．

(15) 日本語の不透明性のからくり（まとめ）

謎の音	問題となる例	不透明性の種類	原因
共鳴音	tob-[da] vs. tor-[ta]	有声同化の適用不全	有声同化の引き金は V と V のみ
鼻音	tor-[ta] vs. sin-[da]	有声同化の適用過剰	有声同化の引き金は V と V まで
鼻音	ato-tug-[da] vs. notare-zin-[da]	ライマンの法則の適用不全	ライマンの法則の対象は V のみ
鼻音	yoko-suber-i vs. hun-[z]ibar-u	ライマンの法則の適用不全	連濁ではなく有声同化
鼻濁音	saka-dome vs. saka-toŋe	ライマンの法則の適用過剰	鼻濁音は基底からの V
鼻音＋有声阻害音	saka-dome vs. aka-tombo	ライマンの法則の適用過剰	問題の有声阻害音は基底からの V

これを見ると，いかに日本語の中で鼻音がややこしい問題を引き起こしているかがわかる．ここでの解決のポイントとしては，濁りの表示を利用して，1) 有声阻害音と共鳴音の有声性を基底の V と派生の $\boxed{\text{V}}$ とに区別することにより，共鳴音が有声同化から免除される点が捉えられること，2) 鼻音には中間的な有声性として $\boxed{\text{V}}$ を与えることにより，有声同化には参与しライマンの法則からは免除される点が捉えられること，3) 前部が鼻音で終わる複合動詞は連濁ではなく有声同化が適用されるので，ライマンの法則から免除されること，4) 鼻濁音には基底の V を与えることにより，ライマンの法則に参与する点が捉えられること，5) 単一形態語の鼻音＋有声阻害音にはその有声阻害音に基底の V を与えることにより，ライマンの法則に参与する点が捉えられること，などが挙げられよう．

　この不透明性の原因の中には，これまで見た通り，必ずしも Kiparsky (1973) のいう音韻規則の順序付けにより説明できるわけではないものも多くあった．ライマンの法則は，もとより規則というよりは規則にかかる制約であるので，その不透明性は基本的に順序付けの埒外にあるものである．逆にいえば，有声同化を規則でなく有声性の一致を要求する制約だと考えれば，有声同化もライマンの法則も，濁りの表示を介することで，その不透明性は表層構造にかかるそれぞれの適用性にこそ，その原因を還元することができた．ここでは最適性理論での分析を詳しく紹介はしないが，すべてが表層構造の表示とそれにかかる制約により説明できるのだから，その分析は簡単明瞭でありかつ首尾一貫している．

3.2. 喉頭有声と自発有声

　本章では，派生の歴史が表層表示に含まれているとする含有理論に基づく濁りの表示の観点から，有声阻害音・鼻音・共鳴音がそれぞれ V, $\boxed{\text{V}}$, $\boxed{\text{V}}$ と表示されることを見てきた．しかし，有声阻害音と共鳴音の有声性の質の違いに注目した研究はほかにもあって，ここでは最後に Rice (1993, 2005) の理論を紹介しよう．ただし，その理論ではこれまで見てきた事実を捉えられないという意味では，濁りの表示のさらなる裏付けとなる展開ではある．

　Rice (1993, 2005) は，有声音を「喉頭有声」(laryngeal voice (LV)) に

よるものと「自発有声」(spontaneous voice (SV)) によるものとに区別している．前者には有声阻害音のような弁別的な有声性 LV が含まれるが，後者の SV にはこれにプラスして，共鳴音のような余剰的な有声性が含まれているとする．つまり，含意関係としては，2 つの有声性は（16）のようになる．

(16) Rice (1993, 2005) の有声理論

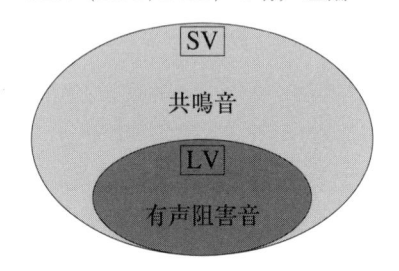

```
        SV
      共鳴音
        LV
      有声阻害音
```

共鳴音が SV だというのはわかるが，ここで SV に有声阻害音も含まれる拠として，Rice (1993: 310) はキクユ語（Kikuyu；ケニア）のダールの法則（Dahl's Law）を引き合いに出している（データは Armstrong (1967: 45) から）．

(17) ダールの法則: Armstrong (1967: 45)
    a. ɣo-tɛm-ɑ 'to cut'   ɣo-koor-ɑ 'to root out'
        ɣo-čiimb-ɑ 'to hoe'   ɣa-tɛgwɑ 'small ox'
    b. ko-ɣɑt-ɑ 'cutting'   ko-ruɣ-ɑ 'to cook'
        ko-mɛn-ɑ 'to know'   kɑ-βori 'small goat'

これは接頭辞 yo/ko (ɣa/ka) の異形態（allomorphy）に関する法則で，語幹頭が無声子音の場合は有声摩擦音を含む ɣo (ɣa) が基本的に用いられるが，語幹頭が有声阻害音または共鳴音の場合は無声の ko (ka) が用いられるというものである．つまり，有声阻害音と共鳴音の両方を含む SV レベルでの共起制限（一種のライマンの法則，もっといえば必異原理（Obligatory Contour Principle; OCP））が働いているというわけである．

これにより，確かにダールの法則は（18a）のように説明できるし，連濁

第 2 章　有声性の強さから見た日本語の不透明現象　　　　　　　　　45

が LV の連結だとすれば (Rice (1993: 317))，(18b) の鼻音のパラドクスも説明できる．ライマンの法則は LV の連続を避けるのである．また，「踏ん縛る」問題も，連濁ではなく SV の同化だとすれば，(18c) も説明できる．

(18)　喉頭有声 LV と自発有声 SV
　　　a. *ɣo-ɣat-ɑ　　　b. notare-zin-[da]
　　　　　SV SV　　　　　　 LV SV
　　　c. hun-[z]ibar-u
　　　　　SV　LV
(19)　問題
　　　a. *saka-doŋe　　b. *aka-dombo
　　　　　LV SV　　　　　 LV SV

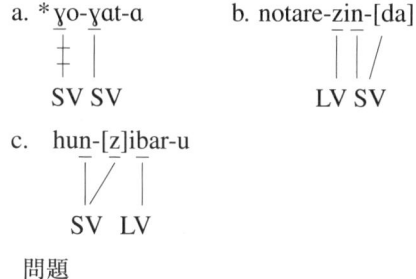

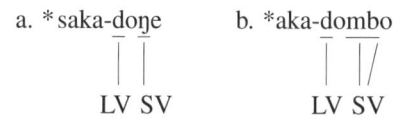

しかしながら，「のたれ死んだ」と全く同じ表示 LV-SV を持つ「逆とげ」や「赤とんぼ」は (19) のように連濁が許されることになり，誤った結果を導くことになってしまう．ここが大きな問題となる．

　したがって，やはり日本語の有声性に関して重要なのは，基底からの有声性か派生された有声性かの違いであって，喉頭有声か自発有声かの違いではないと結論してよいだろう．もちろん，ダールの法則は，濁りの表示の観点からは，英語のように V, V̇, V̄ を含む有声音全体にかかる共起制限であることは言うまでもない．（制約階層の観点から見れば，キクユ語は OCP (V) >> OCP (V, V̇) >> OCP (V, V̇, V̄) >> Faith，日本語は OCP (V) >> Faith >> OCP (V, V̇) >> OCP (V, V̇, V̄) となる．）

4. 音韻理論に寄与する日本語研究の可能性

　以上から，本章での提案では，複雑な順序付けも特殊な装置も使わない手段，つまり「濁りの表示」のみにより，不透明性問題を説明する可能性を提

案した．また，この説明に基づく根拠や裏付けも様々な観点から提示した．

規則に基づく枠組みが 80 年代に終焉を迎えたのち，90 年代以降は制約に基づく枠組み，つまり最適性理論が音韻理論の流れを席巻した．しかし，不透明性問題に突き当たってからは，これまで様々な問題解決の試みが提案された．思いつくだけでも，局所結合 (local conjunction; Kirchner (1996))，共感理論 (Sympathy Theory; McCarthy (1999))，出力対応 (OO-correspondence; Benua (1997/2000))，階層的 OT (Stratal OT; Bermúdez-Otero (1999))，標的制約 (targeted constraints; Wilson (2001))，対照有標性 (comparative markedness; McCarthy (2003))，OT-CC (McCarthy (2007))，調和逐次モデル (Harmonic Serialism; McCarthy (2008)) などがある．それぞれに良いところはあるのだが，日本語の不透明現象を総合的に捉えることは難しい．ここで詳しく紹介する余裕はないが，どの提案もが制約を複雑にするか並列評価機構を複雑にするかに苦心しており，分析全体が複雑になるのは確実である．しかし，唯一，Goldrick (2001) の路線に基づく濁りの表示のように，その複雑性を出力表示に還元すれば，意外に明瞭簡潔に説明できる可能性を秘めていることを本稿では明らかにしてきた．思うに，従来の分析の複雑性は，不透明性という本来手続き的な性質のものを制約や評価機構を駆使して，そのまま「手続き的な機構」(procedural mechanism) により捉えることに起因していたのではないだろうか．規則の順序付けも然りで，結果として複雑な説明となった．むしろ，手続き的な性質のものを表層構造という「宣言的な機構」(declarative mechanism) で捉えられれば，そこから簡単に捉えられるはずである．濁りの表示はまさにそれを目指したものであった．

これと関連して，複雑さを招くもう 1 つの原因は，プラットフォームとなる理論である．最適性理論は，1993 年当初には含有理論に始まり，1995 年に対応理論 (Correspondence Theory; McCarthy and Prince (1995)) に脱皮するも不透明性問題に迷走し，90 年代後半からは上で言及した様々な機構の提案が飛び交う歴史となる．これに対し，濁りの表示とは，出力表示に基底からの「派生過程」を組み込んだ表示であり，表層からすべての「派生過程」が見えるように透明化した表示である．概念自体は新しいものでは

第2章　有声性の強さから見た日本語の不透明現象　　47

なく，含有理論の仮説に立つ原点の Prince and Smolensky (1993/2004) で採用されたものであった．のちに Goldrick (2001: 13) が自律分節音韻論に応用して発展解消させ，"Turbidity utilizes a single complex representation which incorporates covert, structural relationships (projection) and audible, surface relationships (pronunciation)." と定義している．本書でも，これを有声同化に応用した3種類の表示を提案した．具体的にいうと，"projection" は X, X̄, X̲ のような構造関係を指し，"pronunciation" は X=V という発音部分を指している．

　原点となる含有理論とその後発展した対応理論とを出力表示に関して比べてみると，両者の性質の違いが浮き彫りになる．下図において，X̲ はこれまで通り入力に存在せず出力で派生される要素を，<X> は逆に入力に存在し出力で喪失する要素を示している．

(20)　含有理論と対応理論の出力表示

理論	対応	削除	変化なし	挿入	変化なし
対応理論	入力 ↓ 出力	/ABC/ ↓ AB	/AB/ ↓ AB	/AB/ ↓ ABC	/ABC/ ↓ ABC
含有理論	入力 ↓ 出力	/ABC/ ↓ AB\<C\>	/AB/ ↓ AB	/AB/ ↓ AB C̲	/ABC/ ↓ ABC

ここで，対応理論では，出力表示 AB が，入力 ABC から削除を経た結果なのか基底から存在するのかの違いが表層からは不明であり，出力表示 ABC も，入力 AB から挿入を経た結果なのか基底から存在するのかが表層からはわからない．要は，基底での対立が表層で失われてしまうのである．そして，これこそが不透明性の元凶であり，不透明性問題の所在だと考えられる．これに対し，含有理論は派生過程を組み込んだ出力表示を採用しているので，削除や挿入の派生過程は透明化され，AB<C> vs. AB と AB C̲ vs. ABC は表層において発音上は同じであっても投射上は基底での対立が反映されたものとなる（上記の "turbidity" の定義を参照）．つまり，出力を

見れば，もとの入力がどのような形式を持つものだったかは自明である．出力 AB<C>, AB, AB$\boxed{\text{C}}$ は，すぐに入力がそれぞれ ABC, AB, AB だと特定できる．したがって，不透明性の問題からは自由となる．

　もちろん，対応理論か含有理論かの選択と，不透明性への解決策が「手続き的機構」か「宣言的機構」かの違いは相関している．対応理論は出力表示から派生の歴史を消したがために，その埋め合わせとして，対応関係の増加に伴う制約や並列評価機構の複雑化により，規則の順序付けを模した「手続き的機構」に頼らざるを得なかった．もともとの規則の順序付けが複雑なのだから，それを取り入れれば複雑になるのは当然である．これに対し，表層指向の含有理論と「宣言的機構」は相性がよく，複雑化しなくてすむ．含有理論そのものが「宣言的機構」にほかならないのだから．

　このような背景にあって，本章では日本語の不透明性現象に基づき，濁りの表示が不透明性の解決に有望な候補であることを立証してきた．言い換えれば，濁りの表示理論の未来の発展可能性にとって，本書のタイトル通り，日本語が大いに貢献してくれる可能性を明らかにしたことになる．また，理論的な立場からは，含有理論こそ表層指向の最適性理論の原点であり，その原点に立ち返ることこそ未来を拓く可能性につながることも示した．ただし，対応理論にはそれが発展した独自の動機付けがあるので，これそのものを廃棄すべきという主張も極論である．二者択一ではなく，対応理論の利点を生かしながら濁りの表示を採り入れるという理論の融合こそ，未来の音韻理論の向かうべき方向であろう．

参考文献

Armstrong, Lilias E.(1967) *The Phonetic and Tonal Structure of Kikuyu*, Dawsons of Pall Mall, London.

Benua, Laura (1997/2000) *Transderivational Identity: Phonological Relations Between Words*, Doctoral dissertation, University of Massachusetts, Amherst. [Reproduced by Routledge, New York in 2000.]

Bermúdez-Otero, Ricardo (1999) *Constraint Interaction in Language Change,* Doctoral dissertation, University of Manchester.

Goldrick, Matt (2001) "Turbid Output Representations and the Unity of Opacity," *NELS* 30, 231-245.
Haraguchi, Shosuke (2002) "A Theory of Voicing," *A Comprehensive Study on Language Phonological Structure and Phonological Theory* (A Report of Grant-in-Aid Research in Basic Science (A)), ed. by Shosuke Haraguchi, 1-22, Japan Association of Promotion of Science.
Honma, Takeru (2001) "How should we Represent 'g' in *toge* in Japanese Underlyingly," *Issues in Japanese Phonology and Morphology*, ed. by Jeroen van de Weijer and Tetsuo Nishihara, 67-84, Mouton de Gruyter, Berlin.
Ito, Junko Armin Mester (1995) "The Phonology of Voicing in Japanse: Theoretical Consequences or Morphological Accessibility," *Linguistic Inquiry* 17:1, 49-73.
Ito, Junko and Armin Mester (1997) "Featural Sympathy: Feeding & Counterfeeding Interactions in Japanese," *Phonology at Santa Cruz* (*PASC*) 5, 29-36.
Ito, Junko and Armin Mester (2001) "Alternations and Distributional Patterns in Japanese Phonology," *Journal of the Phonetic Society of Japan* 5:2, 54-60. [Revised and extended from "Lexical Classes in Japanese: A Reply to Rice," *Phonology at Santa Cruz* (*PASC*) 6, 39-46.]
Ito, Junko and Armin Mester (2003) *Japanese Morphophonemics: Markedness and Word Structure*, MIT Press, Cambridge, MA.
Ito, Junko, Armin Mester and Jay Padgett (1995) "Licensing and Underspecification in Optimality Theory," *Linguistic Inquiry* 26:4, 571-613.
Kiparsky, Paul (1973) "Abstractness, Opacity, and Global Rules," *Three Dimensions of Linguistic Theory*, ed. by Osamu Fujimura, 57-86, TEC, Tokyo.
Kirchner, Robert (1996) "Synchronic Chain Shifts in Optimality Theory," *Linguistic Inquiry* 27:2, 341-350.
窪薗晴夫 (1999)『日本語の音声』, 岩波書店, 東京.
McCarthy, John J. (1999) "Sympathy and Phonological Opacity," *Phonology* 16:3, 331-399.
McCarthy, John J. (2003) "Comparative Markedness," *Theoretical Linguistics* 29, 1-51.
McCarthy, John J. (2007) *Hidden Generalizations: Phonological Opacity in Optimality*, Equinox Publishing, London.
McCarthy, John J. (2008) "The Gradual Path to Cluster Simplification," *Phonology* 25:2, 271-319.
McCarthy, John J. and Alan Prince (1995) "Faithfulness and Reduplicative Identity," *University of Massachusetts Occasional Papers* (*UMOP*) 18: *Papers in Optimality Theory*, 249-384.

Prince, Alan, and Paul Smolensky (1993/2004) *Optimality Theory: Constraint Interaction in Generative Grammar*, Technical Report TR-2, Rutgers Center for Cognitive Science, Rutgers University, New Brunswick, New Jersey. [Reproduced by Blackwell, New York in 2004.]

Radford, Andrew, Martin Atkinson, David Britain, Harald Clahsen and Andrew Spencer (2009) *Linguistics: An Introduction*, 2nd ed., Cambridge University Press, Cambridge.

Rice, Keren (1993) "A Reexamination of the Feature [sonorant]: The Status of 'Sonorant Obstruents,'" *Language* 69, 308-344.

Rice, Keren (1997) "Japanese NC Clusters and the Redundancy of Postnasal Voicing," *Linguistic Inquiry* 28, 541-551.

Rice, Keren (2005) "Sequential Voicing, Postnasal Voicing, and Lyman's Law Revisited," *Voicing in Japanese*, ed. by Jeroen van de Weijer, Kensuke Nanjo and Tetsuo Nishihara, 25-46, Mouton de Gruyter, Berlin.

Rosen, Eric Robert (2001) *Phonological Processes Interacting with the Lexicon: Variable and Non-Regular Effects in Japanese Phonology*, Doctoral dissertation, University of British Columbia.

孫範基 (2008)「韓国語の連濁： *sai-sios* [sa.i.ši.ot]」，第3回熱海音韻論フェスタ，KKR熱海.

高山知明 (2013)「個別言語的視点から見た日本語の形態音韻論――連濁と濁音化，語頭濁音形――」，日本言語学会第147回大会シンポジウム「日本語研究とその可能性――音韻・レキシコン・文法を中心に――」，神戸市外国語大学.

田中伸一 (2009)『日常言語に潜む音法則の世界』，開拓社，東京.

田中伸一 (2011)「音のいちゃつきと仲たがい：セグメントの音声文法」『言語科学の世界へ』，東京大学言語情報科学専攻(編)，164-188，東京大学出版会，東京.

田中伸一 (2013)「濁りの表示と不透明性：2種類の有声表示による透明化」，日本言語学会第147回大会シンポジウム「日本語研究とその可能性――音韻・レキシコン・文法を中心に――」，神戸市外国語大学.

田中伸一 (2014)「濁りの表示と不透明性：日英語の有声音の深層と表層」，*Papers from the Thirty-First National Conference of the English Linguistic Society of Japan* (*JELS* 31), 193-199.

Tanaka, Shin-ichi (2013) "The Duke-of-York Gambit and Other Opaque Derivations in English: Evidence for Harmonic Serialism," *Journal of the Phonetic Society of Japan* 17:1, 46-58.

Tanaka, Shin-ichi (2014a) "Turbid Optimality Theory: A Containment-Based Solution to Opacity and the DYG Derivations," *Proceedings of the 5th International Conference on Phonology and Morphology*, ed. by The Phonology-Morphology Circle of Korea, 177-191.

Tanaka, Shin-ichi (2014b) "Two Phonologies or One?: Some Implications of the DYG for Biolinguistics," *English Linguistics* 31:2, 593-622.

Tsujimura, Natsuko (2013) *An Introduction to Japanese Linguistics*, 3rd ed., Wiley-Blackwell, New York.

Vance, Timothy J. (1980) "The Psychological Status of a Constraint on Japanese Consonant Alteration," *Linguistics* 18, 245-267.

Vance, Timothy J. (1987) *An Introduction to Japanese Phonology*, State University of New York Press, New York.

Wilson, Colin (2001) "Consonant Cluster Neutralization and Targeted Constraints," *Phonology* 18:1, 147-197.

第3章

複合字音語基分類再考
―「語種」の観点から―

斎藤　倫明

東北大学

1. はじめに

　標題の「複合字音語基」というのは，「学校・田園・穏健・流麗・研究・発見・一概・結局」のような形式を指す．これらを見ると，いわゆる「漢語」と変わらないように感じるかもしれないが，前者は「語基」であるから語構成要素レベル，後者は「語」であるから語レベルで捉えているということになり，それぞれの形式の存在レベルが異なる．ただし，本章の「複合」という概念に関しては，次の点，補足が必要である．

① 複合の範囲…複合字音語基は2構成要素から成るものばかりでなく，「観察者・漂流物・失業者数・新聞販売・離婚相談所」等，3構成要素以上からなるものも多いが，本章では，基本的に2構成要素から成るものを対象とする．これは，野村（1988a）に示されているように，漢語の中では二字漢語が最も多いことに基づく限定である．

② 語基と接辞との区別…一般に語基と接辞との区別は難しいが，特に字音形式の場合には，そういった特徴が強く見られるので，本章ではその点についてあまり拘らないこととする．ただし，本章で取り上げる2構成要素から成る形式の場合には，接辞と疑われるものは非常に少なく，その点はあまり重要な論点とはならない．

③ 分析可能性…複合字音語基の場合，外見上2つの語構成要素（漢字）

から成り立っているように見えても，意味上，本当に二つの構成要素に分割できるかどうか疑わしい場合も多いが，上記の例を見てもわかるように，本章では，その点についてあまり拘らないこととする．なお，この問題については，以下の3.1節にて若干触れる．

本章が，上記のような形式を語構成要素レベルで扱うのは，本章の直接的な関心が分類に存するからである．すなわち，後に詳しく見るように（第4節参照），上記のような形式を分類するためには，それらが文中で実際に使用される際にどのような形を取るのか，という点が問題になるのである．たとえば，「学校」なら「むこうに学校が見える．」「団地に新しく学校を建てる．」「毎日朝早く学校に行く．」，「穏健」なら「彼の立場はとても穏健だ．」「穏健な意見を述べる．」「事を穏健に処理する．」というようにであるが，その際，「学校が・学校を・学校に」，「穏健だ・穏健な・穏健に」で文の直接的な最小成分になるので，本章では，この形で一語と捉える立場に立つ．そうすると，「学校」「穏健」は必然的に語の一部，すなわち語構成要素（語基）ということになる．

本章の標題からすると，複合字音語基の新たな分類を提示することが本章の直接的な目的であるかのように見えるかもしれないが，分類自体は，既に斎藤（2016予定）で詳しく論じている．したがって，本章の真の目的は，分類そのものより，むしろ複合字音語基を分類することによって複合字音語基のどういう点が新たに見えてくるかを明らかにするところにある．ただ，それは，従来の立場からすると，語種論の立場から漢語の特質を考えるという問題と重なる．副題はその点を捉えて付したものである．そういう意味では，本章は，漢語の形態論上の特質を語基レベルに立って論じるものと見ることもできる．

2. 語種としての漢語・複合字音語基

「語種」（vocabulary stratum）とは「単語を本来どの言語に所属していたかという観点から分類したときの種別．」（野村雅昭・小池清治編『日本語事

典』,東京堂出版,1992年)であり,出自による語の分類である.また,通常,語種は和語・漢語・外来語・混種語に4分類されるが,その時の漢語とは,「日本語の中に用いられる中国語起源の語を主としてさし,和語に対していう.」(飛田良文他編『日本語学研究事典』,明治書院,2007年)とされる.

　しかし,そもそも語種とは,上記の規定からもわかるように,本来,語を対象とするものである.したがって,当然,その一種である漢語も語を念頭に置いたものとなる.ただ,その考えを貫くと,本章のような,文を構成する最小成分を語と捉える立場からは,「学校が」「穏健な」「発見する」「一概に」の類は全て混種語となってしまう.もちろん,「学校が」に関して言えば,従来は「学校」部分だけで漢語名詞(「が・を・に」等は格助詞)と考えてきたわけで,漢語名詞の場合はそれでよい.しかし,それ以外のものに関しては,一語認定の問題には深入りせず,字音形式の部分と和語形式の部分とを自明のこととして切り離し,字音形式の部分だけを漢語として扱うという不徹底さが見られた.このことは,「漢語形態素」「漢語語基」といった用語の不整合性(「語」と「形態素」「語基」といったレベルの異なる存在を指す用語の並立)にも表われている.そのため,字音形式の部分と和語形式の部分との質的異なりの有する意味合いや両者間の関係の在り方の内実について充分な考察が行われることなく,結果的に,字音形式部分の特徴付けに関しても,不充分さが残されていたように思われる.

　以上のような点に鑑み,本章では,いわば字音形式部分を取り上げ,それを新たに分類することによって,従来「漢語」と言われてきた語類の特に形態論的な特質を明らかに出来るのではないか,という仮定の下に考察を試みる.本章が,単独の字音形式(字音語基)ではなく,「複合」字音語基を対象とするのも,そういった従来の漢語の概念(すなわち「語」ということ)をできるだけ尊重したいと考えるからに他ならない.森岡(1994: 208)が述べるように,「音読漢字は,(略)熟語になって,初めて和語系の一語基に対応する.」のである.このように,語基レベルと語レベルとを区別するという立場から従来の語種論を見ようとするところに本章の1つの新しさがあると言えよう.ただし,本章でも,適宜,「語種」という用語を語基レベル・

語レベルの双方にて使用する．本章の副題に「語種」と括弧を付したのはその意味合いからである．

3. 漢字・字音形態素・字音語基の分類

　第1節で述べたように，本章は直接的には複合字音語基（2語基）の分類を論じるものであり，その分類結果は，語レベルにおける漢語の分類と必ずしも一致しない．そのことは，以下（第5節）における具体的な分類を見ればよくわかるが，それとの関連で，本節では，字音語基の分類と漢字の分類とが全同ではないこと，更には，字音語基・「字音形態素」（野村（1979）の用語，3.3節参照）の分類と複合字音語基の分類も全同ではないことを確認しておきたい．いわば，本章の直接的な考察テーマを論ずるに当たっての前段階的な考察ということになるが，それと同時に，ここでの問題は，第2節で述べた，語種とは本来，語の分類であり語構成要素の分類ではない，という分類レベルの相違に関する問題意識を承けるものでもある．

3.1. 森岡（1994）の分類（漢字か字音語基か）

　森岡（1994）は，基本的に語レベルと語構成要素（森岡の用語では「形態素」）レベルとを峻別する立場に立つが，「漢語系語基の特質」を論じる際に，「漢字を選別」し，以下のような5類に分類している（203-208頁）．

① 音訓両用の漢字
　　ex. 山　川　草　木　日　月　星　空　雲　人　牛　馬　鳥　虫　花
② 字音専用で自立する一字漢字
　　ex. 案　液　院　王　客　刑　券　師　税　線　隊　段　党　脳　肺
③ 派生語基や屈折語を造る字音専用の結合形式の漢字
　　ex. -嬢　-坊　圧-　期-　制-　徴-　魅-　擁-　律-　単-　特-　凛-

④　熟語の要素としてのみ用いる字音専用の結合形式の漢字
　　ex. 維　憶　貨　慨　刊　啓　憲　索　磁　釈　繍　堕　逮　団　展
⑤　日本語の形態素としての資格のない漢字
　　ex. 挨　拶　醒　醍　慇　懃　麒　麟　袈　裟　珊　瑚　齟　齬

　森岡のこの分類は「音読の漢字」の分類であり，「漢語系語基」の分類へと繋げる意図の下で行われているものであるから，「単独字音語基の分類」と見るべきものであると思われるが，森岡は「漢字」という用語を使用している．なお，この分類は，「日本語の形態素としての定着の度合に」基づくという．

　上記のうち，⑤は考察から除外していいと思われるが，本章の問題意識（複合字音語基）からすると，①と④とが問題となる．①は，「漢字の中では，日本語の形態素として最も定着している類である．」（204頁）と述べられており，「定着の度合」という観点からは確かにそのように言えるが，一方，形態論的観点からは，森岡自身記しているように，「和語系の語基の多くが自立形式であるのに対して，漢語系はほとんどが結合形式で」（204-205頁）ある．そうすると，単独字音語基という観点からすれば，拘束形式（森岡の用語では「結合形式」）に他ならず，④と本質的に異ならないと考えられる（この点については，野村（1987: 134）にも言及がある）．ただ，森岡の考えでは，①における「和語系語基」と「漢語系語基」（通常の言葉では「音と訓」）は異形態の関係にあるとされる．いわゆる「文字形態素」論であるが，文字と形態素とを同一視すると，文字の分類なのか，語基の分類なのかが明確でなくなる．森岡が漢字の選別と言わざるを得なかったのは，このような理由によると思われる（なお，森岡（1968＝1987: 44-54）では，同じ分類が「漢字形態素の種類」とされている）．

　次に④であるが，単独字音語基の分類としては妥当な一類であると考えられるが，実は森岡の目的である漢語系語基の分類そのものには出てこない．それは，おそらくこれらの形式の有する意味が明確でないからであろう．森岡自身，これらについて「たとえ構成された熟語の意味をよく知っていても，

個々の漢字に分解すると，意味を的確に言い表しにくい．」(206頁) と述べている．ただ，そうなるとこれらの形式の語基性（形態素性）自体が疑われることになるが，それはこれらを単独字音語基として分類しようとするからで，本章のように複合字音語基段階で考えるのであれば問題にはならない（もちろん，厳密には，「複合」かどうかが問われるが，その点については第1節の③で述べた）．

3.2. 日向 (1982) の漢字分類

以上のように，森岡 (1994) の分類は，漢字の分類と（単独）字音語基の分類とが混在した形になっているが，もう少し純粋に漢字を分類したものに，森岡 (1975=1987)，日向 (1982) がある．前者の目的は，「日本語の表記および造語システムに果たしている漢字の役割を，その機能の度合によって層別」(57頁) すること，後者の目的は，「漢字を造語機能の上から分類し，造語力の高い文字とはいかなるものであるか，その文字の特質を明らかに」(255頁) すること，と述べられている．両者ともに，本章の立場からすると共通の問題点を抱えていると思われるが，ここでは，主に後者について論じる．

漢字の機能，特に造語力について論じる場合，いわゆる訓読みをどう扱うかが大きな論点になると思われるが，日向 (1982) では，「第二次分類」において漢字を「字音専用・音訓両用・字訓専用」の三者に下位分類し，さらに「音訓両用」を「a類　和語の熟語と漢語の熟語を構成する」「b類　漢語の熟語だけを構成する」に二分している．同論文では，この2類（a類・b類）に分類する根拠として，「音訓両用の文字でも造語機能に明らかな相違が認められるからである．」とし，「窓」(a類) と「器」(b類) を例として次のような図を掲げている．

「窓」
(和語)　　　　　　　　　(漢語)

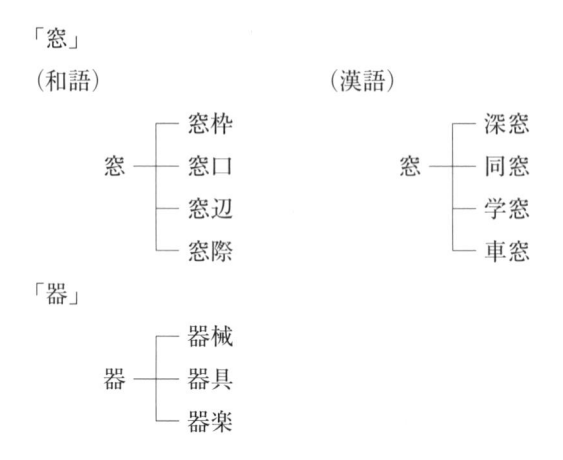

```
         ┬ 窓枠            ┬ 深窓
     窓 ─┼ 窓口       窓 ─┼ 同窓
         ├ 窓辺            ├ 学窓
         └ 窓際            └ 車窓
```

「器」
```
         ┬ 器械
     器 ─┼ 器具
         └ 器楽
```

　しかし,「a類」の和語の場合,「窓枠(まどわく)・窓口(まどぐち)・窓辺(まどべ)・窓際(まどぎわ)」といった複合語を構成するのは,あくまでも「まど」なり「わく・くち・へ・きわ」なりといった和語の造語力によるのであって,そのこと自体は漢字の造語力とは関係ないのではないだろうか.このことは,「芋・浦・滝・峠・箱・刈・込」等の「字訓専用」とされた漢字についても当てはまる.したがって,同論文において,「音訓両用」の漢字を「音訓両用の文字には基本漢字,すなわち,日本語を表記する上で,有効に働く文字が多いといってよい.これらは単独で和語の表記ができる他に漢語または和語の熟語を構成するという,他の漢字群には見られない機能を備えている.」(268頁)と位置づけるのは,漢字そのものの機能,定着度といった観点からは構わないが,そのうちの「単独で和語の表記」をすること,「和語の熟語を構成する」こと自体は,漢字そのものの造語力の問題ではないと言うべきであろう.

3.3. 野村 (1987) の字音形態素・字音語基分類 (語基か接辞か, 単独か複合か)

　以上見たように,漢字と字音語基は別であるが,野村雅昭は通常「漢字」(字音形式)と呼ばれるものを「字音形態素」と呼び,種々分析を加えている.野村の「字音形態素」の規定は,「漢字一字に相当し,漢字で表記され

第3章　複合字音語基分類再考　　　59

ることが普通であり，漢字の本来の中国音にもとづく，日本語の言語単位」（野村（1979））であるが，単独の字音語基と字音接辞とを合わせて呼ぶ用語として便利なので，以下，本章でも同じ意味合いでこの用語を使用する．

　字音形態素を分類しようとする際に問題となってくるのが，第一に，語基か接辞か判断しにくいものの扱いである．たとえば，野村（1987，1988b）の（単独）字音形態素の分類を見ると，明確な語基と接辞との中間に，「連体詞的語基」（ex. 故橋本博士，同委員長，第三回，満六歳），「助辞的語基」（ex. 会長兼社長，早稲田対慶応）といった分類項が立てられているが，これと接辞・語基との関わりが明確でない．もっとも，野村（1987）には，（単独）字音形態素の分類に関して「注意しなければならないのは，語基と接辞との区別である．」（134頁）との指摘があり，両者の区別をどう考えるかに関する若干の考察も見られる．しかし，そこで提示されている，接辞の基準（以下，ア～ウ，135頁）は，典型的な字音接辞「不・無・的・式」については問題ないとしても，上記のような形式については判断が下しにくい（水野（1987）にも「漢語系接辞の特徴」として，「一形態である・主として結合形式である・造語力が強い」の3点が挙げられているが，同様のことが言える）．

　　ア．二字以上の字音複合語基と結合し，かつ，和語や洋語の語基とも結合する．
　　イ．形式的な意味をあらわす．
　　ウ．語基の品詞性をかえ，語の文法的性格を決定する．

なお，野村（1978）では，「すでに存在する，和語・外来語の語基，および字音複合語基，そして，それらの結合形に，前部分あるいは後部分から結合する字音形態素」を一括して「接辞性字音語基」と名付け詳細な分析を行っているので参照されたい．

　字音形態素の分類でもう一つ問題になってくるのが，単独形式の分類と複合形式（複合字音語基）の分類との関わりである．先行研究における複合字音語基の分類については次節で検討するが，両者の分類をどう繋ぐかが明確でないのである．この点について，野村（1987）では，次のように主張する

(136-137 頁).

　以上の分類は，字音形態素がどのような形態で語形成にくわわるかという観点からのものであった．それを一歩すすめて，複合漢語の要素となる字音形態素やその結合形の性質を説明するためには，別の観点が必要になる．それは，語の構成のしかたや意味的な性格であり，語の中核となる語基としての機能である．

しかし，(i) なぜ単独字音形態素の分類と，単独およびその結合形の分類とで観点を異にした分類が必要になるのか，(ii) 後者の分類の際に，単独の字音形態素とその結合形とを同一の基準で分類できるとする根拠は何か，という点については明確にされていない．なお，前述した森岡 (1994) の場合には，(i) については既に指摘したように問題として残る（漢字の分類と単独字音語基の分類とが混在したままで漢語系語基の分類がなされているということ）が，(ii) については「日本語の語彙には，単一語基のほかに和語系の複合語基や漢語系・外来語系の語基があるが，これらの語構成法は，和語系単一語基の文法（語構成法）に従うことになる．」(201 頁) という基本方針が示され，「和語系単一語基の文法（語構成法）」が詳細に分析されているので，問題にはならないと言えよう．

4. 先行研究

4.1. 先行研究とその問題点

　前節では，複合字音語基分類の前段階としての（単独）字音形態素ないし漢字の分類に関する先行研究について論述した．それに対し，本節では，本章の直接的な先行研究に当たるこれまでの複合字音語基分類とその問題点 (4.1 節)，および，それに対する本章の対応 (4.2 節) について述べる．

　前節で挙げた森岡健二や野村雅昭は，複合字音語基についても分類を行っているが，その他にも，同様の分類を施す研究は多い．たとえば，山田 (1940: 16-20)，池上 (1954 = 1984: 69-87)，宮地 (1973) などである．しかし，これらの分類は，いずれも似たような結果となっている．今，代表と

して野村（1998a）の分類を以下に示す．

[図1] 従来の複合字音語基分類の例

事物類（N）…叙述の対象となる物や事をあらわす（「体言類」とも）
〈＋ガ・ニ〉（例：宇宙・人間・交通・工業・科学）
様態類（A）…事物や精神の性質・状態をあらわす（「相言類」とも）
〈＋ナ・（ノ）・シイ〉（例：簡単・愉快・重要・意外・永久）
動態類（V）…事物の動作・作用をあらわす（「用言類」とも）
〈＋スル〉（例：研究・運動・変化・検討・観察）
副用類（M）…動作や状態の程度・内容を限定・修飾する（「副言類」とも）
〈＋φ・ニ・ト〉（例：突然・直接・一斉・結局・実際）

この種の分類には，基本的な問題点が幾つか含まれている．以下，それを簡単に記す．

第一に，分類対象が語（漢語）なのか語基（複合字音語基）なのか明確でないという点が挙げられる．この点は，特に山田（1940），池上（1954＝1980）といった初期の研究に見受けられるが，それ以後の研究においても，次のような観点からすると充分ではないと言えよう．

(i) 下記，第二の問題点である拘束形式が充分に扱われていないという点（語か語基かの区別が明確に表れるのは，拘束形式を扱っている場合である）．
(ii) 語の分類がそのまま語基の分類に反映されるわけでは必ずしもないという点．

なお，野村（2013b）では，山田（1940）の分類が「体言素・動詞素・形容詞素・副詞素」となっている点を捉え，「これらに『○○素』という名称をあたえたことは重要である．これは，漢語が単語としての名詞や動詞を構成する成分としてとらえられたことを意味する．」（136頁）と述べているが，山田の4分類は，漢語が「其の本義によりて国語にてその

取扱方を異にする」（16頁）ところから考え出されたもので，必ずしも野村の言うような明確な意図の基に名付けられたとは考えにくい（このことは，たとえば「永久に」「漠然と」の「に」「と」が格助詞とされていることからも窺える）．

　第二に，拘束形式が充分に取り扱われていない，という点が挙げられる．この問題は，細かい点では，「鬱陶しい・仰々しい」などの形式や，副用類の「一斉・平然」等，「に」や「と」を伴わないと使用できない形式を厳密に位置づけられないという点にも表われるが，最も重要な問題は，「具体・国際・先進・抜本」等，合成語（派生語・複合語）の構成要素にしかならない拘束形式（本章では，「合成語形成類」と呼ぶ．5.1.1節参照）を扱えない点である．ただし，例外的に野村（1998b）等，野村雅昭においてはこういった形式への充分な言及が見られるが，分類の仕方に関しては，自立しないのにも拘わらず「事物類」の一類（「N2型」）に入れてしまう点で問題が残る（野村（1998a）の言う「N2型」の扱いについては，斎藤（2016予定：第1部第1章第1節）を参照されたい）．

　第三に，分類基準は「語の構成法」とされる（森岡（1994: 180），野村（1998a））が，その時の「語」が何を指すのか曖昧である，という点が挙げられる．たとえば，体言類「人間・宇宙」のように，文中で使用される際に「人間（宇宙）が・を・に」等，助辞「が・を・に」を伴って表われるという場合と，用言類「研究・運動」のように文中で「する」を伴い，さらにそれが「研究（運動）し・研究（運動）すれば・研究（運動）しろ」というように，いわゆる活用して使用される場合とでは，構成される語（「人間が」と「研究する」等）の種類が異なるのではないか（これは，一般的な用語で言えば，前者は屈折語，後者は派生語に相当するということである．なお，体言類，用言類ともに自立形式であるから，もちろんそのままの形でも語になりうる），という問題である．

　第四に，「兼用類」（複数の分類項に跨がる形式）の扱いが不十分である，という点が挙げられる．たとえば，「安全・詳細」が体言類（「安全（詳細）が・を」）と相言類（「安全（詳細）な・に」）を兼ねる場合と，「研究・報告」が用言類（「研究（報告）する」）と体言類（「研究（報告）を，に」）とを兼ね

る場合では，前者が個別的な「兼用」であるのに対し，後者は体系的な「兼用」であるという点で同様には扱えないのではないか，という問題があるし，そもそも，兼用類と他の分類項とは並立させられるものなのかどうか，といった点もはっきりしない．

なお，これらの問題点に関しては，直接的には野村（1998a）を対象として，村木（2012: 77-84）にも同様の指摘が見られること，およびその指摘に対して，野村（2013b）では，「『品詞性』という概念」「『語基』という概念」の捉え方の違いではないか，という反論が見られることを付記しておく．

4.2. 本章の対応

従来の複合字音語基分類を再考し，新たな分類案を提示するためには，4.1 節で述べた従来の分類の有する問題点とも関わらせつつ，次のような点を追究する必要があると思われる．ただし，上記第三の問題点は，個別的な分類の組み替えには関わってこないので，本章では直接取り上げない．

(a) 自立形式と拘束形式の峻別（拘束形式の扱いを充実させる）

この点は，上記問題点の第一と第二に関わる．具体的には，上で指摘した問題（漢語形容詞語幹の位置づけ，副用言の下位分類，合成語形成類の位置づけ）の他に，漢語形容動詞語幹の位置づけ・下位区分をどうするか，という課題が挙げられる．これは，村木（2012）の形容詞分類（これ自体は語レベルの分類である）と語基レベルの相言類とをどのように対応させるかさせないか，という問題であるが，その大前提として，漢語をも含めたいわゆる形容動詞一般の認定問題にどう対処するか，ということも含む．結果的には，この（a）に関しては，拘束形式を従来より充実させるという方向を目指すことになる．

(b) 用言類の下位区分

この点は，上記問題点の第一と関わる．用言類は，いわゆる漢語サ変動詞語幹であり，基本的には動名詞（Verbal Noun = VN）である．動名詞については，最近，様々な知見が新たに提示されて

いるが，それらを語基の分類に取り込みつつ用言類を下位区分することが求められよう．ただし，動名詞そのものは語であり，その分類がそのまま語基である用言類の下位区分になるわけではないので，その点をどうするか，という点に課題がある．また，「する」を伴う語基が全て漢語動名詞になるわけではないという問題もある．

(c) 体言類の下位区分

この点も上記問題点の第一と関わると言えるが，直接的には，(b)で述べた用言類の下位区分に連動して生じる問題への対応と言える．というのは，(漢語)動名詞は体系的に動詞性と名詞性との二面性を有するが，その際の名詞（「複雑事象名詞」(5.1.2節参照)）として機能する特徴自体は既に語基としての用言類に含まれているとしても，動名詞は「単純事象名詞」(5.1.1節参照)として使用されることも多く，その場合の名詞性として機能する特徴自体は，語基としての用言類にではなく体言類に別途保証しておかなければならないからである．

(d) 兼用類の再検討

この点は，上記問題点の第四と関わる．従来，複合字音語基の兼用についてはよく指摘されたが，その在り方が詳しく検討されることはなかった．兼用には，程度性による段階が存在すると考えられるので，その点を明らかにするとともに，複合字音語基の分類にその程度性をどこまで反映させるのか，改めて検討することが必要である．また，複合字音語基に見られる兼用と語レベルにおける「漢語の品詞の兼務」(村木 (2012: 101))との関わりについて明らかにすることも必要である．さらに，複合字音語基の分類そのものとは別であるが，第6節で述べるように，兼用は複合字音語基に特徴的な性質と見なすことができるので，その点を語種の観点からどのように理解するかが問題となる．

以上述べた点を一種の道しるべとし，次節で具体的な複合字音語基の分類

を行う．

5. 複合字音語基の分類

本節では，最初に，前節で先行研究における取り扱いが問題になると述べた「合成語形成類」，「用言類」，「相言類」，「兼用類」を個別的に取り上げ，本章における分類の仕方（下位区分と位置づけ）を箇条書きにて簡潔に記すこととする．その後，それを踏まえて，本章における複合字音語基全体の分類図（概略図）を示す．このような記述の方法を取るのは，(i) 各項目の分類の詳細に関しては，既に斎藤（2016予定）で論じている，(ii) 本章の最終的な目的が必ずしも複合字音語基の分類自体にあるわけではない，という二つの理由による．

5.1. 各項目の分類

5.1.1. 合成語形成類の下位区分と位置づけ

ⓐ 複合字音語基の中には，「特捜（本部・隊），抗生（物質），合理（化・主義）」のように，単独で用いられることなく，また語尾等を伴うことなく，基本的に合成語の一部として使われる拘束字音語基がある．これを「合成語形成類」と名付ける．

ⓑ これら合成語形成類のうち，「画期・具体・国際・合理・自主・積極」等は，使用頻度も高く，「的・性・化」といった接辞性字音形態素と結合することによって安定し，品詞性が確定する特殊な一群である．今，これらを「合成語形成類（一般類）」と呼ぶ（それに対し，(1)に挙げた残りを「合成語形成類（特殊類）」と呼ぶ）．

ⓒ 合成語形成類に関し，野村（1998b）では，「それを構成する単一語基相互の関係や類似した構造を持つ複合語基との比較」といった基準で，興味深い分類が提示されている．しかし，これらが拘束形式であることを考えると，語構造から品詞性を推定したり，従来の分類基準をそのまま適用するのには問題があると思われる．

ⓓ 合成語形成類を位置づけ下位区分するために，(i)「的・性・化」と

いう形式（「{的}」と表示する）を取るか否か，「取る」場合には，(ii) それ以外に合成語を形成するかどうか，といった基準を立てる．(i) で「取る」のが一般類，「取らない」のが特殊類である．また，一般類のうち，(ii) で「形成しない」のは「画期」だけである．

ⓔ 合成語形成類（一般類）の「画期」以外を分類するために，「語基の安定性・不安定性，明確性・不明確性」といったスケールを設定し適用する．スケール上の位置は，前者については，形成する合成語の数の多寡（多いほど不安定であると見なす），後者については，「〜＋X」という複合語が「〜的な（性の・化された）＋X」と言い換えられるかどうか（ex. 抜本改革≒抜本的な改革，自主尊重≒自主性の尊重：「合理精神≒［合理的な・合理化された］精神」のように，複数の接辞性字音語基と言い換えられるのは明確性が低いと見なす）という点などから判断する．

5.1.2. 用言類の下位区分と位置づけ

ⓐ 用言類は，本来，「1週間システムを点検，その後稼働．」のようにそのまま動詞としても，「1週間のシステムの点検の上，稼働．」のように名詞としても使えるので自立形式である（語としては動名詞VN）．

ⓑ 用言類の下位分類を行うためには，最近の動名詞に関する考察結果を取り入れる必要がある．本章では，特に動名詞の二面性のうちの名詞性についての考察（影山（1993），伊藤・杉岡（2002），影山編（2012）等）を参照する．

ⓒ 第一段階として，語レベルの考察を行う．具体的には，名詞の分類と動名詞との関わりについてである．名詞は，大きく「モノ名詞」（「家，机，夢」等）と「事象名詞」（「会議，事故，テスト」等）とに分かれ，後者はさらに「単純事象名詞」（「殺人，準備，励まし」等），と「複雑事象名詞」（「調査，訪問，予約」等）とに分かれる．前者における相違は時間性の有無であり，後者における相違は，動詞の有

ⓓ 第一段階の考察を承け，第二段階の考察として，語基レベルの考察（用言類の分類）を試みるが，その際，基準1「自立形式か拘束形式か」，基準2「体言類をも兼ねるか否か」の2つの基準を立てる．

ⓔ 基準1により，「科学（する），主婦（する）」等の動名詞にはならない語基（動詞として使用するには「する」が必須で単独では動詞として使用できない）が切り出される．ただし，これらは，もともとモノ名詞になる体言類の語基が拘束形式の用言類に「転成」したものと理解する．次に，基準2により，自立形式の用言類が，動名詞になる語基と体言類を兼ねない語基とに分けられる．前者は，同時に単純事象名詞，モノ名詞になることもあり，その場合には，体言類に転成した上でそれらの名詞に自立すると考える．また，後者は自立して動詞にしかならない（「する」を伴いうる）が，これらを松下文法の用語に従い「無活用動詞になる」類と呼ぶ．

ⓕ 用言類の下位区分を承け，連動して体言類も下位区分される．まず大きく「モノ名詞になる」類と「事象名詞になる」類とに二分され，前者はさらに(i)「モノ名詞のみになる」類，(ii)「拘束形式の用言類に転成する」類に，後者はさらに(iii)「単純事象名詞のみになる」類，(iv)「単純事象名詞・モノ名詞になる」類にそれぞれ二分される．なお，(ii)以外には，用言類からの転成語基も含まれうる点注意が必要である．

5.1.3. 相言類の下位区分と位置づけ

ⓐ 「鬱陶しい，騒々しい」等の「鬱陶，騒々」は拘束形式である（ⓗの「形容言類」に新しく入れる）．

ⓑ 「公式，必須，無断」等は「〜だ，〜に，〜の」といった語尾を取り（「だ・に」が欠けることもある），従来，名詞とされてきた．しかし，

これらの連体修飾は関係規定ではなく属性規定を行う点で，形容詞の一種と考えられるので「第三形容詞」と呼ぶ．また，「暗黙，雲泥」等，「の」しか取らない語（従来の連体詞）を「無活用の形容詞」と呼ぶ．いずれも村木（2012）の考え方を踏襲したものである．

ⓒ その他の相言類は，いわゆる漢語形容動詞語幹であり，これらを位置づけるためには，形容動詞をどう捉えるかが問題となってくるが，従来の形容動詞の捉え方には様々な立場がある（以下，代表的な考え方を挙げるが網羅的なものではない）．

ⓓ 大きく形容動詞という独立した品詞を認める立場と認めない立場に二分される．認めない場合，(i)「Xだ」を一語とする立場，(ii)「X」と「だ」に分けて二語とする立場に分かれる．前者 (i) については，形容詞の一類（村木（2012）の「第二形容詞」，日本語教育「ナ形容詞」の類）とする考え方と独自の品詞（影山（1993）の「形容名詞」）とする考え方が存在する．後者 (ii) については，(ii-1)「X」を名詞（体言）［の一種］とする立場，(ii-2)「X」を独自の品詞とする立場，に分かれる．

ⓔ (ii-1) については，特に名詞を分類しない立場（時枝文法，塚原（1970）），名詞を分類するが固定的なものとは考えない立場（鈴木（1986）の「情態性体言」），名詞を分類し「X」をその中に位置づける立場（山崎（1965: 260）の「情態詞」，渡辺（1971: 411）の「状名詞」）が存する．(ii-2) については，森岡（1994: 196）の「情態詞」，寺村（1982: 54）の「名詞的形容詞（名容詞）」が挙げられる．

ⓕ 本章では，形容動詞を，影山（1993: 369）の削除規則の適用結果に従い全体で一語とし，村木に従い形容詞の一類（第二形容詞）として位置づけることにする．

ⓖ 以上の捉え方を承け，相言類は基本的に拘束形式とし，その中を第二形容詞語幹，第三形容詞語幹，無活用形容詞語幹に分ける．

ⓗ 漢語形容詞語幹は，形容言類という新しい分類項を設けその中に入れる．形容言類と相言類とは意味的にはほぼ同じであるが，「語の構成法」が異なる（両者ともそのままでは自立せず，相言類が〈＋ダ

〈ダ・ナ or ノ・ニ〉〉を取って語となるのに対し，形容言類は〈＋シイ〉を取って語となる）ので区別する．

5.1.4. 兼用類の下位区分と位置づけ

ⓐ 従来，兼用に関しては，字音語基に特有ではないけれども，字音語基に特に多く見られる現象であることが指摘されている．ただし，兼用そのものは等質的な現象と見なされていて，その内実を下位区分しようという試みは見られない．

ⓑ 複合字音語基における兼用の在り方を検討すると，兼用には大きく3種類の区別が見られることがわかる．すなわち，(i) 用言類と体言類（複雑事象名詞になる語基）との兼用（「記述」，「研究」，「分析」等），(ii) 相言類と体言類との兼用（「安全」，「危険」，「必要」等），(iii) その他の兼用（「感心」：用言類と相言類，「普通」：相言類と副言類，「相当」：用言類と相言類と副言類，等．なお，「感心」は体言類でもあるが，用言類と体言類との兼用は (ii) の兼用に属する）．

ⓒ これらの区別は，兼用の在り方の相違による．すなわち，それぞれの兼用の性格を，(i)：構造的・恒常的な兼用，(ii)：程度的・局所的な兼用，(iii)：個別的・偶然的な兼用，と特徴づけることができる．なお，(i)・(ii) は本質的な兼用（分類項の本来的に有する特徴に基づく兼用）という点で，(iii) と異なる．

ⓓ 以上のように考えると，「兼用」とは，「1つの語基の中に複数の意味的特徴が共存しているため，その語基が複数の形態論的な枠組みに亘って文中で使用されうるという現象」と規定することができる．

ⓔ 第 (ii) 種の兼用が，自立形式（体言類）と拘束形式（相言類：5.1.3節の ⓖ 参照）とに跨がることを考えると，兼用類は，自立形式・拘束形式と同等のレベルに位置づけられる必要がある．

ⓕ 第 (i) 種の兼用は構造的なものなので，それに基づく兼用の在り方は，殊更に分類図中に示される必要はない．

5.2. 全体の分類図

以上,「合成語形成類」,「用言類」,「相言類」,「兼用類」を個別的に取り上げ,その下位分類と位置づけについて説明したが,それを踏まえ,以下に,本章における複合字音語基全体の分類図を掲げる.

[図2] 複合字音語基の分類図

```
自立形式
  体言類
    モノ名詞になる
      ┌ モノ名詞にのみなる（含「用言類」からの転成語基）
      │   ex. 会社・教室・山荘・工場・大学・編隊・目録
      └ 拘束形式用言類に転成する  ex. 愛称・科学・主婦・哲学
    事象名詞になる
      ┌ 事象名詞にのみなる（含「用言類」からの転成語基）
      │   ex. 殺人・手術・授与・準備・脱出・爆破・練習
      └ 単純事象名詞・モノ名詞になる（含「用言類」からの転成
          語基）ex. 計算・研究・建築・広告・説明・報告
  用言類
    ┌ 複雑事象名詞になる ex. 改正・解放・建設・研究・検討・質問・手術・
    │                       掃除・調査・破壊・報告・練習
    │   [ 複雑事象名詞にしかならない                        ]
    │   [ 単純事象名詞またはモノ名詞にもなる→体言類に転成 ]
    └ 複雑事象名詞にならない（無活用動詞になる）
            ex. 圧搾・圧倒・引火・混成・付帯・浮動・品評
  副言類 ex. 一切・鋭意・刻々・元来・急遽・結局・早速・暫時・全然・畢竟
拘束形式
  ┌ 形容言類 ex. 鬱陶・仰々・騒々・麗々
  │ 相言類
  │   ┌ 第二形容詞語幹 ex. 曖昧・頑固・簡単・寛容・謙虚・平凡・優秀・有名
  │   ├ 第三形容詞語幹 ex. 永遠・間接・広義・出色・特製・抜群・無人・有給
  │   └ 無活用形容詞語幹 ex. 暗黙・応急・気鋭・好学・漆黒・絶世・長蛇・亡国
  │ 副言類 ex. 一概・一斉・毅然・懇々・次第・徐徐・咄嗟・不意・平然・無性
  │ 合成語形成類
  │   ┌ {的}を取らない（複合語を作る）ex. 過渡（期）・産油（国）・
  │   │     人件（費）・偏西（風）・最恵（国）・当事（者）・保菌（者）
  │   └ {的}を取る
  │         ┌ {的}のみを取る（複合語を作らない）ex. 画期
  │         └ {的}を取り複合語を作る ex. 機動・具体・合法・合理・
  │               国際・積極・消極・先進・抜本・必然・民主
  └ 兼用類
      ┌ 体言類と相言類（第二形容詞語幹）の兼用 ex. 危険・健康・幸福・孤独・
      │   困難・自由・親切・退屈・多忙・不安・名誉・迷惑
      └ その他の兼用 ex. 案外・絶対・折角（相言類と副言類）／一生・全体・大概
          （体言類と副言類）
```

以下，上記分類図の性格に関して簡単に補足説明を加える．大きく，全体の分類方針から導かれる点と，個別的な分類結果に関わる点に分けて述べる．

全体の分類方針は，基本的に先行研究を踏襲している．したがって，分類基準は「語の構成法」であるし，従来の主要な分類カテゴリー（体言類・用言類・相言類・副言類）はできるだけ維持する方向で分類を行っている．ただし，以下の点は，先行研究と異なる本章独自の分類である．（イ）形容動詞を一語として認定するため，その語幹に相当する相言類は拘束形式に位置づけられる，（ロ）副言類にも自立形式と拘束形式の2種類を認める，（ハ）「鬱陶しい」「仰々しい」の「鬱陶」「仰々」は，意味的には相言類と同質であるが，語の構成法が異なるので別枠（形容言類）とする，（ニ）兼用類は自立形式・拘束形式と同レベルの分類項として位置づける．

具体的な分類結果に関しては，（ホ）兼用の第（i）種は構造的なものなので，全体の分類図には表示されない，（ヘ）体言類と用言類との下位分類は，ある程度対応するようになっているが，これは，用言類の有する体言性を反映したものである，という点が挙げられる．

6. 複合字音語基の分類上の特質——兼用をめぐって——

複合字音語基の分類上の一特質として，兼用類が多いということが挙げられる．この点については，森岡（1994: 201-202）などでも指摘されているし，斎藤（2016予定: 第1部第1章第4節）でも論じた．本節では，この点を前提として受け入れた上で，あらためて複合字音語基の兼用という問題について考えてみたい．

6.1. 村木の「品詞の兼務」との関わりで

斎藤上掲書でも指摘したように，兼用という問題については，既に村木（2012: 101）において次のように述べられている．

　　漢語の部分を語幹（動詞と第一形容詞［引用者注：通常の形容詞のこと］

の場合は，合成語をつくる語基）とし，語尾や派生辞をともなって，いくつかの品詞にわたる性質を品詞の兼務と呼ぶとすれば，日本語の漢語には，複数の品詞を兼務する例が多いといえる．この事実は，中国語に多くみとめられる多品詞性（兼類）の特徴を日本語の中に持ち込んでいるとみてよいであろう．

ここで重要なのは，村木の場合，この問題を語基レベルではなく，あくまでも語（漢語）レベルで捉えているという点である．しかし，そういった立場から，村木がさらに次のように述べる時，若干の疑問が生じる．そこで，ここでは，村木の記述を１つの手掛かりとすることによって，複合字音語基の兼用の問題についてより深く考えてみたいと思う．なお，議論が混乱するのを避けるため，本節では，単独の「兼用」を語基レベル・語レベルの両レベルに通用する用語として使用し，語基レベルのみを対象とする場合には「語基の兼用」，語レベルのみを対象とする場合には「（品詞の）兼務」という用語を使用する．

> 和語では品詞間の転成にはたらくさまざまな派生辞がある．たとえば，語根「高（たか）-」「広（ひろ）-」は，以下のように，さまざまな接尾辞や語尾をしたがえたり，語根をくりかえしたりして，いくつもの単語となって，それぞれの品詞に属する．（中略）
> 　このような共通の語根を有するさまざまな品詞への分化は，固有語の和語に典型的であるけれども，借用語としての漢語には十分におよんでいない．漢語の場合に，主としてもちいられるのは，動詞をつくる「-する」と形容詞をつくる「-的」である．（101-102頁）

第一に問題となるのは，固有語に見られる上のような現象と品詞の兼務とは本質的に異なるという点が明確にされなければならない，という点である．たとえば，「たか-」という語基から「たか-い」（形容詞），「たか-さ」（名詞），「たか-まる・める」（動詞）が派生される場合，「たか-」は，本来，属性概念であるから，形容詞が形成されるのが最も本質的・基本的であり，それ以外は，名詞形成接尾辞「さ」，動詞形成接尾辞「まる・める」が付くこ

とによってそれぞれの品詞が形成されているのに過ぎない．このことを，品詞レベルおいて，形容詞「たかい」が基本であり，そこから名詞「たかさ」や動詞「たかまる・める」が出来ると捉えるのが従来のいわゆる「転成」という見方である．つまり転成には，一定の方向性が存在するのである．しかし，漢語の場合，語基「危険」から名詞「危険」，第二形容詞「危険だ」（「第二形容詞」というのは村木の用語で，通常の「形容動詞」を指す）が形成されることを語レベルで捉えて品詞の兼務とするならば，そこには方向性は認めにくい．ここに転成と兼務との相違が見られるのであり，この点を明確にしておくことは兼用を考えるに当たって重要である（転成と語基の兼用との相違については，斎藤上掲書でも論じた）．

　第二に問題となるのは，第一の問題の裏返しになるが，村木の言う品詞の兼務に関しても，結局，それをもたらす根本は語基の性質であり，現象自体を語レベルで捉えるのは構わないが，あくまでもその源は語基（つまり語基の兼用）にあると捉える必要があろう，という点である．ただし，斎藤上掲書でも触れたように，語基の兼用性が語基の段階で具体的にどのような在り方で語基の中に存在するのか，という点を明らかにするのは難しい．今後の大きな課題と言えよう．

　さらに，上の引用とは別に，村木には品詞の兼務に関する次のような指摘が見られる（103頁）．

> 漢語の名詞と形容詞の双方の機能をあわせもつ使用には，一定の制限があるように思われる．つまりその名詞的な使用は，ある属性に対する，精神的な活動（「ねらう」「ほこる」「はじる」など）や言語活動（「あばく」「そしる」など）や態度（「よそおう」「さける」など）とむすびつく場合，また，「きわめる」のような態度にかかわる動詞と結び付く場合に限られるようである．

具体例としては，「最高をねらう」「博識をほこる」「軽薄をそしる」「無関心・平静・冷静・をよそおう」「詳細・困窮・多忙をきわめる」のようなものが幾つか挙げられている．この指摘自体は重要であると思われるが，こういった点を品詞の兼務の中でどのように位置づけたらよいか，という点に関

する村木の見解は示されていない．ただ，これらは，「丈夫がとりえだ．」「高級，低級は志次第だ．」といったような「属性概念をもつ漢語の臨時的な名詞使用」（104 頁）とは異なるものであるという．

　こういった語例は，いわゆる形容動詞解消論を思い起こさせる．斎藤上掲書で指摘したように，塚本（1970）のような考え方（＝「形容動詞というのは，動詞や形容詞と違って，『認定が，文脈に即応して―ということは，パロルもしくはパロルふうな次元において可能である』ということであり，そういう点で，形容動詞を他の品詞と同列に設定することはできない」［斎藤上掲書］という考え方．『　』内は，塚本（1970）からの引用）は確かに一理あるが，本章のように，兼用をあくまでも語基レベルにおいて認定する立場からは受け入れがたい．ただし，村木のように，語レベルにおける兼務を考える場合には，塚本のようなアプローチをどのように捉えるかがあらためて問われるのではないだろうか．なお，村木自身は，形容動詞そのものについては形容詞の一群（「第二形容詞」）として認定する立場に立つ．

6.2. 借用語と兼用について

　斎藤上掲書でも言及したが，森岡（1994）では，日本語語基の基本は「和語系単一語基」であり，それ以外の「漢語系・外来語系・和語系複合語基」は「和語系単一語基の文法（語構成法）に従う」とされている．特に，「漢語・外来語系の出所はもともと外国語であり，外国語というのは，日本語にとっては，非文法的であるというより，むしろ日本語文法とは異質であるという点で，無文法とでもいうべき性質のものである．この無文法的なるものを，日本語に持ち込むためには」どうしても「単一語基の枠に納まらないものもあるし，どの枠に入れるか，きれいに対応させにくいものもでてくる．」（以上，201 頁）と述べられていて，「『得』という語基は体言，情態言，用言の機能を兼用していて，一つの枠に納まらない．」（202 頁）という例が挙げられている．つまり，本章で言うような語基の兼用は，いわば借用語であることに伴う特質であるというわけである．

　一方，6.1 節で引用したように，村木（2012）は，漢語に見られる品詞の兼務は，「中国語におおくみとめられる多品詞性（兼類）」の反映であるとい

う．斎藤前掲書で指摘したように，この捉え方は村木 (2012) 独特のものであるが，語基の兼用にせよ，品詞の兼務にせよ，この種の多様性は，漢語（字音形態素）としての特質なのであろうか，それとも借用語一般としての特質なのであろうか．

この点については，本来，詳しい調査と考察が必要であるが，ここでは，森岡 (1994) の日本語語基分類において，外来語系語基にどれくらい兼用類が見られるかを確認してみることによって，おおよその見当を付けてみたい．

森岡自身は，「このような兼用が生じるのは漢語・外来語系や和語複合語を受け入れる際に，語基への適用がどうしても緩くなるためだと思われる．」(214 頁) と述べているが，森岡の実際の分類を見ると，漢語・外来語系語基に共通する兼用は，「体言・用言」（愛・感謝／ミス・プレー），「体言・情態言」（急・親切／フリー・ハンサム）だけであるのに対し，漢語系語基にのみ見られる兼用には，「体言・用言・情態言」（損・苦労・貧乏・失礼），「体言・情態言・副用言」（格別・特別・普通），「体言・用言・情態言・副用言」（相当）などが挙げられている．ただし，村木 (2012: 104) には，現代日本語の漢語に見られる品詞の兼務として 8 つのパターンが挙げられている．

このように見ると，なかなか判定が難しいが，現段階では，漢語（字音語基）に兼用が特徴的であることは確かであるものの，外来語系語基にも一定の兼用が見られ，兼用は漢語（字音語基）に特有の（つまり，中国語の「兼類」に直接基づくもの）とは言いがたいように思われる（この点については，さらに次節 (6.3 節) をも参照されたい）．

6.3. 日中同形語における品詞のズレ

現在，日本語の漢語と中国語との対照研究が言語研究の様々な分野で盛んに行われているが，その中の対照パターンの一つに，日中同形語の比較対照という観点からのアプローチが見られる．その場合，古く文化庁 (1978) に見られるような，両国語の意味的関係（いわゆる「Same・Overlap・Different・Nothing」の 4 分類）の分類と詳細に焦点が置かれることが多いが，他

にも，両国語における品詞，あるいはより細かい文法カテゴリーのズレを問題とする研究も見られる．たとえば，前者については，早いものとして石・王（1984）などが有名であるが，その他にも，中川（2002・2005［第4章］），五味他（2006），張（2009）などが挙げられる．

このうち，張（2009）では，日中間の同形同義語に関し，品詞のズレのパターンを9種類に分け例を挙げている．また，中川（2002・2005: 145-162）は，中国語の形容詞が日本語のサ変動詞になるパターンに注目し，その要因について詳しく論じている．

日中両国語間に見られる品詞のズレの問題は，それだけを取り上げれば，異言語間の対照の話であるから，兼用とは関わりがないように思えるかもしれないが，たとえば，張（2009）を見ると，中川が論じているような「中国語：形容詞⇔日本語：動詞」の例に関し，「C：形⇔J：動 ∥ 例【失敗】：Cでは形，動，名で，Jは動，名のみ．Cの形容詞用法に対してJでは「失敗した〜」という形を取る．」とある（Cは中国語，Jは日本語）．中川（2005）も，「中国語では動詞か形容詞か判然としないものが，日本語で，ナ形容詞（形容動詞）とサ変動詞に振り分けられる．」（149頁）と述べ，たとえば，「努力」は「彼工作熱心学習努力．」（彼は仕事熱心で勉強も努力している．）と用いられる際には，「中国語では〈（仕事）熱心〉と並記されていることからもわかるように〈（学習）努力〉も『（学習において）勤勉である』のような形容詞として用いられていることはあきらかである．」（150-151頁）と指摘している．ただし，一般の辞書を見ると，中国語の「努力」には動詞用法しか載っていない．つまり，日中語間の品詞のズレの背後には，顕在的にせよ潜在的にせよ，品詞の兼務の問題が潜んでいると考えられるのであるが，言語間のズレにばかり目を奪われ，同一言語中における兼務という観点からズレの問題を論じることはあまり行われていないようである（ただし，筆者は中国語学には素人であるので，性急な判断は差し控えたい）．

7. おわりに──まとめと今後の課題──

以上，複合字音語基の分類に関し，語種と絡めて考察を行った．第4節

で，先行研究の問題点とそれに対する本章の考え方を提示した上で，第5節において，具体的な分類の手続きと分類結果を示した．分類結果そのものに見られる本章の独自性をあらためて述べるなら，以下のようになろう．

1) 自立形式と拘束形式とを峻別した点．その結果として，(i) 相言類を拘束形式に入れた点，(ii) 副言類をも自立形式と拘束形式とに二分した点．
2) 新たに複合字音形容詞（「鬱陶しい・仰々しい」等）を構成する語基として「形容言類」を拘束形式の中に設定した点．
3) 自立形式・拘束形式と同レベルに新たに兼用類を設定した点．
4) 動名詞の有する名詞性という観点から，語基レベルにおいて体言類と用言類とを対応させる形で下位区分した点．

ただし，第1節で述べたように，本章は，複合字音語基の分類そのものを提示することより，それを語種の観点から見た場合にどのようなことが言えるか，という点を明らかにすることにより大きな目的がある．その点で，第2節で問題とした，語種と漢語・複合字音語基との関わりや，第3節で取り上げた漢字・字音形態素・字音語基の分類の異同に関する諸問題は，複合字音語基分類のいわば語種論的な前提として重要である．しかし，そういった点で最も重要なのは，複合字音語基に特徴的な兼用の問題である．これについては，第6節で，特に村木（2012）で問題とされた品詞の兼務との関わりを通して幾分か考察を行った．

字音形態素と語種との関わりという一般的な観点から見るならば，語構成上の問題として，影山（2010）で指摘された，漢語の流入が日本語形態論にもたらした質的変化の探求や，小林（2004: 1-2）の言う，和語への研究の偏りの是正，といった問題に引き続き取り組むことが求められよう．また野村（2013a）でコンパクトに指摘されている，漢語研究に課せられた共時的・通時的な種々の課題に関しても，今後の研究課題として追究されなければならない．

しかし，本章の内容との関わりから言えば，字音形態素の兼用の更なる探求が本章における最も重要な課題として挙げられると思われる．第6節で

論じたように，語基内部において兼用の由来をどう記述するか（6.1節），兼用性が借用語一般の特徴なのか，中国語の多品詞性を引き継いだ特徴なのか（6.2節），といった問題は引き続き検討されなければならないし，そのためには，日本語と中国語それぞれの言語における兼用性の異同に関する対照研究も必要であろう．しかし，何よりも，日本語において兼用（あるいは品詞の兼務）という現象が本質的にどのような意味を有しているのか，という点が明らかにされなければならない．そうすることによって，本章で扱った（複合）字音語基分類の問題ばかりでなく，影山の言う，漢語が日本語形態論へ与えた質的変化という問題にも新たな視点が得られることが期待される．対照研究は，必ずしも筆者の能くするところではないが，以上全てを本章に残された課題として記しておきたい．

参考文献

文化庁（1978）『中国語と対応する漢語』大蔵省印刷局，東京．
張麟声（2009）「作文語彙に見られる母語の転移——中国語話者による漢語語彙の転移を中心に——」『日本語教育』140，59-69，日本語教育学会．
五味政信・今村和宏・石黒圭（2006）「日中語の品詞のズレ——二字漢語の動詞性をめぐって——」『一橋大学留学生センター紀要』9，3-13．
日向敏彦（1982）「機能別漢字表——造語力の考察から——」『講座日本語学6 現代表記との史的対照』，255-280，明治書院，東京．
池上禎造（1954＝1984）「漢語の品詞性」『漢語研究の構想』，69-87，岩波書店，東京．
伊藤たかね・杉岡洋子（2002）『語の仕組みと語形成』研究社，東京．
影山太郎（1993）『文法と語形成』ひつじ書房，東京．
影山太郎（2010）「日本語形態論における漢語の特異性」大島・中島・ブラン（編）（2010），1-17．
影山太郎（編）（2011）『日英対照 名詞の意味と構文』大修館書店，東京．
小林英樹（2004）『現代日本語の漢語動名詞の研究』ひつじ書房，東京．
宮地裕（1973）「現代漢語の語基について」『語文』31，68-80．
水野義道（1987）「漢語系接辞の機能」『日本語学』6:2，60-69，明治書院，東京．
森岡健二（1968＝1987）「文字形態素論」『現代語研究シリーズ2 文字の機能』，26-55，明治書院，東京．
森岡健二（1975＝1987）「漢字の層別」『現代語研究シリーズ2 文字の機能』，56-

133，明治書院，東京．
森岡健二（1994）『日本文法体系論』明治書院，東京．
村木新次郎（2012）『日本語の品詞体系とその周辺』ひつじ書房，東京．
中川正之（2002）「中国語の形容詞が日本語でサ変動詞になる要因」『日本語学と言語学』，玉村文郎（編），12-23，明治書院，東京．
中川正之（2005）『漢語からみえる世界と世間』岩波書店，東京．
野村雅昭（1978）「接辞性字音語基の性格」国立国語研究所『電子計算機による国語研究 IX』102-138．
野村雅昭（1979）「同字異訓──字音形態素の造語機能の観点から──」『中田祝夫博士功績記念国語学論集』729-752，勉誠社，東京．
野村雅昭（1987）「複合漢語の構造」『朝倉日本語新講座1 文字・表記と語構成』，130-144，朝倉書店，東京．
野村雅昭（1988a）「二字漢語の構造」『日本語学』7:5，44-55，明治書院，東京．
野村雅昭（1988b）「漢字の造語力」『漢字講座1 漢字とは』193-217，明治書院，東京．
野村雅昭（1998a）「現代漢語の品詞性」『東京大学国語研究室創設百周年記念国語学論集』，128-144，汲古書院，東京．
野村雅昭（1998b）「結合専用形態の複合字音語基」『早稲田大学日本語研究教育センター紀要』11，149-162．
野村雅昭（2013a）「現代日本漢語研究の展望」野村（編）（2013），5-56．
野村雅昭（2013b）「品詞性による字音複合語基の分類」野村（編）（2013），134-145．
野村雅昭（編）（2013）『現代日本漢語の探求』東京堂出版，東京．
大島弘子・中島晶子・ブラン ラウル（編）（2010）『漢語の言語学』くろしお出版，東京．
斎藤倫明（2016予定）『語構成の文法的側面についての研究』ひつじ書房，東京．
石堅・王健康（2004）「日中同形語の文法的ズレ」『日本語と中国語の対照研究別冊──日文中訳の諸問題』，中川正之・荒川清秀（編），日中語対照研究会．
鈴木英夫（1986）「『形容動詞』をめぐる二，三の問題」『築島裕博士還暦記念国語学論集』，491-517，汲古書院，東京
寺村秀夫（1982）『日本語のシンタクスと意味I』くろしお出版，東京．
塚原鉄雄（1970）「形容動詞と体言および副詞」『月刊 文法』2:6，40-46，明治書院，東京．
山田孝雄（1940）『国語の中に於ける漢語の研究』宝文館出版，東京．
山崎良幸（1961）『日本語の文法機能に関する体系的研究』風間書房，東京．
渡辺実（1971）『国語構文論』塙書房，東京．

第 4 章

「名詞＋動詞」複合語の統語範疇と意味的カテゴリー*

由本　陽子
大阪大学

1. はじめに

本章で扱うのは，右側要素に和語の動詞の連用形，左側要素に名詞が結合しているという複合語である．この型の複合語が表す意味は（1）に示すように実に多様性に富んでいる．

(1) a. 行為$_1$：金魚すくい，ボタンつけ，山登り，墓参り，里帰り
行為$_2$：一人歩き，水洗い，手書き，色づけ，袋詰め
b. 現象$_1$：地滑り，崖くずれ，オイル漏れ，耳鳴り，声がれ，手荒れ
現象$_2$：船酔い，日焼け，雪焼け，ビール太り
c. 動作主：辻斬り，花売り，かばん持ち，客引き，絵描き
d. 道具$_1$：ねじ回し，髪留め，缶切り
道具$_2$：湯のみ，姿見，手拭き，鍋つかみ，糸通し
e. 産物：たまご焼き，野菜炒め，梅干し，人相書き，ワサビ漬け

---

* 本章は H. 25, 26 年度科学研究費基盤研究（C）(#24520427) の助成を受けて行った研究成果の一部であり，H. 25 11. 日本言語学会第 147 大会（於神戸市外国語大学）の公開シンポジウム『日本語研究とその可能性―音韻・レキシコン／語彙・文法を中心に―』において「「名詞＋動詞」型複合語の統語範疇と意味カテゴリー」として発表した内容をもとに修正および加筆したものである．シンポジウムの参加者から頂いた貴重なコメントに感謝申し上げる．

f. 状態（属性）$_1$: 父親似，風呂好き，金持ち，女嫌い
状態（属性）$_2$: 泥まみれ，箱入り，大学出，明治生まれ，塾帰り，蔵出し，檜造り，手作り，山積み[1]
g. 場所$_1$: 水たまり，日だまり
場所$_2$: 箸置き，物置，小銭入れ，くず入れ，車寄せ
h. 時間: 夕暮れ，夜明け，夜更け，週明け

「名詞＋動詞派生語」という組み合わせの複合語は，他の言語，たとえば英語においても非常に多く，生産性も高いのだが，上記の日本語に対応させようと思えば，動詞の派生形はその表そうとする意味によって異なり，付加される接尾辞が一律ではないことが観察される．たとえば，行為を表す場合はfox-hunting, church-going のように -ing，行為者を表すには church-goer, flower-vendor のように -er, -or，そして道具を表すにも同じ -er が用いられる（cf. screwdriver, nail clipper）．また道具の中でも (1d) の第二のタイプや（cf. *tea-drinker, *figure-looker），(1g, h) の場所・時間を表すものなどは（cf. clothes-drier ≠ 物干し，*nightbreak/daybreak），英語に訳そうにも，対応する名詞と動詞の派生語の結合によっては表せない．そこで興味深い問題となるのが，日本語においては，右側の要素がすべて動詞の連用形で，形態上の区別がないにもかかわらず，母語話者の間ではいったいどのような手がかりによってこれほど多様な意味解釈を導いているのかということである．

先行研究では，動詞の派生形を主要部として事象を表す複合語，いわゆる「動詞由来複合語」について，それらがどのような制約のもとに形成されているか，また，日本語では英語の場合とどのような点で異なっているかが明らかにされてきた．しかし，上記のように多様な意味を表す具体物や属性を表す日本語の「名詞＋動詞連用形」型複合語（以下「N＋V 複合語」）については，その解釈メカニズムについて十分な説明が与えられてはいない．本稿

---

[1] (1f) に挙げたものは，名詞を修飾する際に「の」を伴う属性表現で村木 (2012) の分類では第三形容詞語幹とされているもの，伊藤・杉岡 (2002) では述語名詞と考えられているものである．

では，先行研究による指摘を再検討し整理したうえで，事象名詞以外のものを表す N＋V 複合語の意味とその解釈メカニズムについてより体系的な説明をめざし，より原理的なメカニズムによって解釈が導かれているものほど生産性が高いことを明らかにする．

　議論に先立って次節では出来事を表す「動詞由来複合語」についての先行研究が示す知見を概観する．先行研究が指摘するように，日本語においては，N＋V 複合語がモノ名詞や事象名詞以外に述語の語幹として働く名詞になる場合があることから，本章が中心的に扱う具体物を表すものについて考察するにあたっても，少なくともこの 2 種類を区別すべきことが重要である．そこで 3 節では，まず述語性の N＋V 複合語がどのように形成されるのかについて概観しておく．4 節で，具体物を表す N＋V 複合語を 4 つに分類しそれぞれについてその形成と解釈メカニズムを明らかにしていく．5 節はまとめである．

2. 動詞由来複合語の形成に関わる制約

　先行研究では総合的な複合語（synthetic compound）である「動詞由来複合語（deverbal compound）」について動詞の項構造による制約があることが指摘されている．これにはいくつかの提案があるが，最終的には Selkirk (1982) の The First Order Projection Condition に集約される．これは動詞由来複合語については「主語以外のすべての項が複合語の内部で満たされねばならない」という制約を述べたものである．この制約によって（2a）のような動詞の主語にあたるものが結合したものや，(2b) のように他動詞でありながら目的語ではなく付加詞と結合した複合名詞は容認されず，また (2c) に示すように 3 項動詞を基体とする派生名詞からは複合語が作れないことが説明される．本章では Selkirk (1982) に従い，動詞由来複合語は動詞からの派生名詞が主要部であると考え，その構造を (2d) のように仮定する．動詞の項構造を受け継いでいる派生名詞が先述の制約のもとに複合語を形成すると考える．

(2) a. *girl-dancing, *weather-changing, *mother-baking of cookies
   b. *morning-baking of bread, *factory-making of vegetable
   c. *boot-putting on the shelf, *shelf-putting of the boots
   d.
```
           N
          / \
         N   N
       /  θ付与  \
   ┌teacher┐  ┌training┐
   │ music │  │ lover  │
   └       ┘  └        ┘
```
(cf. Selkirk (1982))

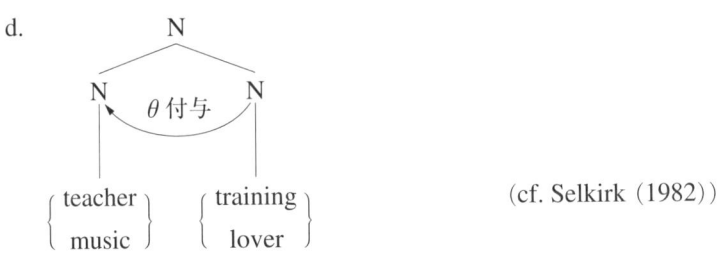

　ただし，これは，あくまでも動詞の項構造を受け継ぐ，いわゆる「複雑事象名詞」(cf. Grimshaw (1990)) と呼ばれるタイプの複合語に限ってのことである．たとえば impulse buying, off-season trading のように副詞的要素が結合した複合名詞は存在するが，これらは目的語をとることができないことから (*impulse buying of a dress, ?*off-season trading of the players cf. 影山 (1999: 132))，動詞の項構造を受け継いでおらず，複雑事象名詞ではない．したがって，上記の制約の反例ではないことがわかる．
　これに対して日本語については，まず Kageyama (1985) によって (1b) に挙げた「地滑り，崖くずれ，オイル漏れ，耳鳴り」のような主語との結合による動詞由来複合名詞があることが指摘されている．Kageyama (1985) は，日本語，オランダ語，古英語では非対格自動詞の主語と結合した複合が許されることを根拠に，Selkirk (1982) の条件は「主語」ではなく「外項」という概念によって修正すべきであると主張している．実際，日本語の複雑事象名詞でも (3a) に示すように他動詞や非能格動詞の主語が複合語内に現れることはなく，外項以外の項が複合語内部で満たされなければならないという制約は成立することが観察されている．この条件のもとに作られている複雑事象名詞は，(1) の中では (a), (b) のそれぞれ上段に挙げた第一のタイプである．本章では日本語の動詞由来複合語も (2d) と同じ構造をもち，動詞の連用形の名詞化したものが動詞の項を受け継ぎ複合語を形成している

と考える．そして，名詞との複合においてその項を満たすことが複雑事象名詞として成立する条件であると考える．[2]

(3) a. *夜間の犬吠え，*公園での子遊び，*箪笥の職人作り，*野菜の農家作り，*夜道の女性歩き
 b. ??ゴミ箱(へ)のくず入れ，*倉庫への物置き，??ペンキの壁塗り
 c. 車の車庫入れ，お菓子の袋詰め，事件の迷宮入り，スープの味付け，山菜のあく抜き，壁のペンキ塗り

　ここで，3項動詞について見てみると，この制約が予測する通りに(3b)のように容認されない場合と，予測に反して(3c)のように容認可能な場合とに分かれる．しかし，先行研究でも指摘されているように，容認されるのは [N+V] が動名詞として機能する場合であり，たとえば，「車を車庫入れする」「事件が迷宮入りする」「山菜をあく抜きする」といった動詞句の名詞化と見なすことができる．[3] ちなみに，目的語の交替が可能な「塗る」については「*ペンキを壁塗りする」「壁をペンキ塗りする」のような対比があるために，その名詞化にも (3b, c) に示すように容認性の違いが生じている．以上のことから，(3c)のように動詞の項を外に表して容認されるものは初め

---

　[2] 伊藤・杉岡 (2002: 114) では複雑事象名詞と見なせる N+V 複合語の構造を [[N-V]$_V$]$_N$ のように仮定し，動詞が単独で名詞化したとは考えていない．本章では「する」や「だ」と結合して述語として機能するタイプ以外は，3節以降で考察するモノを表すタイプも含めて，動詞連用形が先に名詞化してから複合すると考えている．いずれの構造がそれぞれについて妥当なものであるかについては，より詳細な考察を示す必要があるが，紙幅の都合上本章では立ち入ることができない．

　[3] 動名詞とは (i) のように「を」を介さず「する」と直接結合できるだけなく，語の外に「に」格や「を」格の補語をとることができるものである．いっぽう (ii) に示すように「を」を介さなければ動詞として機能しないもの，名詞句の外に補語をとることができないものは出来事を表す名詞と考えねばならない．

(i) スープに味付けする，下絵に色付けする，お菓子を袋詰めする，車を車庫入れする，魚を陸揚げする
(ii) a. 金魚すくい*(を) する，ボタンつけ*(を) する，墓参り*(を) する
 b. ??上着に [ボタンつけ] をする／[上着のボタンつけ]$_N$ をする）
 　 *先生を [墓参り] する／[先生の墓参り]$_N$ をする）

(cf. 影山 (1993: 333-335))

から名詞として作られるN+V複合語とは異なった形成メカニズムによるものだと考えるべきであることがわかる（cf. 影山（1993: 200-207））．

このような目的語が語の外に具現されるものの中には，他に（4）のように副詞的要素が結合して複合語を形成している場合もある．これらも（3c）と同様に「がぶ飲み（する）」「丸洗い（する）」といった動名詞か，「千切り（にする）」「鉢植え（のラン）」のような状態性述語名詞（伊藤・杉岡（2002: 116））が基盤となった名詞として分析することができる．これが正しいとすれば，（1）に挙げた様々な意味をもつN+V複合語の中には，本来名詞であるものと，動名詞や状態性述語名詞を基盤としたものとの2種類があり，両者は異なる条件のもとに形成され，異なるメカニズムによって解釈されていると考えねばならないことになる．

(4) a. ビールのがぶ飲み，洋服の衝動買い，シーツの丸洗い，車の水洗い
　　b. 鯛の塩焼き，鶏の丸焼き，大根の千切り，胡蝶ランの鉢植え

そこで，次節ではどのような組み合わせのN+V複合語が述語機能を担い得るのかについて考える．

3. 述語を形成するN+V複合語

N+V複合語のうち，「する」や「だ」と結合すると述語として機能するものについては，Sugioka（2002）が興味深い提案をしている．これは，簡潔にまとめれば，Vが付加詞，すなわち副詞的要素と結合する複合語は，項構造ではなく概念構造（Lexical Conceptual Structure 以下LCS）のレヴェルで形成される述語性を帯びる複合語であり，その付加詞がLCSのどの位置につくものであるかによってその意味が異なるという主張である．LCSとは，簡単に言えば動詞の意味を使役（CAUSE）や変化（BECOME）といった要素に分解し，動詞の意味に潜む下位事象の因果関係などを構造的に明示した意味構造である．たとえば，対象に働きかける動詞（「たたく」など）のLCSは [x ACT-ON y]，aという状態への変化を表す動詞（「開く」

など）の場合は [y BECOME [y BE AT-α]] のように表され，働きかけによって対象の状態変化まで含意する動詞（「壊す」など）については，[[x ACT-ON y] CAUSE [y BECOME [y BE AT-α]]] のように記述される．N + V 複合語は Sugioka (2002) によれば，(5) に示すように結合する要素が何を表しているかによっていくつかに分類することができ，LCS 内のどの下位事象の修飾要素であるかを (6) のように表すことにより，形成される述語のタイプが予測できる．すなわち，道具や様態の場合は (6a) のように ACT-ON で表される行為の部分を修飾するので行為や働きかけを表す動名詞，(6b) のように BECOME で表される状態変化を修飾する様態や原因が結合するなら非対格の自動詞を作る動名詞となる．いっぽう，結合している要素が結果状態や材料を表す場合は動詞の LCS 内の結果事象を修飾するので，動名詞ではなく目的語 y の状態・属性を表す述語名詞となる．

(5) a. 道具：ワープロ書き，糊付け，機械編み，手作り，水洗い
b. 様態：一人歩き，犬死に，共食い
c. 原因：船酔い，所帯やつれ，仕事疲れ，日焼け，飢え死に
d. 結果状態：黒こげ，四つ割，白塗り
e. 材料：石造り，板張り，木彫り，モヘア編み，毛織り

(6) a. $_{\text{Event}}$ [x ACT (ON y) $_{\text{Manner/Instrument}}$]

一人歩き／水洗い（する）

b. $_{\text{Event}}$ [y BECOME $_{\text{Cause/Manner}}$ $_{\text{State}}$ [y BE AT-z]] 日焼け（する）

c. $_{\text{State}}$ [BE y AT-Result] 黒こげ／四つ割（だ／の）

(cf. Sugioka (2001))

Sugioka (2001) の主張において検討すべき重要な点は，V が項ではなく，付加詞（すなわち副詞的要素）と結合した場合には，N + V 複合語が述語機能を帯びるという一般化である．(1a)，(1b) に挙げた行為や現象を表す N + V 複合語のうち，1 行目に挙げたタイプ1は内項，2 行目に挙げたタイプ2は付加詞が結合したものである．両者は意味的には類似しているように思われるが，(7) のように直接「する」をつけて動詞を作ってみると，内項を含む前者は「する」との結合がしにくいのみならず，付加詞を表すことがで

第 4 章 「名詞＋動詞」複合語の統語範疇と意味的カテゴリー　　　87

きず，動名詞として容認することが難しいことがわかる．

(7) a. 健はいつも {*ペンで手紙書きする／手紙をペン書きする}．
   b. 早く研究者として {??一人で山歩きしたい／一人歩きしたい}．
   c. 花子はスキーに行って顔だけが雪焼けした．
   c'. ??健は過労で耳鳴りした．

　この Sugioka (ibid.) の分析は一見非常に明快であるのだが，詳しく見てゆくと，項か付加詞かということで述語性を帯びるかどうかが決まるという一般化に当てはまらない例が多く見つかる．まず，(8), (9) のように V が選択する項と見なされるものが結合して，動名詞となる場合である．

(8) a. *(船に) 救援物資を積む　→　救援物資を**船積み**する
      パック詰め，車庫入れ，棚上げ，湯通し，陸揚げ
   b. このネタは*(客に) 受ける　→　このネタは**客受け**する
      親離れ，乳離れ，仲間入り，湯あたり，ベンチ入り
   c. 大学に*(ランクを) つける　→　大学を**ランク付け**する
      動機付け，色づけ，ワックスがけ，砂糖がけ，墨入れ
(9) a. 山菜の灰汁を抜く　→　山菜を**灰汁抜き**する
      値上げ，底上げ，値引き，幅詰め，色止め，品定め，頭出し
   b. セーターの色が落ちた　→　セーターが**色落ち**した
      気疲れ，気落ち，心変わり，格落ち，型崩れ，値下がり，底割れ

　このうち (8) は V が内項を 2 つ取る他動詞または自動詞で，いっぽうの項が結合して複合語が作られ，他動詞，自動詞いずれの場合も項が 1 つ減じられている．それに対して (9) のタイプは，結合する N が本来の V の項であって，複合語全体が要求する項は V が直接選択するものではない．この項は結合した N と部分－全体の関係にあり，N によって選択されているものであることは明らかである．つまり，(9) のタイプは結合する N の性質によって述語としての機能を帯び得ていると考えられる．
　以上の観察から，由本 (2014) では，N＋V 複合語が動名詞となる条件は

語の外に表すべき項を受け継いでいることだと主張した．付加詞に対応する要素が結合した場合はもとの動詞の項構造に変化がないので，当然この条件を満たすわけで，Sugioka (ibid.) の一般化はこの部分のみを捉えていたことになる．(8) のように V の満たすべき項が残っている場合や，(9) のように結合した N によって新たに満たすべき項が生じる場合もこの条件に合うため，動名詞として容認される．また，あくまでも主要部である V の統語的性質は原則受け継がれるため，もとの動詞と矛盾しない他動性を備えている動詞にする必要もある．したがって内項を1つしかとらない他動詞は，他動性を保持するために付加詞と結合するが，内項を2つとる他動詞はどちらかの内項と結合して動名詞を作ることができる．原則として他動詞から自動詞が作られることはないのである (cf.「皿洗い*(を) する／水洗い（を）する」)．

ここで注意したいのは，(9) のタイプを作ることができる N は，一般に考えられているように単に何かの不可分な部分を表すという特徴づけでは不十分なことである．たとえば，(10) のような身体部位の場合は，複合名詞は作れても，動名詞として機能するものにはならない．

(10) a. お父さんの [肩-たたき]／*お父さんを [肩-たたき]-する
b. お父さんの [ひげ-そり]／*お父さんを [ひげ-そり]-する

動名詞を作ることができるのは，「色」，「値」，「格」，「底」，「幅」，「型」や「灰汁」などであり，これらはモノの属性・成分を表す名詞だと言える．何かの属性や成分に対して行為を向けそれが変化する場合，それらの属性，成分を有するモノも変化すると認識される．具体的に言えば，「値を上げる」という行為によって「値」が変化し，そのことによってその値段のついた商品も変化すると認識されるため，「値上げ」は，その商品を目的語とする動名詞として成立するのである．このような複合語形成のメカニズムは，N の項構造を想定するといったことでは真の説明が与えられない．N が表す概念について世界知識に言及するようなより詳細な語彙意味情報が必要とな

る.[4]

　また，Sugioka (2001) による一般化では，「黒焦げ」や「石造り」のように「結果状態」や「材料」を表す付加詞が結合した場合に，「だ」を伴って叙述機能をもつ述語名詞となるとされているが，これについても，(11) のように V の項と結合して同じように属性や性質を表す述語名詞が作られる場合がある．まず，(11a) のように主要部が状態動詞であれば項と結合して述語名詞を作るのはむしろごく一般的である．また，非状態性の V でも可能であって，益岡 (2008) によれば「過去のイベントを履歴として所有することを表す」《履歴属性》と呼ばれる，事象叙述から派生した (11b) のようなものや，「習性・傾向を表す」《単純所有属性》と呼ばれるものから派生した (11c) のような N + V 複合語も多く認められる．ほとんどの場合いわゆる個体レヴェル叙述 (individual-level predication)，すなわち特定の時間に限定されないモノの属性を表す解釈となり (cf. Carlson (1980))，(11d) のように一時的状態 (stage-level predication) を表すものは少ない.

(11) a. 花子は，{アイドル好き／物知り／親思い／衣装もち／父親似}だ.
　　　b. 健は，{大学出／田舎育ち／イギリス生まれ／フランス帰り}だ.
　　　c. 健は，{酒飲み／面食い／うそつき／女たらし}だ.
　　　d. その時花子は勤め帰りだった．子連れの女性に会った.

　これらの N + V 複合語は対応する文，たとえば「健は田舎で育った」「健はよくうそをつく」といった主語の属性を表す叙述文から派生し，属性叙述としての機能をさらに明確にもつ「カテゴリー属性」を表すものとして成立していると考えられる．このタイプの N + V 複合語の形成は，益岡 (ibid: 7) が述べるように，属性叙述と事象叙述には「通路」が開いていること，また，履歴属性⇒単純所有属性⇒カテゴリー属性という意味的連鎖が認めら

---

[4] 世界知識を語彙意味として導入するには，たとえば Pustejovsky (1995) が提唱する生成語彙論によるアプローチが有意義である．本章では技術的な分析について詳しく論じる余裕がないが，Yumoto (2010)，由本 (2014) ではその試みを示している.

れることを明示的に示す現象だと言えるだろう．

　以上，本節では，N＋V複合語がどのような場合に動名詞や述語名詞として機能するものになるかについて考察した．Sugioka (2002) の一般化に反し，Vの付加詞との結合に限らず，語の外に充足すべき項をもつという条件を満たすならば動名詞として容認され，また，対応する動詞句が履歴属性や単純所有属性として解釈される組み合わせの場合にも，カテゴリー属性を表す述語名詞として機能することを明らかにした．

4. モノを表すN＋V複合語の意味的カテゴリー

　本節では，具体物を表すN＋V複合語についてその多様な解釈がいかに導かれるかについて考える．まず，4.1では，動詞の名詞化がモノ名詞として解釈されるメカニズムについて先行研究が提示した分析を簡単に見ておく．4.2では，3節で扱った述語機能をもつN＋V複合語としても機能するもの（Aタイプ）について考察する．次に，以下の3つのタイプについてそれぞれ異なる解釈メカニズムが想定できることを順々に示していく．

　　　Bタイプ：　N＋Vが表す行為・現象の結果生じるモノ
　　　　　　　　（野菜いため，木彫り，水たまり）
　　　Cタイプ：　N＋Vが表す行為を目的とするヒト・モノ
　　　　　　　　（客引き，爪切り，車止め，手拭き）
　　　Dタイプ：　N＋Vが表す行為や状態により特徴づけられるヒト・モノ
　　　　　　　　（金持ち，酒飲み，大学出）

4.1. 事象名詞とモノ名詞

　そもそも日本語に限らず，動詞の派生形が具体物を表す場合どのようなメカニズムで解釈が決定されるかについて，先行研究では十分明らかにされているとはいえない．Kageyama (2001) や伊藤・杉岡 (2002) では，事象名詞はもとの動詞のLCSのEvent全体やその部分をなすStateを取り立てるのに対して，モノ名詞は特定の項に焦点を当てたものだと述べられており

(cf. 影山 (1999: 第 7 章), 伊藤・杉岡 (2002: 85)),[5] あくまでも動詞の LCS からその意味が推論されることが示唆されている.[6] たとえば, 英語のモノ名詞については (12) のように, 動詞の LCS の結果事象内にあるどれか 1 つの項を指示対象とするものとして意味記述ができると述べられている.

(12)　creation: create の結果を表す State (下線部) 内の y が焦点化
　　　[[x] CAUSE [BECOME [$_{State}$ [y] BE AT-[WORLD]]]]
　　　dwelling: dwell の結果を表す State (下線部) 内の z が焦点化
　　　[[x] CAUSE [[y] BECOME [$_{State}$ [y] BE AT-[z]]]]
　　　translation: translate の結果を表す State (下線部) 内の定項 (TRANSLATION) が焦点化
　　　[[x] CAUSE [BECOME
　　　[$_{State}$ [y] BE AT- [IN- TRANSLATION]]]]

(伊藤・杉岡 (2002: 84-85))

日本語の動詞をモノ名詞として用いる語形成については, 単一の動詞の連用形をそのまま名詞に転換することができるものは非常に少ないことが知られている. その理由として, 先行研究では, 音声的な条件と意味的な理由が指摘されている. 西尾 (1988: 74) によれば, (1) 動詞には一般に意味の幅が広くそれを名詞として明確に安定させるのに不適当なことがある, (2) 単一の動詞連用形には一拍・二拍のものもあるがそれらは, 一個独立の名詞としての安定性や品格を欠く, といった要因があげられている. 影山 (1999) では, 意味的要因としてより客観的な主張がなされており, 日本語動詞には明確な有界性が欠けていることが要因としてあげられている. いっぽうで, それらの条件をクリアするように動詞の連用形に何らかの要素を結合させる

---

[5] 伊藤・杉岡 (ibid.) の指摘するとおり, たとえば protection のように V の使役者にあたる x が焦点化されるものは英語には少ない.

[6] Kageyama (2001) では "the entity meanings are inferred from the LCS of the base verbs with the aid of the morphological clues that surround them." (Kageyama (ibid.: 47)) のように述べられており,「推論」のメカニズムについて明確にはされていない.

とモノ名詞として成立しやすくなることもまた周知の事実である．たとえば，「書き」「置き」「入れ」だけではモノ名詞として成立しないが，「物書き，物置，物入れ」のように複合語にすると具体物を表す名詞が形成できる．つまり，影山に従えば，日本語では動詞をモノ名詞に変える一方策として複合が用いられるともいえるだろう（cf. 影山（1999: 113），Kageyama（2001: 44））．

N+V 複合語が，主要部である動詞の LCS を基盤としてモノ名詞の意味を生み出すメカニズムについては，Kageyama（2001: 48）が（13）のような説明を与えている．すなわち，たとえば人を表す「金持ち」について言えば，「持つ」の LCS に「金」が表す概念が項として代入され，その結果複合語が表す意味は残された項 x，すなわち主語に焦点を当てたものになるというのである．[7]

(13) 「持つ」: [x] BE WITH [y]　　（BE WITH means 'have'）
　　　「金持ち」: <u>Compound formation</u> [x] BE WITH [MONEY]$_y$
　　　The inserted element (MONEY) is backgrounded and the focus is thereby shifted to the possessor (x).

ここで注意しておきたいのは，(13)のような分析は複合語が V の項構造を受け継いでいることを含意するものではないということである．(14)に示すように，一般にモノ名詞として解釈される N+V 複合語は，V の補語をとることができず，したがって，項構造を受け継いでいるとは考えられない．

(14) *子供への風船売り，*外国人への金貸し，*シャツへの霧吹き，*親

---

[7] Kageyama (ibid.) では (14) の LCS を基盤として，名詞のクオリア構造 (cf. Pustejovsky (1995)) を用い，以下のようにさらに明確な意味記述が示されている．クオリア構造については後述する．

Qualia Structure Formation
$$\begin{bmatrix} \text{Formal role (形式役割)} = \text{Human } (\alpha) \\ \text{Agentive role(主体役割)} = [\alpha]_x \text{ BE WITH-[MONEY]}_y \end{bmatrix}$$

(cf. Kageyama (2001: 48))

へのうそつき，*門からの車寄せ

しかし，4.2 以降で述べるように，N + V 複合語のモノ名詞としての解釈については，大半が (13) のような LCS を基盤としていると考えられる．モノ名詞としての N + V 複合語は，V の連用形が単独でモノ名詞化したものと N との結合によるいわゆる一次複合語であり，解釈はコンテクスト次第で自由であると考える立場もあるかもしれないが，本章では，たとえ一次複合語の形態構造を有しているとしても，その意味解釈においては，V の語彙意味記述を基盤として導かれていると主張したい．ただし，その解釈メカニズムは一通りではなく，いくつかの道筋があると考えられる．1 つは述語としても機能する N + V 複合語の名詞化によるもので，先述の通りこのタイプは明らかに異なる性質を示すものである．4.2 ではまずこのタイプから考察する．

4.2. A タイプ：複雑述語を形成する N + V 複合語を基盤にしたモノ名詞

まず，2 節で見た複雑述語となり得る N + V 複合語の名詞化とみなされるものについて見てみよう．このタイプの例としては以下のようなものが挙げられる．

(15) （ネクタイの）蝶結び，（ランの）鉢植え，（さんまの）天日干し，（豚肉の）串揚げ，（鶏の）唐揚げ，（玉ねぎの）みじん切り

このタイプは産物を表す点で V の目的語と結合した N + V 複合語と類似しているが，(16) に示すように両者は異なる性質を見せる．すなわち，目的語との結合である左側の例では，そのままで「野菜を炒めたもの」「たまごを焼いたもの」という産物を表すことができるのに対して，(15) のタイプである右側に挙げたものは，「野菜の油炒め」のように原則として V の目的語を語の外に表さなければモノ名詞として容認しにくいということである．

(16) a. ｛野菜炒め／*（野菜の）油炒め｝を食べた．
　　 b. ｛たまご焼き／*（ブタの）丸焼き｝をふるまった．

この違いは，モノ名詞の基盤となっているのが，項を要求する複雑述語か否かという違いに帰せられる．そして，複雑述語の場合は，その項が共起し全体として出来事を表す名詞となったうえで，産物の解釈が生じているのである．ただし，その複雑述語とは，動名詞とは限らない．「*<u>蝶結び</u>する」「*<u>木彫り</u>する」のように「する」と直接結合できないものでも，先述のSugioka (2002) の分析によれば (6c) の LCS によって表されるような N＋V 複合語であれば結果名詞を表す可能性がある．また，直接「する」と結合し得るものについても，伊藤・杉岡 (2002: 120-122) によれば，道具や様態を表す付加詞と作成や変化[8]を表す他動詞との複合語においては，結果事象に焦点を移動させることによって，結果状態を描写する述語名詞としての解釈が生じる．すなわち「野菜を<u>油炒め</u>にする」「<u>炭火焼きの肉</u>」のような文脈における名詞の状態描写をする N＋V 複合語の用法である．したがって，これらすべてを一律に導くには，動名詞から直接産物名詞の解釈が導かれると考えるよりも，むしろ (17) に示すように，結果状態を表す述語名詞を基盤としたものとして扱うのが適切だと考えられる．なお，「唐揚げ」「鉢植え」のように，使用頻度が高く語彙化が進んでくると，描写する対象項（材料）を表さず単独でも容認されるものがあるが，その場合も，述語名詞から受け継いだ項 (e.g. 唐揚げの<u>鶏</u>) が含意されていると考えてよいだろう．

(17) a. 野菜を [油炒め] する → 野菜を [油炒め] にする → 野菜の [油炒め]$_{+N}$
 b. ネクタイを [蝶結び] にする → ネクタイの [蝶結び]$_{+N}$
 c. ランを [鉢植え] にする → ランの [鉢植え]$_{+N}$ »» [鉢植え]$_{+N}$

当然のことながら産物名詞として解釈される条件は，V が原則作成を含意する使役変化動詞であることである (cf. 注8)．このタイプに料理の方法を表す動詞が多く用いられるのもその理由による．ここで興味深いのは，以

---

[8] 変化といっても，「焼く」「炒める」「結ぶ」「切る」のように対象の変化の結果新たなモノ（料理や結び目，断片）の発生が認識されるような動詞のみであり，これらは広い意味での作成動詞としてひとくくりにできると考えられる．

下のようなコントラストである.

(18) a. ポテトのオーブン焼き vs. *ケーキのオーブン焼き
   b. 牛肉の串揚げ vs. *ドーナツの串揚げ

すなわち，同じ動詞による N+V 複合語であっても，V が使役変化のみを表すか作成動詞として用いられているか，によってモノ名詞としての容認性が違ってくるのである．(18) から分かることは，産物を表すモノ名詞に先行して表すべき項は V の材料 (e.g. ポテト，牛肉) である．産物を明示するならば，「オーブン焼きのケーキ」としか表せず，この場合 N+V 複合語は述語名詞の用法となってしまう．したがって，この場合の容認性の判断には，V が表す行為に関わる材料や産物としてはどのようなものが想定され，また，N+V 複合語に先行する名詞が，材料か産物かいずれに対応するかという世界知識が用いられていることになる．このことは，Pustejovsky (1995: 123f.) が，bake (potatoes) における bake の意味から作成動詞としての bake (e.g. bake a cake) を導くものとして提案している「共合成」による動詞の意味拡張によって説明できるだろう．すなわち，動詞と目的語に現れる名詞との意味合成の際に，項に現れる名詞の百科事典的情報によって使役変化動詞が作成動詞としての解釈を得るというメカニズムである．したがって，(18) のような N+V 複合語に関する観察は，動詞句レヴェルでの「共合成」とそれに伴う動詞の意味拡張が，複合語および名詞句レヴェルにおいても適用されるべきことを示しており，理論的にも興味深いものである．

4.3. B タイプ: N+V が表す行為・現象の結果生じるモノを表す

B タイプは前節で扱った複雑述語をもとにしたものとの対比として挙げた複合語，すなわち，2 節で示した条件に従う内項と動詞の結合による，本来は出来事を表す複合語で，産物を表すというものである.

(19) 人相書き, 効能書き, 絹織, ビーズ編み, 野菜炒め, 梅干し, あら煮, たまご焼き, 蕎麦掻き, 石組み

出来事を表す動詞からの派生名詞がそのままの形で産物も表すという現象は各言語に広く見られ，たとえば，英語では production（生産／産物），construction（建設／建造物），offering（提供／供物），picking（採集／採集物），writing（執筆／文書）など単一の動詞からの派生語において頻繁に見られる．日本語の N+V 複合語のうち，この B タイプの産物名詞はこれらと同等に扱えるものと考えたい．ただし，(19) の例からもわかるように，このタイプに用いられる V のほとんどが純粋な作成動詞とは言えず，本来は状態変化を表す動詞であり，産物を論理的に含意するものではないことに注意しなければならない．

　このことは，前節 (18) で見た対比からも明らかである．同じ動詞から2種類の産物名詞が作られる可能性があるが，N+V 複合語単独で産物を表せるのは，材料を目的語とする状態変化使役動詞としての用法を基盤に形成されたもので，語用論的に産物の出現を含意する場合である．また，自動詞についても，(20a) に示すように，非対格動詞とその主語である内項との結合によって出来事が表され，それが起こった後に生じるモノを表すものがあるが，「割れる」「たまる」「たかる」など，決して出現を表す動詞から作られているのではない．むしろ，状態変化動詞によって，その結果生じることが含意されるモノが表されている．(20b, c) のように，N+V が表す出来事から語用論的に推論される音・光や時間などを表す場合もこのタイプに含めることができる．すなわち「海鳴り」は海が鳴るという現象のみならずその生じる音を，「夜明け」は夜が明けることとその結果生じた時間を指すのである．

(20) a. 人だかり，水たまり，日溜り，地割れ，ひび割れ
　　 b. 日差し，海鳴り，地鳴り
　　 c. 夜明け，週明け，寒（の）入り

　したがって，B タイプの産物名詞としての解釈は動詞単独というよりも結合する名詞との意味合成によってどのような出来事を表すかが決定され，それをもとに語用論的に推論されていると考えられる．たとえば，「梅干し」はふつう産物の意味しかないが，同じ「干す」の対象に当たる名詞との結合

でも「布団干し」の場合は行為の解釈しかない．伊藤・杉岡 (2002: 128-129) では両者は形成のメカニズムも構造も異なると主張されており，「梅干し」の場合は「干し」が単独で産物の意味で語彙化し，それが「梅」と複合しているという分析が与えられている．[9] しかし，本章では先述のように，名詞との結合によって産物の解釈が可能か否かが決定されることから，いずれも基本的には同じ構造をもち，産物としての解釈はあくまでも語用論的に引きだされるものと考える．このことから，このタイプの産物名詞が前節で扱ったものに比べてかなり語彙化の程度が高いことが説明できる．

前節で取り上げたAタイプと比較すると，このことはより明白になる．Aタイプの場合は，全体が表す事象からその産物はかなり特定できる．たとえば，「魚の天日干し」は魚を天日で干したものという解釈で十分どのような産物を表すかが理解できる．いっぽう，このBタイプは意味が不透明なものが多い．「梅干し」が表すものは「梅を干す」という行為から得られる産物の解釈「梅を干したもの」とは違う日本独特の保存食品である．このように，Bタイプの産物としての解釈は原理的なメカニズムによって導かれていないため，生産性も低く，基盤となっている出来事と関連する具体物への名づけとして時折使われているものだと考えるべきだろう．この点で，4.4で扱うCタイプとも大きく異なっている．

材料と動詞の結合によって純粋にその産物を表す表現としては，むしろV＋N複合語が使われており，こちらは生産性が高くその解釈に曖昧性がない．たとえば，「干しイモ」「干し魚」「焼きいも」「煮豆」などである．ちなみに関西では「イカ焼き」は「焼きイカ」とは異なる食べ物を表す．単にイカを焼いただけの料理を表すのが後者であるが，前者は関西ではイカを用いたお好み焼きのようなものを指すのである．この対比も本章が示す分析を支持するものであろう．また，紙を切ったり折ったりして作った作品は「切り紙」「折り紙」であって，「紙切り」の方は，次節で扱う人の職業しか表せない．以上の観察からBタイプの解釈が原理的なメカニズムによって規則的

---

[9] 伊藤・杉岡 (2002) が仮定している複雑事象名詞の構造については注2を参照されたい．

に導かれているのではないことは明らかであろう．

　先行研究の中には (cf. 伊藤・杉岡 (2002: 111))，N＋V 複合語が「場所」や「時間」を表す例として「水たまり」「夜明け」などを含めているものがあるが，[10] 先述のとおりこれらも N＋V が表す出来事の結果生じた場所や時間帯のことであり，B タイプの一種として扱うべきである．N＋V 複合語で場所や時間を表すことができるものは，このように出来事の産物として捉えることができるものか，あるいは，V が 3 項動詞で場所や時間を項としてとるものから作られる C タイプかのいずれかに限られる．たとえば，「嫁入り」とか「店じまい」でその出来事が起こる時間を表したり，「石切り」「酒飲み」で場所を表したりすることはできない．時間であれば，「嫁入り時」「店じまい時」，場所については「石切り場」とか「一杯飲み屋」のように明示的な表現を主要部として付加しなければならない．N＋V 複合語が単にV が表す出来事が起こる時間や場所，すなわち付加詞にあたるものを表すモノとして容認されることはないのである．したがって，B タイプは語用論的解釈に任されているとはいっても，あくまでも N＋V の結合によって表される出来事に関連する産物に限られている．

4.4. C タイプ：N＋V が表す行為を目的とするヒト・モノを表す

　本節で扱う N＋V 複合語は，1 節で (1c, d, g) に分類されており，一般に動作主，道具，場所を表すとされているもののうち，V の意味構造からその解釈がある程度体系的に導かれ，そのために生産性が高いものである．ここで提案するその解釈メカニズムは，基本的には (13) で紹介したKageyama (2001) が提案する分析を修正したもので，簡単に言えば，「複合語内に表され充足されている動詞の項以外に動詞の意味構造内に残っている項にあたるものに焦点をあて，それを複合語の指示対象とする」ということである．たとえば，「花売り」，「絵描き」「船乗り」などは，V が内項と複合しており項構造に残っている外項にあたるヒトを表す．ただし，具体物を表す N＋V 複合語の意味記述において V の LCS は，実際に起こった出来

---

[10] 影山 (1993: 192) では「結果状態」を指すと述べられている．

事を表しているのではなく，そのヒトが典型的に行う行為，あるいは職業を描写するものとなる．これを形式的に表すには生成語彙論 (Pustejovsky (1995)) のクオリア構造という語彙意味記述が有効である．これは，必ずしも論理的には含意されないような語彙の意味，また，世界知識に属するような情報を (21) の 4 つに分類して形式化したものである．この意味記述を用いれば，ヒトの職業も目的役割の情報と見なされ，たとえば「花売り」は (22) のように表される．

(21) a. 形式役割 (Formal Role)
　　　　外的分類：　物体を他の物体から識別する関係
　　 b. 構成役割 (Constitutive Role)：
　　　　内的構成：　物体とそれを構成する部分の関係
　　 c. 目的役割 (Telic Role)
　　　　目的・機能：　物体の目的や機能
　　 d. 主体役割 (Agentive Role)
　　　　成り立ち：　物体の起源や発生に関する要因

(cf. 小野 (2005: 24))

(22) 「花売り」: [x] SELL [FLOWER] ⇒
$$\begin{bmatrix} 形式役割： & human\ [\alpha]_x \\ 目的役割： & [\alpha]_x\ SELL\ [FLOWER] \end{bmatrix}$$

いっぽう，先行研究ではしばしば「場所」を表す例とされている「刀掛け」「くず入れ」，「物置」などの例では，V が 3 項動詞で，目的語である対象項 (THEME) と結合しもう 1 つの補語である場所項 (LOCATION) にあたるものを表す複合語となっている．この解釈を LCS を用いて示すと (23) のようになる．V の内項のうち語内部で y が満たされ，残された z は複合語の指示対象として受け継がれるのである．これは項の充足という観点からすれば適格に項を継承した語形成だと言える．1 節 (3b) で見たように，3 項動詞から直接複雑事象名詞が作られないのは，複合語内では 2 つの内項のうち 1 つしか満たされないからであったが，具体物を表す名詞として形成される場合は，語内では充足されない項を指示対象として受け継ぐことに

(23) 「掛ける，入れる，置く」:
[x] CAUSE [[y] BECOME [[y] BE ON/AT/IN-[z]]]
                          ↑
                    刀，くず，物

「物置」
$\begin{bmatrix} 形式役割： & \text{artifact } [\alpha]_z \\ 目的役割： & \text{[x] CAUSE [[THING]}_y \text{ BECOME [[y] BE IN-[z]]]} \end{bmatrix}$

ここで少し注意しておきたいのは3項動詞の場合，潜在的には (23) の y と z，2つの内項のどちらでも複合語内に表す可能性があるのにもかかわらず，ほとんどの場合 y すなわち対象項 (THEME) との複合になっているということである．実際，「肩掛け」のように z すなわち場所項 (LOCATIVE) のほうと複合して y（肩にかけるモノ）を表すという例もないことはない．しかし，圧倒的に対象項との複合が優先されるのである．興味深いことに，これは英語の名詞から動詞を作る転換，たとえば，bottle（瓶に詰める）butter（バターを塗る），において名詞から動詞の LCS を作る場合とちょうど鏡像関係になっている．すなわち，影山 (1997) によれば，英語の名詞から動詞を作る転換は，(24) に示すように，原則として，対象ではなく場所や物材など付加詞の位置に名詞を代入する動詞形成となっており，いっぽう日本語の，動詞に名詞を複合してモノ名詞を作る場合は動詞に最も近い位置に現れる内項を代入するというコントラストがある．

(24) [x] CAUSE [BECOME [[y] BE AT/WITH-[**NOUN**]]]
⇒ *bottle* (wine), *butter* (bread)
                              ↑
                       BOTTLE, BUTTER

このように，N+V 複合語が具体物の中でも場所を表す名詞として解釈されるのは，(23) に示すような3項動詞の項として場所が受け継がれている場合と 4.3 で扱った N+V が表す出来事の結果生じると考えられる「場所」，そのいずれかである．「小銭入れ」「箸置き」などは「道具」と見なされるか

もしれないが，これらも V が 3 項動詞であり，その場所項にあたるものを表すことから，(23) と同様の分析が適用される．これに対して，真の「道具」といえるのは，冒頭の (1d)，以下に再掲するようなものである．

(25) a. 道具$_1$： ねじ回し，髪留め，缶切り，耳かき，鉛筆削り
    b. 道具$_2$： 湯のみ，姿見，手拭き，鍋つかみ，糸とおし

これらが表す道具は，V の意味構造において原因事象または対象への働きかけを表す事象を修飾するものである．そして，そのモノ名詞解釈において V の表す出来事はその道具の目的である．したがって，このタイプの意味解釈を明示的にクオリア構造で書くとすれば以下のようになる．ここでは，「切る」の意味構造がそのまま複合語の目的役割内に代入されており，「切る」の LCS における道具 z と同定された人工物として「缶切り」の意味が表されている．

(26) 「切る」： [[x] ACT ON [y] WITH [z]]

　　　　　　　　　　　　　　缶, 爪, ガラス

「缶切り」
$$\begin{bmatrix} 形式役割： & \text{artifact } [\alpha]_z \\ 目的役割： & \text{[[x] ACT ON [CAN] WITH [z]]} \end{bmatrix}$$

ここで注意すべきは，(25b) のような道具を表す例である．「湯のみ」「鍋つかみ」のような道具は，V が表す行為に直接作用する道具ではないため，これまで扱ってきた例のように，LCS 内に残っている項を指示対象とするとは言えない．たとえば「湯のみ」について言えば，「飲む」という行為に直接参与する道具ではなく，「飲む」行為に必須の前提として考えられている「液体を容器に入れる行為」において用いられる道具なのである．そこで，このタイプの N+V 複合語の意味を形式的に導くには，そのような V の意味についての世界知識も組み入れた語彙意味を基盤にした分析が必要となる．これは V のクオリア構造を想定すれば可能になる分析であって，N+V 複合語の意味記述はそのクオリア構造を，基盤となっている V のクオリア構造

と関係づける形で表した複雑なものになる．最終的には大雑把に書けば(27)のように表される．目的役割として「飲む」の意味構造が代入されるのは(26)と同じであるが，容器である「湯のみ」は液体を飲むという行為の前提と考えられている「容器に入れる」という行為（「飲む」の主体役割）に存在するものなので，「飲む」の主体役割内の z がその指示対象として同定されているのである．ここに至る意味合成の過程については，かなり技術的な分析になるので本章では立ち入らないが，このタイプの N+V 複合語の意味も，このように N や V のクオリア構造を含んだ意味構造を合成することにより体系的に導くことができることを述べておきたい．

(27)　「湯のみ」
$$\begin{bmatrix} 形式役割 = & \text{container } [\alpha]_z \\ 目的役割 = & [x] \text{ DRINK } [y_{liquid}] \\ & \begin{bmatrix} 主体役割: [x] \text{ put } [y_{liquid}] \text{ in } [z_{container}] \end{bmatrix} \end{bmatrix}$$

以上の考察から，C タイプの N+V 複合語は，N との複合によって V の項が充足された後も（クオリア構造も含めた）意味構造内に残っている変項がその指示対象として焦点化され，V が表す出来事を目的役割とする具体物として解釈されるものとしてまとめられる．ここで提案した解釈メカニズムは，(13) で見た Kageyama (2001) が提案する分析をやや修正し適用したものである．また，3 項動詞をもとにした N+V 複合語については，優先的に語の内部で充足されるのは V の対象項であることも指摘した．

4.5.　D タイプ：N+V が表す属性叙述を基盤にしたモノ名詞

最後に，ヒトを表す N+V 複合語で，C タイプの動作主にあたるヒトを表すものとは少し異なる解釈になるものについて考察する．これはたとえば(28) に挙げたようなもので，簡単にいえば N+V が表す状態，あるいは出来事によって描写できる属性をもつ人物を表すものであり，2 節で扱った述語名詞として機能する N+V 複合語（cf.(11)）を基盤に，その叙述対象となるヒトを表す名詞として用いられているものだと考えられる．

(28) a. 金持ち，癇癪持ち，力持ち，衣装持ち，頭痛持ち，物知り
　　b. 人たらし，酒飲み，うそつき，面食い，機嫌取り
　　c. 外国帰り，大学出，フランス生まれ，田舎育ち，人殺し，名取り

したがって，これらはいったん述語名詞として成立してからその意味拡張によって具体物を表す解釈を生じているのであり，4.4 で扱った C タイプの「花売り」などとは派生のプロセスも違っている．ほとんどが個体レヴェル叙述 (individual-level predication) であること，また，V が非状態動詞の場合は，その行為が行為者の属性描写として適格と見なされる場合に限って履歴属性として容認され，(28b) のように常習的な行為を表す場合と，(28c) のように一回限りでもその行為の経験がその人物の特徴づけになる属性と見なされている場合との 2 種類がある点など，述語名詞としての N+V 複合語と共通した特徴がみられるのは当然のことであろう．

ただし，名詞を描写する叙述機能をもつ複合語としては，「(健は) 早生まれ／早食い／早起き (だ)」「(健は) 仕事疲れだ」「夏枯れ (の植木)」など自動詞が副詞や原因を表す名詞と結合したものも多いが，これらは叙述対象となるヒトやモノを表す名詞としては用いられない (cf. 最近 {*仕事疲れ／?早生まれ／?早食い／?夏枯れ} が多い)．属性叙述機能をもつ動詞由来複合語で具体物を表すことができるもののほとんどが，N が V の内項であることが観察されるのである．これは，2 節で述べたようにカテゴリー属性としての N+V 複合語が，その叙述対象の名づけとして用いられるためにはさらに慣用化が進んでいなければならないことに起因するのではないかと考えられるが，さらなる考察が必要である．今後の課題としたい．いずれにせよ，D タイプは，述語名詞としての慣用化が高く定着したものの一部がモノ名詞としての用法も獲得しているものであるから，生産性が低いことは当然のこととして説明できるだろう．

5. 結語

本章では，意味的カテゴリー・統語的カテゴリーの両面において非常に多様性に富む日本語の「名詞＋動詞連用形」型の複合語について，特に具体物を表すものを中心に考察した．形態的手がかりがない中で母語話者がいかなるメカニズムによってそれぞれの解釈を導いているのかという問題を，すべて語用論の問題としてコンテクストに依存すると考えるのではなく，NやVのLCSやクオリア構造で形式化されるような意味記述を基盤にすれば両者の合成によって予測される部分が少なくないことを明らかにした．

まず，「する」と直接結合して動詞として機能するタイプと属性叙述機能をもつ述語名詞について先行研究の分析の問題点を指摘し，新たな観点を示した．具体物を表すものの中には，これらの述語として機能するタイプからの名詞化によるものと，直接NとVの合成によって作られるものとが区別されるべきことを述べた．また，後者には産物を表すものとVの意味構造内の項を指示対象とするものとの2種類があり，これら各タイプの解釈メカニズムによって生産性に違いがあることを明らかにした．

本章が提案する分析には，名詞，動詞双方についての百科事典的情報が必須であり，その形式化には生成語彙論の語彙意味記述が有効である．このことは，クオリア構造で表されるような情報が文法に関わる語彙意味として認められるべきであることの強力な証拠となるであろう．

参考文献

Carlson, Gregory (1980) *Reference to Kinds in English*, Garland, New York.
Grimshaw, Jane (1990) *Argument Structure*, MIT Press, Cambridege, MA.
伊藤たかね・杉岡洋子 (2002)『語の仕組みと語形成』研究社，東京．
Kageyama, Taro (1985) "Configurationality and the Interpretation of Verbal Compounds," *English Linguistics* 2, 1-20.
影山太郎 (1993)『文法と語形成』ひつじ書房，春日部．
影山太郎 (1997) 影山太郎・由本陽子「第1章：名詞から動詞を作る」『語形成と概念構造』研究社，東京．

影山太郎（1999）『形態論と意味』くろしお出版, 東京.
Kageyama, Taro (2001) "Polymorphism and Boundedness in Event/Entity Nominalizations," *J. of Japanese Linguistics* 17, 29-57.
益岡隆志（2008）「叙述類型論にむけて」『叙述類型論』, 益岡隆志(編), 3-18, くろしお出版, 東京.
村木新次郎（2012）『日本語の品詞体系とその周辺』ひつじ書房, 東京.
西尾寅弥（1988）『現代語彙の研究』明治書院, 東京.
小野尚之（2005）『生成語彙意味論』くろしお出版, 東京.
Pustejovsky, James (1995) *The Generative Lexicon*, MIT Press, Cambridge, MA.
Selkirk, Elisabeth (1982) *The Syntax of Words*, MIT Press, Cambridge, MA.
Sugioka, Yoko (2002) "Incorporation vs. Modification in Japanese Deverbal Compounds," *Proceedings of Japanese/Korean Linguistics Conference 10*, 496-509.
Yumoto, Yoko (2010) "Variation in N-V Compound Verbs in Japanese," *Lingua* 120, 2388-2404.
由本陽子（2014）「「名詞＋動詞」型複合語が述語名詞となる条件：生成語彙論からのアプローチ」『複雑述語研究の現在』, 岸本秀樹・由本陽子(編), 179-203, ひつじ書房, 東京.

第 5 章

世界の言語研究に貢献できる日本語文法研究とその可能性
──「する」言語と「なる」言語,高コンテクスト
言語と低コンテクスト言語の再検討を中心に──

野田　尚史
国立国語研究所

1. 本章の主張

　本章で主張したいことは,次の (1) から (4) の 4 つである.

(1) 世界の言語研究に貢献できるこれまでの日本語文法研究
　　比較的古くから行われてきた日本語文法研究の中で,世界の言語研究に大きな貢献ができると考えられるのは,南不二男らの「文の階層構造」の研究や,三上章らの「主題」の研究である.
(2) 世界の言語研究に貢献できるこれからの日本語文法研究
　　これから大きな発展が見込まれる日本語文法研究の中で,世界の言語研究に大きな貢献ができると考えられるのは,沼田善子らの「とりたて」の研究や,益岡隆志らの「叙述類型論」の研究である.
(3) 「する」言語と「なる」言語の研究の問題点と今後の可能性
　　日本語と英語などとの対照によって提唱された「する」言語と「なる」言語という対立には問題点が多い.しかし,新しい視点で再検討すれば,これからの研究の発展が期待できる.
(4) 高コンテクスト言語と低コンテクスト言語の研究の問題点と今後の可能性
　　日本語と英語などとの対照によって提唱された高コンテクスト

言語と低コンテクスト言語という対立には問題点が多い．しかし，新しい視点で再検討すれば，これからの研究の発展が期待できる．

本章の構成は，次のようになっている．

本章前半の 2. と 3. では，日本語文法研究の中で，そのまま世界の言語研究に大きな貢献ができると考えられるものについて述べる．2. では，比較的古くから行われてきた研究の中から，南不二男らの「文の階層構造」の研究と，三上章らの「主題」の研究を取り上げる．3. では，比較的最近始まった研究で，これから大きな発展が見込まれるものの中から，沼田善子らの「とりたて」の研究と，益岡隆志らの「叙述類型論」の研究を取り上げる．

本章後半の 4. と 5. では，日本語文法研究の中で，新しい視点で再検討すれば，世界の言語研究に大きな貢献ができると考えられるものについて述べる．4. では，「する」言語と「なる」言語の研究を取り上げる．5. では，高コンテクスト言語と低コンテクスト言語の研究を取り上げる．それぞれについて，どのような問題点があるかを指摘し，どのような視点で分析し直せば世界の言語研究に貢献できるかを検討する．

最後に 6. で本章のまとめを行う．

2. 世界の言語研究に貢献できるこれまでの研究

この 2. では，比較的古くから行われてきた日本語文法研究の中で，そのまま世界の言語研究に大きな貢献ができると考えられるものについて述べる．2.1 では南不二男らの「文の階層構造」の研究を取り上げ，2.2 では三上章らの「主題」の研究を取り上げる．

2.1. 南不二男らの「文の階層構造」の研究

「文の階層構造」というのは，ことがら的側面から陳述的側面まで，文の中にいくつかの段階があると考え，そのような段階から見た文の構造のことである．

南不二男は，南（1964, 1974, 1993）などで，「従属句」によって内部に現

れる要素が違うことを指摘している．たとえば，非逆接（継続）を表す「～ながら」という従属句の内部には，受身の「（ら）れる」や状態副詞は現れるが，丁寧の「ます」や提示の「～は」は現れない．一方，「～が」という従属句の内部には，受身の「（ら）れる」や状態副詞だけではなく，丁寧の「ます」や提示の「～は」も現れる．

南は，従属句の内部にどんな要素が現れるかによって，従属句をA類からC類の3つに分類している．その概略を簡単にまとめると，次の表1のようになる．

表1 南不二男の従属句の分類

類	例	内部に現れる形式	文らしさ
A	～ながら，～つつ	少	小
B	～ので，～たら	⇕	⇕
C	～が，～から	多	大

A類の従属句である「～ながら」や「～つつ」は，内部に現れる形式が少なく，文らしくないものである．反対に，C類の従属句である「～が」や「～から」は，内部に現れる形式が多く，従属句の中では文らしいものである．B類の従属句である「～ので」や「～たら」はA類とC類の間に位置づけられるものである．

南はこのような従属句の種類から出発して，文の構造上の段階としてAからDの4つの段階を考えた．AはA類の従属句の内部に現れる要素で構成される段階であり，描叙段階とされる．BはB類の従属句の内部に現れる要素で構成される段階であり，判断段階とされる．CはC類の従属句の内部に現れる要素で構成される段階であり，提出段階とされる．さらに，従属節に現れず，文になって初めて現れる要素，たとえば終助詞や間投詞までを含む段階としてDを設け，表出段階としている．

「文の階層構造」については，その後，田窪（1987），益岡（1997），野田（2002a）など，さまざまな研究が行われ，日本語の「文の階層構造」についてはは十分な研究の蓄積ができてきている．

また，長谷川（編）(2007) などで日本語に豊富なものとして取り上げられている「主文現象」は，南のD段階だけに見られる言語現象であり，「文の階層構造」に関係が深いものとして位置づけられる．

南不二男から始まった「文の階層構造」の研究は，ヨーロッパで盛んなカートグラフィー研究にも影響を与えるようになってきている．カートグラフィー研究は，遠藤 (2014) で解説されているように，文を階層構造として示すもので，1990年代中ごろに始まった生成文法の一理論である．英語などのカートグラフィー研究の中には日本語の「文の階層構造」の研究の影響を受けたものがあることについては，遠藤 (2015) に詳しく述べられている．

文の階層構造はどの言語にもあるはずである．日本語の「文の階層構造」の研究をもとにさまざまな言語の構造を分析すれば，新しい知見が得られる可能性が高い．また，「文の階層構造」の観点から言語の普遍性と多様性の研究が進む可能性も高い．

2.2. 三上章らの「主題」の研究

「主題」というのは，その文が何について述べるかを表すものである．日本語では「～は」で示されることが多い．

三上章は，三上 (1953) などで主張した「主語廃止論」で有名である．しかし，三上のもっとも大きな功績は，主語（三上は主語を認めないので，三上にとっては「主格」）と主題（三上の初期の用語は「題目」）をまったく別のものだとして互いに分離し，主題の性質を詳しく研究したことだと考えられる．

三上は，三上 (1960) で，次の (5a) の「父は」は (5b) の「父が」が主題（題目）としてとりたてられたものだと分析している．逆の言い方をすれば，(5a) から主題を表す「は」を消すと，(5a) で潜在化していた (5b) の「父が」が現れるとしている．

(5) a. 父は，この本を買ってくれました．
　　 b. 父がこの本を買ってくれた koto

これは，主題を表す「は」と主格を表す「が」を，まったく別のレベルのものとして分離したということである．つまり，主題は，文全体の主題を表すもので，文末まで係るものとした．それに対して，主格は，対格の「を」や与格の「に」と同じように，すぐ後に来る述語に対する格を表すもので，その述語に係るものとしたということである．

三上は，主題を表す「は」は，主格だけでなく，さまざまな成分をとりたてることができることを指摘している．たとえば，次の (6a) の「象は」は (6b) の「象の」が主題としてとりたてられたものだと分析している．

(6) a. <u>象は</u>，鼻が長い．
　　b. <u>象の</u>鼻が長い koto

同じように，次の (7) から (10) の (a) の下線部はそれぞれの (b) の下線部が主題としてとりたてられたものだと分析している．

(7) a. <u>この本は</u>，父が買ってくれました．
　　b. 父が<u>この本を</u>買ってくれた koto
(8) a. <u>日本は</u>，温泉が多い．
　　b. <u>日本に</u>温泉が多い koto
(9) a. <u>きのうは</u>，大風が吹いた．
　　b. <u>きのう</u>大風が吹いた koto
(10) a. <u>かき料理は</u>，広島が本場です．
　　b. 広島が<u>かき料理の</u>本場である koto

三上は，こうした分析に基づいて，日本語で呼応といえるのは，主語と述語の「主述関係」ではなく，主題と述部の「題述関係」だけだと指摘している．

「主題」については，その後，青木 (1992)，野田 (1996)，丹羽 (2006)，堀川 (2012) など，さまざまな研究が行われ，日本語の「主題」については十分研究の蓄積ができてきている．

主題はどの言語にもあると考えられるが，主題を表す手段は言語によって違う．野田 (2002b) で述べられているように，主題を表す手段には，次の

(11) から (13) のようなものがある．

(11) 形態的な手段:「は」のような主題のマーカー
(12) 文法的な手段: 文の前の方におくという語順
(13) 音声的な手段: 後にポーズをおくような音調

日本語のほか，韓国語やビルマ語は，主題を表すのに，主題を表すマーカーという形態的な手段を持っている．韓国語では「(n)un」，ビルマ語では「-ha_」が主題を表すマーカーになっている．このような言語では，主題を表すマーカーが主題を表す中心的な手段になっている．そして，語順という文法的な手段や音調という音声的な手段も併用される．

スペイン語やロシア語は，主題を表すのに，主題を表すマーカーという形態的な手段はほとんど使われない．主題を表すには，主題を文の前の方におく語順という文法的な手段が使われる．このような言語では，語順が主題を表す中心的な手段になっている．そして，音調という音声的な手段も併用される．

英語は，主題を表すのに，主題を表すマーカーという形態的な手段も，語順という文法的な手段もほとんど使われない．主題を表すには，主題を強く高く発音しないで，後ろにポーズをおく音調という音声的な手段が使われる．このような言語では，音調が主題を表す中心的な手段になっている．

このように主題を表す手段を「は」のような主題を表すマーカーだけに限らなければ，主題はどの言語にもあるはずである．日本語の「主題」の研究をもとにさまざまな言語の主題を分析すれば，新しい知見が得られる可能性が高い．また，主題の観点から言語の普遍性と多様性の研究が進む可能性も高い．

主題についての日本語と他の言語との対照研究は，益岡（編）(2004) をはじめ，少しずつ行われるようになってきているが，さらなる研究の発展が期待できる．

3. 世界の言語研究に貢献できるこれからの研究

この3.では，比較的最近始まった研究で，これから大きな発展が見込まれるものの中で，世界の言語研究に大きな貢献ができると考えられるものについて述べる．3.1では沼田善子らの「とりたて」の研究を取り上げ，3.2では益岡隆志らの「叙述類型論」の研究を取り上げる．

3.1. 沼田善子らの「とりたて」の研究

「とりたて」というのは，「も」「だけ」「こそ」「さえ」「でも」などを使い，文中の要素について，同じカテゴリーの他の要素と比較して述べる表現である．

たとえば，次の (14) の「だけ」は，食べたのはサラダに限られ，他の料理は食べなかったことを表している．その次の (15) の「でも」は，飲むのはコーヒーに限られず，紅茶でもジュースでもよいことを表している．

(14) サラダだけ食べた．
(15) コーヒーでも飲みましょうか．

「とりたて」の本格的な研究は，沼田 (1986) から始まった．沼田は，「とりたて詞」というカテゴリーを設けて，とりたて詞の構文的特徴，意味的特徴，スコープについて考察し，個々のとりたて詞の意味を詳しく記述した．

スコープについては，「直前スコープ」「後方移動スコープ」「前方移動スコープ」の3つがあることを指摘している．

直前スコープというのは，とりたて詞の直前にあるものをスコープの範囲とするもので，もっとも一般的なものである．次の (16) の「だけ」は直前の「ペンネーム」をスコープの範囲としている．

(16) のぶ子はペンネームだけ書いて，本名を書かなかった．

後方移動スコープというのは，スコープの範囲がとりたて詞の後方にまで及んでいるものである．次の (17) の「だけ」のスコープの範囲は，直前の「代金」ではなく，「代金をもらう」までになっている．実際，この (17) は

その次の (18) と同義である.

(17) 代金だけもらって, 仕事をしない.
(18) 代金をもらうだけで, 仕事をしない.

前方移動スコープというのは, スコープの範囲がとりたて詞の直前のものでなく, それより前方のものになっているものである. 次の (19) の「だけ」のスコープの範囲は, 直前の「会えた」ではなく, その前の「鈴木さん」になっている. 実際, この (19) はその次の (20) と同義である.

(19) 昨日は当の田中さんと会えずに, 鈴木さんと会えただけだった.
(20) 昨日は当の田中さんと会えずに, 鈴木さんだけと会えた.

個々の「とりたて助詞」(沼田以外は「とりたて助詞」と呼ぶことが多い) の意味や用法については, 沼田 (1986) のほか, 寺村 (1991), 沼田・野田 (編) (2003), 澤田 (2007), 沼田 (2009) などによっても詳しく分析されている.

とりたての意味の体系化はまだあまり進んでいないが, 日本語記述文法研究会 (編) (2009) では, とりたての意味を次の (21) のような6種類に分類している.

(21) 累加:「も」
対比:「は」「なら」
限定:「だけ」「しか」「ばかり」「こそ」
極限:「さえ」「まで」「も」「でも」など
評価:「なんか」「なんて」「など」「ぐらい」など
ぼかし:「も」「でも」「なんか」「など」など

とりたてを表す形式は多くの言語にあると考えられるが, 言語によって違う点も多いようである.

たとえば, どんな意味を表すとりたての形式がよく使われるかは, 言語によって違うことが予想される. 前の (21) の分類でいうと, 累加と限定と極限の意味を表すとりたて形式は多くの言語にあり, よく使われるようである

が，対比と評価とぼかしを表すとりたて形式は，明示的な形式がなかったり，あっても日本語ほどはよく使われない言語が多そうである．

とりたてについての研究は，多くの言語の研究であまり盛んではない．日本語のとりたての研究をもとにさまざまな言語のとりたてを分析すれば，新しい知見が得られる可能性が高い．また，とりたての観点から言語の普遍性と多様性の研究が進む可能性も高い．

とりたてについての日本語と他の言語との対照研究も，つくば言語文化フォーラム（編）（1995）などで，わずかに行われているだけである．これから開拓していく余地が十分にある．

3.2. 益岡隆志らの「叙述類型論」

「叙述類型論」というのは，叙述の類型を「属性叙述」と「事象叙述」に分けることで，いろいろな言語現象を説明しようとするものである．

叙述の類型を分ける試みは，佐久間（1941）の「品さだめ文」と「物語り文」の区別をはじめ，古くから行われてきた．しかし，そのような区別がいろいろな言語現象にかかわることが指摘されるようになったのは，益岡（1987）からだろう．

益岡（1987）や益岡（編）（2008）によると，「属性叙述」は，次の（22）のように，対象が有する属性を述べるものである．「事象叙述」は，その次の（23）のように，特定の時空間に実現するイベント（出来事）を述べるものである．

(22)　山口先生は生徒に厳しい．
(23)　山口先生が生徒をしかった．

益岡（1987）では，属性叙述文と事象叙述文の構造の違いが指摘されている．属性叙述文は，対象表示成分（「山口先生は」）と属性表示成分（「生徒に厳しい」）が互いに依存する関係で結合しているということである．それに対して，事象叙述文は，中核部分としての述語（「しかった」）と，それに依存する成分としての補足語（「山口先生が」「生徒を」）との結合を中心に構成されているということである．

第5章 世界の言語研究に貢献できる日本語文法研究とその可能性　　115

　図示すると，属性叙述文は次の（24）のような構造を持っているのに対して，事象叙述文は（25）のような構造を持っているということである．

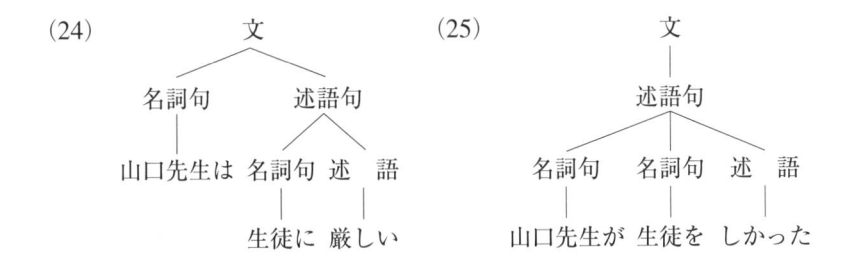

```
(24)            文                    (25)          文
          ┌─────┴─────┐                            │
        名詞句      述語句                        述語句
          │       ┌───┴───┐              ┌────────┼────────┐
      山口先生は 名詞句  述 語          名詞句  名詞句  述　語
                  │       │               │       │       │
                生徒に  厳しい          山口先生が 生徒を しかった
```

　そのため，主語についても違いが見られることが指摘されている．属性叙述文は，対象表示成分（「山口先生は」）を主語とする「主語・述語句構造」になっている．それに対して，事象叙述文は，どの名詞句も述語の補足語に過ぎないため，主語を持たない「述語・補足語構造」になっているとされる．

　益岡は，属性叙述文と事象叙述文の違いによるいろいろな言語現象を指摘している．たとえば，益岡（1987）では，「有題性」の違いを指摘している．属性叙述文は，前の（22）の「山口先生は」のような主題を持つ有題文になるのが一般的である．それに対して，事象叙述文は有題文になるとは限らず，「山口先生が」になるか「山口先生は」になるかは，叙述の類型では決まらず，談話レベルで決まるという違いがあるということである．

　また，たとえば，益岡（1987）では，次の（26）が自然で，その次の（27）が不自然だという違いを，（26）は「死後，有名になった」といったことを表す属性叙述なのに対して，（27）は事象叙述だという違いで説明している．

（26）　Aさんは，亡くなってから絵が飛ぶように売れた．
（27）　?Aさんは，亡くなった翌日，絵が予想以上の高値で売れた．

　また，益岡（編）（2008）では，次の（28）が自然で，その次の（29）が不自然だという違いを，（28）の「役所に勤めている」は属性叙述になるのに対して，（29）の「デパートで買い物している」は事象叙述にしかならないという違いで説明している．

(28)　私は孝子を役所に勤めていると思っていた．
(29)？私は孝子をデパートで買い物していると思っていた．

　このように，以前から発見されていた日本語の言語現象の中にも，属性叙述と事象叙述の違いによって説明できるものがたくさんあると考えられる．また，まだ発見されていないが，属性叙述と事象叙述の違いによって説明できる現象もあるだろう．

　これまでの言語研究は事象叙述文を中心に研究する傾向が強かった．そのため，属性叙述文も事象叙述文の枠組みで同じように処理され，属性叙述文の特徴が無視されることが多かったと考えられる．今後は，特に属性叙述文の研究を進めていく必要がある．

　そして，日本語だけでなく，日本語以外の言語でも属性叙述と事象叙述の違いによって説明できる言語現象がないかを考えていくと，新しい知見が得られる可能性が高い．また，叙述類型の観点から言語の普遍性と多様性の研究が進む可能性も高い．

　叙述類型にかかわる言語現象は，益岡（編）(2008)や影山（編）(2012)などで発掘されるようになってきたが，日本語と他の言語との対照研究も含め，さらなる開拓の余地が十分にある．

4. 「する」言語と「なる」言語の研究の問題点と今後の可能性

　この4．と次の5．では，日本語文法研究の中で，新しい視点で再検討すれば，世界の言語研究に大きな貢献ができると考えられるものについて述べる．この4．では，「する」言語と「なる」言語の研究を取り上げる．

　4.1では「する」言語と「なる」言語のこれまでの研究について述べ，4.2ではこれまでの研究の問題点について述べる．そのあと4.3では，研究の可能性を広げるために，「する」言語と「なる」言語をどのような枠組みで再検討すればよいかについて提案を行う．

4.1. 「する」言語と「なる」言語の研究

「する」言語と「なる」言語というのは,「する」のように動作主が動作をするという表現を好む言語と,「なる」のように動作主を示さず,できごとが起きるという表現を好む言語の対立のことである.日本語と英語を比較すると,英語は「する」言語であり,日本語は「なる」言語であるといわれることが多い.

寺村 (1976) は,次の (30) のような英語に構文的に対応する日本語はその次の (31) だろうが,(31) は不自然で,そのあとの (32) のように言うほうが自然だということを指摘している.

(30) When I have saved a million yen, I'll make a round-the-world trip. (pp. 65-66)
(31) 私が100万円貯めたら,世界一周旅行に出る.
(32) 100万円貯まったら,世界一周旅行に出る.

そして,このような英語と日本語の違いを次の (33) のようにまとめている.

(33) 表現的には,英語は「スル」(その逆方向としての「サレル」)という表現を好むのに対し,日本語は,できるかぎり「ナル」表現をとることを好む体質をもっている,ということである.前者は事象の「原因」に常に関心を持ち,後者は「結果」「現在の事態そのもの」に関心を持つ表現だ,というようにも言えるだろう.
(pp. 67-68)

また,池上 (1981) は,次の (34) のような「go」を使った英語の表現は,日本語ではその次の (35) のように「行く」を使って直訳することはできず,(36) のように「なる」を使った表現になることを指摘している.

(34) The vase went to pieces. (p. 250)
(35) 花びんはこなごなに行った.
(36) 花びんはこなごなになった.

池上は，このような違いのほかにも，日本語と英語で表現のしかたが違ういくつかのタイプをあげて，英語と日本語の違いを次の (37) のようにまとめている．

(37) …［省略］… 英語の〈動作主〉指向的な傾向と日本語の〈出来事全体〉把握的な傾向がここで現れていると解釈してよいであろう．そして，本書の冒頭で挙げたいくつかの引用にも十分読み取れるように，この〈する〉的な言語と〈なる〉的な言語という対立は，言語類型学的に極めて基本的な特徴であるように思われるのである．
(pp. 281-282)

「する」言語と「なる」言語という対立については，詳しい研究はあまり行われていないが，いろいろな言語現象を説明するときに持ち出されることがある．

4.2. 「する」言語と「なる」言語の研究の問題点

「する」言語と「なる」言語という対立で日本語と英語を比較すると，日本語が「なる」言語で，英語が「する」言語だというのが通説になっている．

しかし，さまざまな言語現象を観察すると，通説とは反対に，日本語のほうが「する」言語で，英語などのほうが「なる」言語だといったほうがよいような言語現象が見つかる．

たとえば，天野 (1987) は，次の (38) のような他動詞を使った文が，その次の (39) のような自動詞を使った文とほとんど変わらない意味を表すことを指摘している．

(38) 私たちは，空襲で家財道具をみんな焼いてしまった．　　(p. 109)
(39) 私たちは，空襲で家財道具がみんな焼けてしまった．

天野は，前の (38) のような文があることをもとに，他動詞文には「主体が動き・出来事の引き起こし手ではなく，従って，主体から客体への働きかけを表さないもの」があるとしている．

これは，他の言語では自動詞で表されることが多いと考えられる事態が，

日本語では他動詞で表されるということである．このようなものは，日本語に見られる「する」言語的な現象だということができる．

　また，影山（1990）は，次の（40）のような英語の構文に対応するものとして，その次の（41）のような日本語の構文をあげている．

(40)　My girlfriend is blue-eyed.　　　　　　　　(p. 19)
(41)　彼女は澄んだ目をしている．　　　　　　　　(p. 23)

　これは，英語では形容詞述語で表される事態が，日本語では他動詞「する」で表されるということである．このようなものも，日本語に見られる「する」言語的な現象だということができる．

　また，Pardeshi（2002）は，次の（42）のような例をあげて，日本語には「非意図的な出来事を他動詞で表しうる表現」，つまり，「する」言語的な現象が見られることを指摘している．

(42)　彼は頭を強く打った．　　　　(p. 125，原文はローマ字)

Pardeshi は，この（42）のような「再帰的な事態」を表すものだけでなく，次の（43）や（44）のような「再帰的でない事態」を表すものにも，「する」言語的な現象が多く見られることを観察している．

(43)　太郎は的を外した．　　　　　(p. 129，原文はローマ字)
(44)　自民党が都市部を中心に議席を減らした．
　　　　　　　　　　　　　　　　　(p. 129，原文はローマ字)

　そして，そのような日本語の言語現象をインド諸語と比較し，日本語とインド諸語との違いを，「する」言語と「なる」言語の対立からではなく，「責任重視型」の日本語と「意図重視型」のインド諸語の対立から説明している．

　Pardeshi（2002）で取り上げられているのは他動詞の例だけであるが，他動詞がない場合は，次の（45）のように，「非意図的な出来事」を「たなびかせる」のような自動詞の使役表現で表すこともある．このようなものも，「する」言語的な現象だといえる．

(45) 白煙をたなびかせているチョモランマは,さすがに群を抜く高さだ.(風間深志『地平線への旅』文芸春秋,1989[国立国語研究所「現代日本語書き言葉均衡コーパス」])

さらに,日本語とそのスペイン語訳や,スペイン語とその日本語訳の対応関係を調査した野田(1997)でも,日本語が「なる」言語で,スペイン語が「する」言語だというあざやかな対立は幻想にすぎないと指摘されている.

スペイン語は,出口(1982)や福嶌(1990)で,「する」言語だとされている.しかし,野田(1997)によると,実際には,日本語で「なる」言語的な表現が使われ,スペイン語で「する」言語的な表現が使われているという対応は非常に少ない.その逆に,次の(46)と(47)の対応のように,日本語で「する」言語的な表現が使われ,スペイン語で「なる」言語的な表現が使われているという対応も見られるということである.

(46) 「どうかしたの?」と彼女が訊ねた.
(村上春樹『羊をめぐる冒険』p. 193,講談社,1982)

(47) —¿Te pasa algo? — me preguntó.
　　　 to you pass something　me asked
(Murakami, Haruki. *La caza del carnero salvaje*. p. 153. Fernando Rodríguez-Izquierdo y Gavala (訳). Editorial Anagrama. 1992)

この(46)と(47)では,日本語の「(あなたは)どうかしたの?」という「する」言語的な表現と,スペイン語の「あなたに何かが起こったの?」というような意味の「なる」言語的な表現が対応しているということである.

このような観察をもとにすると,「する」言語と「なる」言語という対立を「言語類型学的に極めて基本的な特徴」(池上(1981: 282))だと見るのは難しいと考えられる.言語の語順について,「主語—目的語—動詞」の順序を基本とする「SOV言語」や,「主語—動詞—目的語」の順序を基本とする「SVO言語」などに言語を分類するようなレベルで,「する」言語や「なる」言語などと言語を分類することはできないと考えたほうがよいだろう.

4.3. 「する」言語と「なる」言語の研究の今後の可能性

今後,「する」言語と「なる」言語に関連した研究を発展させていくためには,「日本語は「なる」言語で,英語などは「する」言語だ」という先入観を捨て,むしろそれとは反対のように見える言語現象を発掘していく必要がある.

そうすれば,それぞれの言語でどんな部分を他動的・使役的に表現し,どんな部分を自動的・受動的に表現しているのかといった新しい枠組みでの研究が可能になる.

新しい枠組みでの研究の可能性としては,たとえば,主格(主語)を何にするかが言語によってどう違うかを明らかにすることが考えられる.

野田(1997)で指摘されているように,日本語では話し手や話し手に近いものを主格にしようとする傾向が強い.それに対して,英語やスペイン語では動作主を主格にする傾向が強い.それぞれの言語で,主格(主語)を何にするかが違うということである.

たとえば,次の(48)の日本語では話し手の「我々」を主格(主語)にした受動文が使われているのに対して,その次の(49)の英語と(50)のスペイン語では動作者の「あなた」を主格(主語)にした能動文が使われている.

(48) 「きみのおかげで我々は救われました.」(アガサ・クリスティ『オリエント急行の殺人』p. 10, 蕗沢忠枝(訳),新潮文庫,1960)

(49) 'You have saved us, *mon cher*'　　　(Agatha Christie. *Murder on the Orient Express*. p. 11. Harper Collins. 1994)

(50) —Nos ha　　salvado usted, *mon cher*—
　　　 us　have saved　you　my　dear
(Agatha Christie. *Asesinato en el Orient Express*. p. 8. E. Machado-Quevedo(訳). Editorial Molino. 1986)

(48)の日本語と(49),(50)の英語・スペイン語の違いに対して,日本語は受動文が使われているので「なる」言語,英語とスペイン語は能動文が使われているので「する」言語だと考えることもできるかもしれない.

しかし,そう考えるのではなく,日本語では「我々」を主格にしているの

で，話し手や話し手に近いものを主格にしようとする傾向が強い言語だと考える．英語とスペイン語は「あなた」を主格にしているので，動作主を主格にする傾向が強い言語だと考えるということである．

日本語では，単文レベルで話し手や話し手に近いものを主格にしようとする傾向が強いだけではなく，複文や談話の中で主格を統一する傾向が強い．複文の主文の主格が話し手であれば，従属節の主格を主文の主格と同じ話し手にしようとする．複文の主文の主格が話し手でない場合も，従属節の主格を主文の主格と同じにしようとする．談話レベルでも，そのような傾向が強い．

このような主格の統一は，久野（1978）などで研究されている「視点」の統一と深い関係がある．また，山田（2004）などで扱われている「〜てくれる」や「〜てもらう」などの受益表現とも深い関係がある．受益表現は，主格を変える働きをすることがあるからである．

さらに，主格を何にするかは，久野（1978）などで研究されている「省略」とも関係が深い．日本語では主格が省略されることが多いが，それは主格が省略されていても主格が推測しやすいからである．省略されていても主格が推測しやすいのは，日本語では主格が話し手になっていることが多く，複文や談話で主格が統一されていることが多いからである．

主格（主語）を何にするかに関連して，このような「視点」や「省略」などの研究もさらに進める必要がある．

「する」言語と「なる」言語という問題設定そのものは，魅力的なものである．しかし，さまざまな言語現象を観察すると，それほど単純な問題ではないことがわかってくる．

今後は，「する」言語と「なる」言語という枠組みにはとらわれないで，たとえば「主格（主語）を何にするか」が言語によってどう違うかといった新しい枠組みで研究を進めれば，研究の可能性が大きく広がると考えられる．

5. 高コンテクスト言語と低コンテクスト言語の研究の問題点と今後の可能性

この5.では，日本語文法研究の中で，新しい視点で再検討すれば，世界の言語研究に大きな貢献ができると考えられるものの中から，高コンテクスト言語と低コンテクスト言語の研究を取り上げる．

5.1では高コンテクスト言語と低コンテクスト言語のこれまでの研究について述べ，5.2ではこれまでの研究の問題点について述べる．そのあと5.3では，研究の可能性を広げるために，高コンテクスト言語と低コンテクスト言語をどのような枠組みで再検討すればよいかについて提案を行う．

5.1. 高コンテクスト言語と低コンテクスト言語の研究

高コンテクスト言語というのは，伝えたい情報をあまり言語として表さず，文脈からわかってもらうようなコミュニケーションを行う言語のことである．低コンテクスト言語というのは，反対に，文脈に頼らないで，伝えたい情報をできるだけ言語として表すようなコミュニケーションを行う言語のことである．日本語と英語を比較すると，日本語は高コンテクスト言語であり，英語は低コンテクスト言語であるといわれることが多い．

Hall (1976) は，高コンテクストと低コンテクストの違いを次の (51) と (52) のようにまとめている．

(51) コンテクスト度の高いコミュニケーションまたはメッセージでは，情報のほとんどが身体的コンテクストのなかにあるか，または個人に内在されており，メッセージのコード化された，明確な，伝達される部分には，情報が非常に少ない．　　　（日本語訳, p. 108）

(52) 一方，コンテクスト度の低いコミュニケーションは，まさにこの反対である．つまり，情報の大半は明白にコード化されているのである．　　　（日本語訳, p. 108）

Hall は，高コンテクストと低コンテクストの違いを，言語というより主に文化について述べている．あげられている例も，日本の旅館とアメリカの

ホテルでの客に対する扱いの違いや，日本とアメリカの司法制度の違いなど，文化についてのものが多い．

高コンテクスト言語と低コンテクスト言語という対立については，詳しい研究はあまり行われていないが，いろいろな言語現象を説明するときに持ち出されることがある．

たとえば，井出 (2006) では，次の (53) のように述べられている．

(53) 高コンテクストとは，話の場に関わる要素が沢山あり，複雑であるだけでなく，その要素が人々の行為に影響を与える，あるいは制約をかける度合いが高いことをいう．そのように複雑な仕組みがよく分からないために，「言うという行為」を苦手とする人も少なくない．いわゆる新人や組織の中で若い層に属する人たちが，沈黙していた方が無難と心得ることがよくみられる．日本在住の外国人たち，あるいは外国育ちのいわゆる帰国子女たちが日本社会で話すことに苦労することはよく知られている．それは，文法的に話すのが難しいのではなく，この種のコミュニカティブ・コンペテンスの習得が困難であるということであろう．　　(p. 25)

5.2. 高コンテクスト言語と低コンテクスト言語の研究の問題点

高コンテクスト言語と低コンテクスト言語という対立で日本語と英語を比較すると，日本語が高コンテクスト言語で，英語が低コンテクスト言語だというのが通説になっている．

しかし，さまざまな言語現象を観察すると，通説とは反対に，日本語のほうが低コンテクスト言語で，英語などのほうが高コンテクスト言語だといったほうがよいような言語現象が見つかる．

たとえば，寺村 (1991) は，次の (54) の英語の下線部を日本語に翻訳すると，その次の (55) ではなく，そのあとの (56) になることを指摘している．日本語では，英語では表す必要がない「でも」のような言語形式が必要になるということである．

(54) Good God, man, you have no idea how glad I am to see you.

Don't think I'm doing anything for you in putting you up. The boot's on the other leg. And stay as long as you like. Stay a year.
(W. S. Maugham: *The End of the Flight*) (pp. 133-134)
(55) 一年いろよ． (p. 134)
(56) 一年でもいろよ． (p. 134)

日本語の (55) の「1 年いろよ」という文は，「1 年」は文字どおり「1 年」を表すだけなので，「(3 か月や半年ではなく) 1 年いろ」という意味になる．「3 か月でも半年でも 1 年でもいいから，いろ」という意味にしたいときは (56) の「1 年でもいろよ」というように，例示だということを表す「でも」という明示的な言語形式を使わなければならない．

それに対して，英語の (54) の「Stay a year」という文は，「3 か月でも半年でも 1 年でもいいから，いろ」という意味になる．英語では，例示だということを表す日本語の「でも」のような明示的な言語形式を使わないで，文脈から聞き手に例示だということをわかってもらおうとする表現になっているということである．

このように，日本語では明示的な言語形式が必須であるときに，英語では明示的な言語形式を使わずに，文脈から聞き手にわかってもらおうとする表現になることがある．そのような例を見ると，通説とは逆に，日本語のほうが低コンテクスト言語で，英語のほうが高コンテクスト言語だといえる言語現象があるということになる．

今井 (2011) も，明示的な言語形式を使わずに，文脈から聞き手にわかってもらおうとするさまざまな英語の表現を取り上げている．

たとえば，フランス人ルネが友だちのシャルルに，シャルルのイギリス人である新妻ジェインについて次の (57) のように聞いたときの答えがその次の (58) だったという例である．

(57) Is Jane a good cook? (ジェインは料理が上手かい？) (p. iv)
(58) She's English. (ジェインはイギリス人だよ．) (p. iv)

(57) ではジェインの料理の腕前を聞いているのに，答えの (58) では相

手がわかっているはずの彼女の国籍というか人種を教えているという例である．

今井は，答えの (58) は少なくとも次の (59) のようなことを「言って」いるという．

(59) a. ジェインは料理が上手ではない．
　　 b. その原因はジェインがイギリス人だからだ．
　　 c. イギリス人が一般に料理に向いていないことを思い出せ．
(pp. iv-v)

さらに，前の (57) と (58) の英語を日本語にした次の (60) は不自然になるとしている．そして，その次の (61) のように，寿司が好きであることを「口に出して」肯定する「ええ」や，自分が寿司を好きである理由を述べる「そりゃまあ … から」という表現を入れれば，不自然さが減ることも指摘している．

(60) 　Q:　寿司はお好きですか．
　　　 　A:　私は日本人です．　　　　　　　　　　　　　　　(p. 2)
(61) 　A:　ええ，そりゃまあ日本人ですから．　　　　　　　　(p. 3)

今井は，日本語と比べたときの英語の特徴として，実際に口に出す以上の意味を聞き手に伝えようとし，聞き手が，話し手の意味することを「推論」することを期待するとして，さまざまな例をあげている．そのような例からすると，通説とは逆に，日本語のほうが低コンテクスト言語で，英語のほうが高コンテクスト言語だといえる言語現象があるということになる．

5.3. 高コンテクスト言語と低コンテクスト言語の研究の今後の可能性

今後，高コンテクスト言語と低コンテクスト言語に関連した研究を発展させていくためには，「日本語は高コンテクスト言語で，英語などは低コンテクスト言語だ」という先入観を捨て，むしろそれとは反対のように見える言語現象を発掘していく必要がある．

そうすれば，それぞれの言語でどんな部分を言語的に明示し，どんな部分

をコンテクストに任せて聞き手に推論させているのかといった新しい枠組みでの研究が可能になる．

新しい枠組みでの研究の可能性としては，たとえば，「も」「さえ」「でも」のような「とりたて表現」の使い方が言語によってどう違うかを明らかにすることが考えられる．

日本語の「とりたて表現」が表す意味は，次の表2のような体系にまとめることができる．

表2　日本語のとりたて表現の意味の体系

	例		例
限定	「だけ」（限定），「しか」（限定）など	反限定	「でも」（例示），「も」（柔らげ）など
極端	「まで」（意外），「さえ」（意外）など	反極端	「なんて」（低評価），「ぐらい」（最低限）など
類似	「も」（類似）	反類似	「は」（対比）

この表2の左半分にある「限定」「極端」「類似」の意味を表すとりたて表現は，日本語でも，英語をはじめとするヨーロッパ諸語でも，同じように使われることが多い．

たとえば，次の（62）の日本語でも，その日本語に対応する（63）のスペイン語でも，類似を表すとりたて表現である「も」「también」が使われている．

(62)　アキの父親はぼくにもワインを注いでくれた．
　　　　　（片山恭一『世界の中心で，愛を叫ぶ』p. 63，小学館，2001)
(63)　El padre de Aki me sirvió vino también a mí.
　　　the father of Aki me served wine too　　to me
　　　(Katayama, Kyoichi. *Un grito de amor desde el centro del mundo*. p. 65. Lourdes Porta（訳）. Alfaguara. 2008)

一方，表2の右半分にある「反限定」「反極端」「反類似」の意味を表すと

りたて表現は，日本語では使われるが，英語をはじめとするヨーロッパ諸語ではあまり使われない．

たとえば，次の(64)の日本語では低評価を表すとりたて表現である「なんて」が使われているが，その日本語に対応する(65)のスペイン語では，低評価を表すとりたて表現は使われていない．

(64)　「ぼくには，彼女なんていないよ，フェルミン」
　　　（サフォン，カルロス・ルイス『風の影（上）』p. 216，木村裕美（訳），集英社文庫，2006)
(65)　—Yo no tengo novia, 　 Fermín.
　　　　I　not have　girlfriend Fermín
　　　（Zafón, Carlos Ruiz. *La sombra del viento*. p. 158. Planeta. 2001)

このように，「限定」「極端」「類似」を表すとりたて表現は，日本語でもヨーロッパ諸語でも言語的に明示することが多い．それに対して，「反限定」「反極端」「反類似」を表すとりたて表現は，日本語では言語的に明示することが多いが，ヨーロッパ諸語では言語的に明示しないで，コンテクストに任せて聞き手に推論させることが多いと言える．

それぞれの言語で，どのようなときにどんなとりたて表現が使われ，どのようなときにどんなとりたて表現が使われないかについて，さらに詳しい研究が必要である．

また，「日本語は高コンテクスト言語で，英語などは低コンテクスト言語」だということを示すために使われている例も，再検討してみる価値がある．

たとえば，東(1997)では，複数の具体例をもとに，次の(66)のような指摘がされている．その解釈は，その次の(67)のようなものである．

(66)　沈黙というのは物理的にはなにもない時間的空間なのだが，アメリカ社会では，沈黙することによって相手に否定的なメッセージを伝えようとし，また相手も否定的なメッセージを受け取ることになる．実際，社会言語学者のタネン（D. Tannen）は「沈黙は同

意できないという意思の極度にはっきりした表明」(extreme manifestation of disagreement) といっている. (p. 178)
(67) 上のエピソードは，沈黙に対する「高コンテキスト」（日本語）と「低コンテキスト」（アメリカ側）の対応を象徴しているといえよう. (p. 178)

しかし，「アメリカでは沈黙は相手に対する否定的なサインだ」というのは，「低コンテキスト」の例ではなく，むしろ「高コンテキスト」の例だと解釈したほうがよいだろう．どのような言語現象を「高コンテキスト」とみなし，どのような言語現象を「低コンテキスト」とみなすかという基本的な点について十分な検討が必要である．

高コンテキスト言語と低コンテキスト言語という問題設定そのものは，魅力的なものである．しかし，さまざまな言語現象を観察すると，それほど単純な問題ではないことがわかってくる．

今後は，高コンテキスト言語と低コンテキスト言語という枠組みにはとらわれないで，「どんな部分を言語的に明示し，どんな部分を言語的に明示しないでコンテキストに任せるか」が言語によってどう違うかといった新しい枠組みで研究を進めれば，研究の可能性が大きく広がると考えられる．

6. まとめ

本章で述べたことを簡単にまとめると，次の (68) から (70) のようになる．

(68) 世界の言語研究に貢献できる日本語文法研究
　　 日本語文法研究の中で，世界の言語研究に大きな貢献ができると考えられるのは，南不二男らの「文の階層構造」の研究や，三上章らの「主題」の研究，沼田善子らの「とりたて」の研究，益岡隆志らの「叙述類型論」の研究である．
(69) 「する」言語と「なる」言語の研究の可能性
　　 「する」言語と「なる」言語という対立には問題点が多い．しか

し,「主格（主語）を何にするか」が言語によってどう違うかといった新しい枠組みで研究を進めれば，研究の可能性が大きく広がる．

(70) 高コンテクスト言語と低コンテクスト言語の研究の可能性

　　 高コンテクスト言語と低コンテクスト言語という対立には問題点が多い．しかし，「どんな部分を言語的に明示し，どんな部分を言語的に明示しないでコンテクストに任せるか」が言語によってどう違うかといった新しい枠組みで研究を進めれば，研究の可能性が大きく広がる．

このように，日本語文法研究の中には世界の言語研究に大きな貢献ができる可能性が高いものがある．主に，英語をはじめとするヨーロッパの諸言語を見ているだけでは気づきにくい言語現象を扱った研究である．

　今後は，そのような言語現象について日本語と他の言語を対照しながら研究を進めるとともに，その成果をさまざまな言語の研究者に十分に発信していく必要がある．

参考文献

天野みどり (1987)「状態変化主体の他動詞文」『国語学』第 151 集, 左 1-14 (110-97)．

青木伶子 (1992)『現代語助詞「は」の構文論的研究』(笠間叢書 249), 笠間書院, 東京．

東照二 (1997)『社会言語学入門——生きた言葉のおもしろさにせまる——』研究社出版, 東京．

遠藤喜雄 (2014)『日本語カートグラフィー序説』ひつじ書房, 東京．

遠藤喜雄 (2015)「日本語研究の海外発信：副詞節の事例研究」本書所収．

Hall, Edward Twitchell (1976) *Beyond Culture*, Anchor Press / Doubleday, New York. [エドワード・T・ホール『文化を超えて (新装版)』岩田慶治・谷泰 (訳), TBS ブリタニカ, 東京, 1993.]

長谷川信子 (編) (2007)『日本語の主文現象——統語構造とモダリティ——』(ひつじ研究叢書〈言語編〉56), ひつじ書房, 東京．

堀川智也 (2012)『日本語の「主題」』(ひつじ研究叢書〈言語編〉100), ひつじ書房, 東京．

井出祥子 (2006)『わきまえの語用論』大修館書店，東京．
池上嘉彦 (1981)『「する」と「なる」の言語学—言語と文化のタイポロジーへの試論—』大修館書店，東京．
今井邦彦 (2011)『あいまいなのは日本語か，英語か？—日英語発想の違い—』ひつじ書房，東京．
影山太郎 (1990)「日本語と英語の語彙の対照」『講座 日本語と日本教育7 日本語の語彙・意味（下）』，玉村文郎（編），1-26, 明治書院，東京．
影山太郎(編) (2012)『属性叙述の世界』くろしお出版，東京．
久野暲 (1978)『談話の文法』大修館書店，東京．
益岡隆志 (1987)『命題の文法—日本語文法序説—』くろしお出版，東京．
益岡隆志 (1997)『複文』（新日本語文法選書2），くろしお出版，東京．
益岡隆志(編) (2004)『主題の対照』（シリーズ言語対照〈外から見る日本語〉5），くろしお出版，東京．
益岡隆志(編) (2008)『叙述類型論』くろしお出版，東京．
三上章 (1953)『現代語法序説—シンタクスの試み—』刀江書院，東京．［復刊：くろしお出版，東京，1972.］
三上章 (1960)『象ハ鼻ガ長イ』くろしお出版，東京．
南不二男 (1964)「複文」『講座現代語6 口語文法の問題点』，森岡健二（他）（編），71-89, 明治書院，東京．
南不二男 (1974)『現代日本語の構造』大修館書店，東京．
南不二男 (1993)『現代日本語文法の輪郭』大修館書店，東京．
日本語記述文法研究会(編) (2009)『現代日本語文法5 とりたて・主題』くろしお出版，東京．
丹羽哲也 (2006)『日本語の題目文』（研究叢書340），和泉書院，大阪．
野田尚史 (1996)『「は」と「が」』（新日本語文法選書1），くろしお出版，東京．
野田尚史 (1997)「日本語とスペイン語のボイス」『日本語と外国語との対照研究V 日本語とスペイン語 (2)』，国立国語研究所（著），83-113, くろしお出版，東京．
野田尚史 (2002a)「単文・複文とテキスト」『日本語の文法4 複文と談話』，野田尚史・益岡隆志・佐久間まゆみ・田窪行則（著），1-62, 岩波書店，東京．
野田尚史 (2002b)「主語と主題—複合的な概念である「主語」の解体に向けて—」『言語』第31巻第6号, 38-49.
野田尚史 (2012)「とりたてとコンテクスト」『ひつじ意味論講座 第6巻 意味とコンテクスト』，澤田治美（編），165-181, ひつじ書房，東京．
沼田善子 (1986)「とりたて詞」『いわゆる日本語助詞の研究』，奥津敬一郎・沼田善子・杉本武（著），105-225, 凡人社，東京．
沼田善子 (2009)『現代日本語とりたて詞の研究』（ひつじ研究叢書〈言語編〉68），ひつじ書房，東京．
沼田善子・野田尚史(編) (2003)『日本語のとりたて—現代語と歴史的変化・地理的

変異―』くろしお出版,東京.
Pardeshi, Prashant (2002) ""Responsible" Japanese vs. "intentional" Indic: A cognitive contrast of non-intentional events,"『日本語教育論集　世界の日本語教育』12, 123-144. [http://www.jpf.go.jp/j/japanese/survey/globe/12/08.pdf]
佐久間鼎 (1941)『日本語の特質』育英書院,東京.
澤田美恵子 (2007)『現代日本語における「とりたて助詞」の研究』くろしお出版,東京.
田窪行則 (1987)「統語構造と文脈情報」『日本語学』第6巻第5号, 37-48.［田窪行則『日本語の構造――推論と知識管理――』（くろしお出版,東京, 2010）に集録.]
寺村秀夫 (1976)「「ナル」表現と「スル」表現――日英「態」表現の比較――」『日本語と日本語教育――文字・表現編――』（国語シリーズ　別冊4），国立国語研究所(著), 49-68, 大蔵省印刷局,東京.
寺村秀夫 (1991)『日本語のシンタクスと意味Ⅲ』くろしお出版,東京.
つくば言語文化フォーラム(編) (1995)『「も」の言語学』(Hituzi Linguistics Workshop Series 3), ひつじ書房,東京.
山田敏弘 (2004)『日本語のベネファクティブ――「てやる」「てくれる」「てもらう」の文法――』明治書院,東京.

第6章

日本語の「非終止形述語」文末形式のタイポロジー*
――他言語との比較を通じて――

堀江　薫

名古屋大学

1. はじめに

　日本語の文法現象の研究は，世界の言語の文法構造の記述的・理論的研究に大きく貢献してきた．柴谷方良氏や影山太郎氏による使役構文，受動構文や語形成の研究はその一例であり（例: Shibatani (1976, 1985), Shibatani and Kageyama (1988)），現在両者の監修のもと *The Handbook of Japanese Linguistics* シリーズ（Mouton de Gruyter）が刊行中である．これ以外にも例えば野田（2013）が指摘する「叙述類型論」（益岡（2008），影山（2012））の研究も世界の言語の文法構造の研究に寄与できる可能性の高い分野である．

　また，「複文」と複文に関連した様々な文法現象も世界の言語の文法構造の研究に寄与できる可能性の高い分野である．具体的には，「名詞修飾節」（寺村（1992），Matsumoto (1997), Matsumoto, Comrie and Sells (to appear)），「副詞節」（南（1974, 1993）），「補文（名詞節）」（近藤（2000）），「文末名詞文」（角田（1996, 2011），堀江・パルデシ（2009），堀江（2014a, b），

　＊ 本章の作成に当たって，編者の益岡隆志先生に大変お世話になりました．また韓国語の例文に関しては呉守鎭さんにご協力頂きました．ここに感謝の意を表します．本研究は，日本学術振興会基盤研究（課題名「構文の機能拡張と名詞句省略の相互関係に関する認知類型論的研究：アジア言語を対象に」：研究代表者・堀江薫，課題番号22520384）の支援を一部受けています．

新屋 (2014)),「言いさし (中断節)」(Ohori (1995), 白川 (2009)) の研究
などが世界の言語の文法構造の研究に大きく寄与できる可能性のある領域と
考える.

複文に関しては, 本書の編者である益岡隆志氏を代表とした国立国語研究
所における共同研究プロジェクトにおいて (共時的) 日本語学のアプローチ
を主軸として, 日本語史や, コーパス言語学, 語用論, 言語類型論・対照言
語学などを含めた様々な観点から多くの研究発表がなされた. 最終的にこの
共同研究プロジェクトの成果は,『日本語複文構文の研究』という論文集 (益
岡他 (編) (2014)) として出版された. この論文集は, 1995 年に出版され
た『複文の研究 (上・下)』(くろしお出版) 以来の日本語複文研究の進展を
反映している.

筆者は益岡他 (編) (2014) に堀江 (2014a) を発表した. 堀江 (2014a)
と関連した研究として堀江・パルデシ (2009) の 2 章において, 南 (1974,
1993) の提案した A 類〜D 類という主として「副詞節」に相当する構造
(南の「従属句」) のすべての類において, 3 節で述べる「非従属化 (従属節
の主節化) (insubordination; Evans (2007))」, 即ち日本語でいう「言いさ
し」現象が観察されることを指摘した.

本章ではこの観察をさらに敷衍し, 日本語においては「非従属化」現象が
副詞節に限らずすべての種類の複文, 即ち「関係節」「補文」「副詞節」「等
位節」において観察されることを主張する.

本章が具体的に扱うのは, 以下 (1) に示すような文末に生起する様々な
構造である.

(1) a. ［大切に使い込まれた］調理用の鍋. (Matsumoto (in press),
　　　　原文はローマ字；以下例文の下線や括弧は筆者による)
　　b. 桜井署によると, 現場は［遮断機や警報機がない］踏切.
　　　　　　　　　　　　　　　　　　　　　　　　(大西 (2013: 27))
　　c. レンコ, バス停に止まっていたバスに飛び乗る. 閉まるドア.
　　　　(シナリオ, ト書き『お引越し』)　　　　　(坪本 (2014: 61))
　　d. ［太陽光発電の将来性と実用性について国が認めその普及をバッ

クアップしましょうという]意図です. 　　（新屋（2014: 190））
e. なんで［これが上にのっかって］んだ. 　（堀江（2014b: 40））
f. ［花子が合格した］{由／とのこと}.
　　　　　　　　　　　　　　　（大西（2013: 28）；一部修正）
g. ［よくもそんな図々しいことが言えた］こと！
　　　　　　　　　　　　　　　　　（新屋（2014: 231））
h. ［黄色のが跳べたんじゃない］の. 　　（堀江（2014b: 40））
i. ［ちょっと，煙草買うてくる］から. 　（白川（2009: 59））
j. ［会議がもう始まるそうです］けど. 　（白川（2009: 15））
k. ［目が乾く］し！ 　　　　　　　　　（堀江（2014: 684））

本章では，これらに加えて（2）のような「文末連体形」を分析対象とする．「文末連体形」は（1）の中では「言いさし」に最も近いが，従来「言いさし」として研究されてきた「接続助詞」や「て形」による終止形式とは異なるため，独立した項目として扱う．

(2) 先生がチョーおじさんなのね．（中略）フランス語なんかしゃべれんのかよ，みたいな．　　　（Fujii（2006: 71）；原文はローマ字）

(1) と（2）の形式群の生起位置を図式的に示すと（3）のようになる．

(3) {［関係節］・［補文］・［副詞節］・［等位節］・［連体形］}.

これら5種類の形式が文末の位置で果たす機能は後述するように異なるが，これらに共通しているのは，文末という「述語終止形」の生起する位置に生起しているという点である．

本章では，これまで世界の言語研究への貢献の可能性が十分認識されていなかった研究領域として日本語の「非終止形述語」の文末形式の豊富さに着目する．その上で，文末の位置にこれらの「非終止形述語」文末形式が生起する用法を分析し，類型論的な研究の知見を援用し，これらの非終止形述語文末形式群の機能的な類型を示す．

本章の構成は以下のとおりである．2節では非終止形述語文末形式群がど

のように多様な複文タイプを素材として構成されているかを概観する．3節では，非終止形述語形式が文末でなぜ用いられ，どのような機能を果たしているかを日本語学および言語類型論の知見を援用して分析する．4節では，5つの非終止形述語文末形式の構造的・機能的類型を提示し，個々の形式の特徴を述べる．5節では結論を述べる．

2. 文末形式の資源としての「複文 (complex sentences)」

(2) で示した非終止形の形式群を構造面から捉える上で有用なのは通言語的にこれまで研究対象とされてきた複数の複文タイプの構造的・機能的連続性を示した図1である．

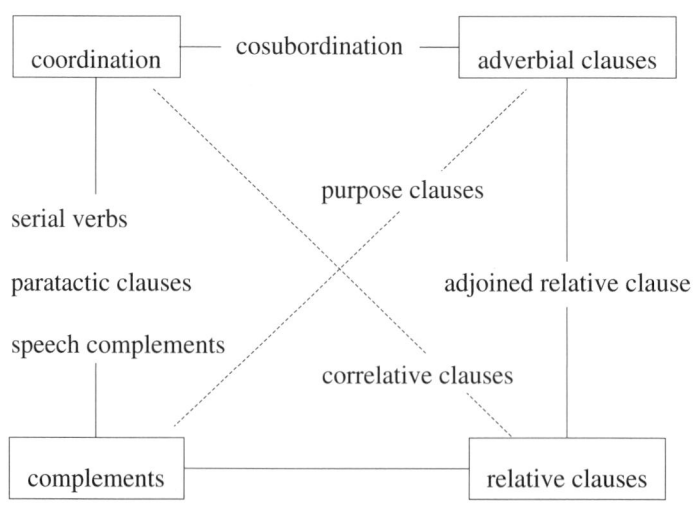

```
       coordination ── cosubordination ── adverbial clauses

                         purpose clauses
       serial verbs
       paratactic clauses       adjoined relative clause
       speech complements
                         correlative clauses
       complements                          relative clauses

              internally headed relative clauses
```

図1　複文タイプの連続性（Croft (2001: 322)）

この図は，複文の研究において伝統的に区別されてきた4種類の複文のタイプ．即ち「関係節 (relative clauses)」「補文 (complements)」「副詞節 (adverbial clauses)」「等位節 (coordination)」を相互に独立した構造（カテゴリー）として4つの隅に配置されている．これらは，英語のような言語で

は，相互に異なった構造としてコード化されうる．

(4) The news [*which* surprised everyone] was Nixon's resignation. （関係節）
(5) The news [*that* Nixon resigned] surprised everyone. （補文）
(6) [*When* Nixon resigned], everyone was surprised. （副詞節）
(7) [Nixon resigned] *and* [everyone was surprised]. （等位節）

しかし，実際には，堀江・パルデシ（2009: 2章），Horie（2011, to appear）で詳述したように，これら4つのタイプの複文のタイプは相互に不連続なカテゴリーを成しているのではなく，それらの間には(8)に示す「主要部内在型関係節（internally headed relative clause）」のような「中間的な構文」が存在していることが通言語的に観察される．

(8) 男は［テーブルの上に無造作に現金が置いてあった］のをわしづかみにして逃げた．

日本語学においては，図1とは異なった複文の類型が行われている．具体的には，「連体複文構文」「連用複文構文」という2つの複文のタイプである（益岡(2014))．益岡によると，前者は「従属節（「連体節」(adnominal clause)）と主節が連体節の被修飾名詞（主名詞）を介して間接的に関係づけられる」構造である（p. 521)．「連体複文構文」は，図1でいうと「関係節」(4)と「補文」のうち名詞を主要部とするもの（名詞補文）(5)から構成されており，両者の間には構造的・機能的な連続性が通言語的に認められる(Comrie and Horie (1995))．日本語で「関係節」に対応するのは，「連体複文構文」のうち，(9)のように主要部名詞と修飾節の間に「内の関係」（寺村(1992)）が成立するタイプである．

(9) これは［いつも母が使っていた］調理用の鍋です．

一方，名詞を主要部とする「補文」は，主要部名詞と修飾節の間に「外の関係」（寺村(1992)）が成立するタイプである．名詞を主要部とする補文の中には，明確に語彙的な意味を有する「噂」のような名詞を主要部とする

(10a) のようなタイプと,「こと」のように,語彙的な意味の希薄化した名詞（形式名詞）を主要部とする (10b) のようなタイプがある.

(10) ［オバマ大統領が来日するという］{a. 噂／b. こと} を聞いた.

　日本語の場合,これらの「連体複文構文」が文末において多く生起することが知られ,「文末名詞文」（新屋 (2014)）や「文末名詞化構文」（堀江・パルデシ (2009),堀江 (2014b)),あるいは「体言締め文」「人魚構文」（角田 (1996, 2011)) といった名称で呼ばれている. このように文末に「連体修飾複文」が高頻度で生起することは, 金 (2003) や Horie (2012), 新屋 (2014) などの研究で指摘されている日本語の「名詞構造志向性」と密接に関わっているものと考えられる. これらの構造に関しては, 4節で論じる.
　「連体複文構文」と対置されるのは,「連用複文構文」である. 連用複文構文においては,「連用節と主節のあいだの意味的な関係は連用節の末尾に現れる接続形式で表示される.」(益岡 (2014: 521)). 連用複文構文には (6) の「副詞節」や (7) の「等位節」が含まれる. 日本語の場合,「副詞節」は (11a) の「とき」のように語彙的な意味が希薄化した名詞（形式名詞）を介在する「連体修飾」構造に基づくタイプと, (11b) のように連体修飾構造を介在しないタイプに大別される.

(11) ［駅にようやく着いた］{a. とき／b. けど}, 終電はもう出た後だった.

　また,「等位節」に相当する構造として「〜し節」(12) がある（Ohori (2004)) ほか,「連位節 (cosubordination)」に相当する構造として「〜て節」(13) がある（Hasegawa (1996), 大堀 (2000, 2014)).

(12) ［図書館に行った］し, 本も借りた.
(13) ［図書館に行って］, 本を借りて来た.

　ここまで, 図1に示した通言語的に観察される典型的な複文タイプと日本語の複文タイプとの対応関係を概観してきた. ここで, 再度 (1) の文末形式群1つ1つに関して, 図1で示したどの複文タイプに基づいて構成さ

れているかを示す．

(1′) [**連体複文構文**]
a. ［大切に使い込まれた］調理用の<u>鍋</u>．（関係節）
b. 桜井署によると，現場は［遮断機や警報機がない］<u>踏切</u>．（関係節）
c. レンコ，バス停に止まっていたバスに飛び乗る．<u>閉まるドア</u>．（関係節）
d. ［太陽光発電の将来性と実用性について国が認めその普及をバックアップしましょうという］<u>意図</u>です．（補文）
e. なんで［これが上にのっかって］<u>ん</u>だ．（補文）
f. ［花子が合格した］<u>由</u>．（補文）
g. ［よくもそんな図々しいことが言えた］<u>こと</u>！（補文）
h. ［黄色のが跳べたんじゃない］<u>の</u>．（補文）

[**連用複文構文**]
i. ［ちょっと，煙草買うてくる］<u>から</u>．（副詞節）
j. ［会議がもう始まるそうです］<u>けど</u>．（副詞節）
k. ［目が乾く］<u>し</u>．（等位節）

以上から，日本語においては「関係節」「補文」を含む「連体複文構文」，「副詞節」「等位節」を含む「連用複文構文」のいずれからも様々な文末形式が構成されていることが分かる．これまでの日本語の文法研究や機能主義的談話研究では，どちらかといえば後者の「連用複文構文」を基にして構成された (1), (1′) の (i), (j), (k) のようないわゆる「言いさし」が研究の中心であった（白川 (2009)）．

しかし，近年では，「連体複文構文」のうち (1), (1′) の (d), (e), (f), (g), (h) のような「名詞補文」タイプの複文に基づくいわゆる「文末名詞文」が日本語の名詞志向性との関連で注目を集めている（堀江・パルデシ (2009), Horie (2012), 新屋 (2014)）．さらに，これまで国語学で「喚体」といった概念のもとに研究され（山田 (1908), 仁科 (2008)），言語学分野においても坪本 (1998), 堀江・パルデシ (2009), Matsumoto (in press) などによって取り上げられてきた (1), (1′) の (a), (b), (c) のような「関係節」タイプ

の文末形式もあるが，これらは必ずしも「補文」タイプの「文末名詞文」と対比して論じられてこなかった．本章では，これら「関係節」タイプの文末形式を，「補文」タイプの「文末名詞文」とともに論じる．

　本節で，日本語においては「連体複文構文」「連用複文構文」いずれに関しても，文末形式への転用が汎用的なプロセスとして見られることが確認された．これらの文末形式，および (2) で述べた「文末連体形」は，文末に生起する最も無標の形式である「終止形述語」と相補分布の関係にある．

(3′)　{[関係節], [補文], [副詞節], [等位節], [連体形], [終止形述語]}．

　これら「終止形述語以外の形式」は文末においてどのような機能を果たしているのであろうか，この点を3節で論じる．

3. 言語類型論の観点から見た「非終止形述語」形式

　(3′) で示した「終止形述語」以外の形式は文末でどのような機能を果たしているのであろうか．この点に関して示唆を与える研究として井島 (2014: 47-48) がある．井島は，日本語における「意志」「命令」という文法的意味は，「ウ，ヨウ」(意志)，や「命令形」(例: 行け！) のような専用の形態以外の形式でも表すことができることに着目する．例えば，井島によると「終止形 (ル形，タ形)」は文脈によって (14), (15) のように「意志」「命令」という文法的意味を帯びることがある．

(14)　a.　その件は私が処理する．〈意志〉
　　　b.　そこの学生，立つ．〈命令〉
(15)　a.　バナナのたたき売り：　さあ，買った，買った．〈命令〉
　　　b.　客：　よし，買った．〈意志〉

　また，井島は，同様の現象は他の形式，例えば「ノダ文」や「コト止め文」にも見られることを指摘する．

(16) a. その遺産はどうしても私がもらうんだ.〈意志〉
　　 b. 出張には君が行くんだ.〈命令〉
(17)　夏休みの宿題は本日中に提出すること.〈命令〉

その上で井島は以下のように結論づけている.

> 以上のように，さまざまな〈意志〉〈命令〉の表現を並べてみると，何らかの形態的な対立によってこれらの意味が決定されているとは思えなくなる．むしろこれらに共通する語用論的な特徴から導かれると考えるほうが，実情に合っているように思われる，それは，<u>モダリティ的には特定の意味を担っていない形態が，文末という何らかのモダリティを担わざるをえない位置に用いられることに起因するのではないだろうか</u>．
> 　　　　　　　　　　　　　（井島（2014: 47-48）；下線は筆者による追加）

　このことは，日本語においては「文末」という生起位置がそこに現れる形式の形態的（構造的）特徴に関わらず，当該形式にモダリティをはじめ文脈的に可能な何らかの意味・機能を担わせる語用論的な潜在性を有していることを示唆している．既に井島の指摘で触れられているように，文末において用いられる形式は，述語の「終止形」以外にも「ノダ文」「コト止め文」などの「文末名詞文」（新屋（2014））がある．この延長線上に（3′）に示した多様な「非終止形述語」形式群がある．これらの形式群は文末に生起することによって文を明示的に終結しない形で終結させるという機能を果たしているものと思われる．

　（3′）　{［関係節］,［補文］,［副詞節］,［等位節］,［連体形］,［終止形述語］}．

　文末という位置に生起する最も無標な形式は本来述語の「終止形」であるはずだが，実際には，これまでの日本語の話し言葉データに基づく研究では必ずしも文末で述語の「終止形」が用いられない傾向が観察されている（Maynard（1997），Okamoto（2011））．このことは，日本語の文末において，終止形述語以外の形式に一定の伝達上の需要があることを示唆してい

る.

次の小節では,「定形性」という観点から非終止形述語の文末形式の構造的・機能的特徴を分析する.

3.1. 定形性の観点から見た日本語の「活用」

日本語の文法においては述語の形態変化を表す「活用」という概念があり,「未然形」「連用形」「連体形」「終止形」「仮定形」といった活用形のカテゴリーが認められている. 例えば「読む」という動詞を例に取れば (18) のように,「yom」という子音語幹に母音が後接することによって様々な文法的機能が具現化されている. 以後, 形態変化を明示するためにローマ字表記（日本語は訓令式, 韓国語は Yale 式）を用いる.

(18)　　yom-a-yom-a (nai)　　（未然形）
　　　　yom-i-yom-i (masu)　　（連用形）
　　　　yom-u.　　　　　　（終止形）
　　　　yom-u (toki)　　　　（連体形）
　　　　yom-eba　　　　　　（仮定形）

また, 後に日本語との対比で取り上げる韓国語も, 日本語と類似した述語の形態変化を有している.「ilk-ta (읽다, 読む)」という動詞を例にとって日本語と平行的にその活用変化を示してみよう. (19) においては, (18) に対応する形で韓国語の「活用」を示している, (19) から, 韓国語でも日本語と類似した形態変化が見られることが分かる.

(19)　　ilk-ci anh-ta (읽지 않다)　（未然形）
　　　　ilk-e (읽어)　　　　　　（連用形）
　　　　ilk-nun-ta. (읽는다.)　　（終止形）
　　　　ilk-nun (읽는)　　　　　（連体形）
　　　　ilk-u-myen (읽으면)　　　（仮定形）

本章で「非終止形」と呼んでいるのは, イタリックで示した「終止形」以外のすべての活用形を指す. 日本語では「非終止形」というのは一般的な用

語ではない．しかし，一般言語学や言語類型論においては「非終止形」という捉え方に（部分的に）平行性のある「副動詞」（converb）という文法カテゴリーがある（König and Hapelmath (1995））．副動詞とは，「副詞の従属構造をマークするのが主要な機能である非定形の動詞（"a nonfinite verb whose main function is to mark adverbial subordination"），p.3」と定義される．副動詞の例としては，(20) のような英語の分詞（participle）があげられる．

(20) I checked my diary and rushed off to my 9 am lecture, *managing to skip breakfast.*

ここで「非終止形」と「非定形」という用語を並置させていることに注目されたい．「非定形」は「定形」と対立する概念である．「定形性（finiteness）」というのは，本来は，人称・性・数などによる動詞の屈折変化を有するヨーロッパ言語の言語事実に基づいて設定された概念である．例えば (21) において動詞 manages は主語 He と性・数・人称において一致を示している点で「定形」であり，そのような一致を示さない (20) の現在分詞 managing は「非定形」である．

(21) He never *manages* to skip breakfast.

日本語や韓国語はヨーロッパ言語のような人称・性・数などによる動詞の屈折変化は有していないが，動詞が (18)，(19) の「活用」に見られるような形態変化を見せる点では，中国語，タイ語，クメール語などの孤立型言語とは明確に異なる．(18)，(19) に示した活用形は，動詞がテンス・アスペクト・モダリティの点で十全な形態変化を受けることができる形（終止形）と，そうでない形（未然形，連用形，仮定形等）に分かれる．ここで，「定形」「非定形」という対比を日本語や韓国語において「終止形」と「非終止形」の対比と平行的に考えるのはそれほど飛躍がないものと思われる．

実際に，言語類型論の分野では，日本語や韓国語のように，ヨーロッパ言語のような主語との一致現象こそ見られないものの，(18)，(19) に示すように文法的意味に応じて述語が一定の形態変化を見せる言語に対しても「定

形性」の概念を拡張する提案が Bisang (2007) によってなされている．具体的には，Bisang は日韓語のような言語を念頭に (22) に示すような文法カテゴリーが定形性に関わるという提案をしている．

(22) 通言語的観点から定形性に関与する文法カテゴリー
　　　テンス／アスペクト／モダリティ
　　　発話内の力 (illocutionary force)
　　　人称
　　　ポライトネス　　　　　　　　　　　　　　(Bisang (2007: 124))

　日本語の文法研究において「定形性」と平行的な概念として提案されてきたものとして「陳述度（文らしさ）」がある．堀江・パルデシ (2009) でも論じたが，(22) の中で「陳述度」に密接に関わり，日本語において「定形性」を規定する手掛かりとなりえる文法カテゴリーは「（聞き手に対する）ポライトネス」である．日本語で定形に対応するのは「終止形」であり，(23) に示すように，終止形「つけた」は聞き手に対するポライトネスを示す「ます」を伴って「つけました」という敬体に変換できる．一方，日本語で「非定形」の副動詞に対応する「て形」および「連用形」は，同じく副動詞 ("primary converb", Podlesskaya (1995: 466)) でありながら，陳述度の程度差があることが知られている．具体的には，「て形」は「ます」を伴って「まして」という副動詞形式 (24a) を構成できるのに対して，(24b) に示すように，「連用形」は「まし」という副動詞形式を構成できない．

(23) 太郎は明かりを｛つけた／つけました｝．
(24) a. 太郎が部屋に入りまして，明かりをつけました．
　　 b. 太郎が部屋に入り (*まし)，明かりをつけました．

　「て形」と「連用形」の機能的な相違に関しては益岡 (2014) の研究が詳しい．本研究との関連で重要な点としては，両者の「陳述度」の相違が，文末形式としての使用可能性に関連しているものと思われる点である．具体的には，(25) に示すように，陳述度がより低い「連用形」は文末形式に転用できないのに対して，「て形」は「指示・命令」を表す文末形式として慣用化してい

る．

(25)　早く明かりを {*つけ／つけて}．

白川 (2009) は「て形」による文末形式 (言いさし) の高い文脈依存性を指摘している．例えば (26) において「て形」は「事情の説明」といった意味を表している．

(26)　「遅いじゃないか (中略)．」
　　　「すみません．成田まで蟹を取りに行ったら，渋滞に巻き込まれて．」　　　　　　　　　　　　　　　　（白川 (2009: 154)）

白川は「文脈から分離して，この文だけを見ても「事情の説明」という解釈は出てこない．この解釈は，遅れて到着したことを非難する相手の言葉に対してなされた応答の発言という状況設定があって初めて可能になる解釈である．」(p. 154) と述べている．「て形」の「事情の説明」用法に比べると，(25) に示した「指示・命令」用法は文末形式としてより文法化が進んでいると言える．実際に，(26) の「て形」は「ます」を付加できるのに対して，(25) の「て形」は付加できない．

(26′)　「すみません．成田まで蟹を取りに行ったら，渋滞に巻き込まれまして．」
(25′)　早く明かりを {つけて／*つけまして}．（指示・命令の意味で）

　文脈依存性に関しては用法による相違が見られるが，「て形」のように本来は単独で用いられない「従属的（あるいは連位的）形式」が独立文として単独で用いられる現象は近年「insubordination (非従属化)」という用語で言及され，通言語的に注目されている (Evans (2007))．非従属化という観点から見た場合，(3′) で示した「終止形述語」以外の諸形式（等位節を除く）は非従属化された従属節・従属形式であると言える．

(3′) {［関係節］，［補文］，［副詞節］，［等位節］，［連体形］，［終止形述語］}．

　次節では，これらの「非終止形」文末諸形式の類型を他言語と対比しつつ

示す.

4. 文末「非終止形」諸形式のタイポロジー

　本節では，日本語の文末「非終止形述語」形式の類型を他言語と対照しつつ示す．その際に，通言語的な観点から，図1に示した4つの複文タイプを「連体複文構文」(4.1節)，「連用複文構文」(4.2節) に分類し，それぞれの構造的・機能的特徴を他言語と対比しつつ示す．

4.1.「連体複文構文」に基づく文末「非終止形述語」形式

　日本語においては，「関係節」と「名詞補文」は構造的に近似しており，「連体複文構文」としてまとめることができる (Comrie and Horie (1995), 益岡 (2014))．一方，文末形式として用いられる場合，両者の間には相違が見られる．以下「関係節」(4.1.1節)，「名詞補文」(4.1.2節) に分けてそれぞれの構造的・機能的特徴を論じる．

4.1.1.「関係節」に相当する文末連体複文構文

　「関係節」に相当する「連体複文構文」が文末に生起するのは日本語においては典型的には書き言葉である．(1'c) のような文末の「関係節」は，坪本 (2014) によれば，「主要部内在型関係節」(例文8) と同様に，「タイミングにかかわる「臨場感」や「現場性」が反映している構文連鎖」(p. 61) であり，脚本のト書きでよく用いられる構文であることから「ト書き連鎖」とされている．(1'c) の例文に関して坪本は「「閉まるドア」はドアのタイプではなく，同じドアの開いた状態から閉まる状態への変化の一瞬を切り出したものである」(p. 61) と述べている．また，この種の構文は Matsumoto (in press) によれば「形式ばらない，喚情的で相互行為的な書きもの ("“informal" emotive and interactional writing"; Matsumoto (in press)) (以下英文の日本語訳は筆者による)」，例えば宣伝広告，ブログ，エッセイ，フィクション，ノンフィクションなどに用いられる (例文27, 28) ほか，新聞報道 (大西 (2013)) においても用いられる (例文29).

(1′) c. レンコ，バス停に止まっていたバスに飛び乗る．<u>閉まるドア</u>．
(27) ［やわらかで上品な甘味を醸し出す］，淡い茶色の<u>砂糖</u>．［先がすぼまった］，微妙な形のイイホシユミコさん作の<u>カップ</u>．［一見アンバランスなようで，緻密に計算しつくされた］<u>フォルム</u>．

(石黒 (2007: 166))

(28) ［消防官になれる?!］ガイド

(Matsumoto (in press)，原文はローマ字)

(29) 桜井署によると，現場は［遮断機や警報機がない］<u>踏切</u>．(=(1b))

通常，この種の「関係節」は主節の中に埋め込まれており，その場合背景的情報（前提）を表すことが多いが，主節を欠くこれらの関係節は，必ずしも背景的な情報を表してはいない．実際に，Matsumoto (in press) によると，これらの関係節の果たす主要な機能の1つは「これから生じる事象や行為のための舞台を整えるのと同様のやり方で，談話の領域に際立った属性を有する指示物を導入する（"to introduce to the domain of discourse referents with the highlighted attributes (described in the clause) in a manner analogous to setting a stage for events and actions to occur"）」ことである．

新屋（2014: 193）はこれらの「<u>コピュラを伴わない</u>名詞句で文が構成されるいわゆる体言止めの文」を「名詞句独立文」と呼び，「単に素材を提示しただけという形式」と特徴づけている（下線は筆者による）．後続する述語を欠いているため，「名詞句独立文は文末のモダリティの形式を欠き，肯否のカテゴリーも持たない．素材の意味は文脈に委託される．」と述べている．以下 (30a) の名詞句独立文と，対応する述語文 (30b) を対比されたい．

(30) a. ［「世界がオレを待っているのに，家で子供の相手なんかしていられるか」と言って，二十年間育児を放棄し続けた］私の夫．

(文藝春秋 80 巻 10 号)

b. 私の夫は「世界がオレを待っているのに，家で子供の相手なんかしていられるか」と言って，二十年間育児を放棄し続けた．

(新屋 (2014: 216-217))

新屋は，(30b)のような述語文が「事態の存在を客観的に述べ，事態を言語によって忠実に再現しようとする冷静な叙述である」(p. 218)と述べている．一方，(30a)のような名詞句独立文は「末尾名詞（名詞句独立文の末尾の名詞を「末尾名詞」と呼ぶことにする）の指示対象の存在を印象付けようという情意的な表現性に重心を置いている．連体部に表された事態・性状によって引き起こされた感嘆の気持ちを込めて名詞の指示対象を提示する形式である．非難，共感，賛嘆，驚きなどの情意を誘発するものは連体部に表された事態である．」(p. 218)と特徴づけている．

　他言語においては，「名詞句独立文」に対応する構造にはどのような使用条件が課せられているのであろうか．生越 (2002: 85) によると，文法構造の点で日本語と類似性の高い韓国語は，日本語と同様「発見」や「驚き」を伝達するために［形容詞＋名詞（A＋N）］という構造の名詞句独立文を用いることができる ((31a, b))．

(31) a.　あっ，［赤い］鳥（だ）！
　　 b.　As,　　［ppalka-n］　　 say-ta!
　　　　 앗,　　 빨간　　　　　　새다！
　　　　 感動詞　赤い-現在連体形　鳥-指定詞

しかし生越によれば，韓国語の［形容詞＋名詞］構造の名詞句独立文は (i)「話し手の判断を含まない客観的な描写をする場合」，(ii)「何を話題にしようとするのかが，話し手と聞き手の間であらかじめ了解されている場合」(p. 93) に使用できる．例えば，(32) の場合，両言語の間に相違が見られる．

(32)　(AB 2人で道を歩いていると，向こうから人が歩いてきた．かわいい子犬を連れているのに気づいて)
　　 a.　かわいい子犬！
　　 a'.　あの子犬かわいい！
　　 b.　?Cham　kwiyewu-n　　　　　kangaci.
　　　　 ?참　　 귀여운　　　　　　강아지.
　　　　 本当に　かわいい-現在連体形　子犬

第 6 章　日本語の「非終止形述語」文末形式のタイポロジー　　　149

　　b′.　Ce　　kangaci　cham　　kwiyep-ta.
　　　　 저　　강아지　　참　　 귀엽다.
　　　　あの　子犬　　本当に　かわいい-終結語尾
　　　　　　　　　　　　　(p. 84; 例文の配列・グロスを一部修正)

　(31) の場合，「赤い」という客観的な描写に用いられる形容詞が用いられているため韓国語の名詞句独立文 (31b) が成立する．一方 (32) の場合，「かわいい」という形容詞が話者の主観的な判断を含むため名詞句独立文 (32b) が成立し難く，通常の述語文 (32b′) に変換されなければならない．日本語の名詞句独立文 (31a) はこのような使用上の制約がない．

　他の言語の名詞句独立文を見てみよう．インドネシア語においては，日本語と類似した単独関係節の用法が見られる．

　(33)　Selebihnya adalah teman baikku.
　　　　（先行文脈部分：グロス省略）
　　　　「ほかは私の親友．」
　　　　Trapani　　misalnya, [yang　duduk di pangkuan ibu-nya],
　　　　トラパーニ　例えば　　 関係詞　座る　で　膝　　母-3 人称
　　　　atau Kucai　　[yang　duduk di samping ayah-nya], atau
　　　　又は クチャイ　関係詞　座る　で　そば　父-3 人称　又は
　　　　Syahdan　[yang　tak　diantar　siapa-siapa].
　　　　シャダン　 関係詞 ない 送られる 誰-誰
　　　　　　　　　　　　　　　　　　　　　(Hirata (2013: 3-4))
　　　「[母親の膝の上に座っている] トラパーニ．[父親の隣に座っている] クチャイ．[誰も付き添いのない] シャダン．」
　　　　　　　　　　　　　　　　　　　　　（加藤ほか (2013: 15)）

　ウィジャヤ・堀江（準備中）によると，(33) における単独関係節の修飾節（[ ] の部分）は，主名詞「トラパーニ」「クチャイ」「シャダン」に関する背景的情報を与えるというよりは「トラパーニは母親の膝の上に座っている」「クチャイは父親の隣に座っている」「シャダンには誰も付き添いもな

い」という状況描写の機能を果たしている．これは坪本（1999: 33）が述べるところの「場面の状況を描写し，登場人物の行為や場面や状況のイメージを描きやすくしてくれる」という機能に相当する．この例においては，日本語の翻訳においても単独関係節（名詞句独立文）が用いられており，両者は類似した機能を果たしているように見える．

ところが，インドネシア語の小説で現れた単独の関係節は，(34) のように日本語の翻訳作品では直訳されず，独立文（主節）に変換されている例が少なくない．これはどのような理由であろうか．

(34) Tiba-tiba saya merasa berada di suatu *negeri asing* yang dihuni oleh segumpal dan setumpuk kemiskinan yang menyanyat hati.
（先行文脈部分：グロス省略）
「突然私は，心痛む貧者でみちあふれた外国にいるような気がした．」
Suatu negeri [yang　begitu jauh namun juga begitu dekat
ある　国　　関係詞 とても 遠い　でも　も　 とても 近い
karena hanya beberapa kilometer saja　dari Wanagalih].
から　　だけ　いくつか　キロ　　　ばかり　から　ワナガリ
(Kayam (1992: 102))
「その国はたいへん遠いが，とても近い．ワナガリからわずか数キロ離れているだけである．」　　　（後藤ほか（2013: 154））
直訳：［ワナガリからわずか数キロ離れているだけだから，とても近いがたいへん遠い］ある国．

インドネシア語の単独関係節の主名詞は，その前の文脈に現れた話題を継続していることがある．(34) における suatu negeri（ある国）という主要部名詞は，それに先行する文脈「突然私は，心痛む貧者でみちあふれた外国にいるような気がした」に生起する negeri asing（外国）という話題を継続している．それに対し，日本語では前の文章に現れた「外国」という話題を，前方照応的な指示詞「その」と提題助詞「は」を用いて「その国は」という形で継続している．このことは，インドネシア語の単独関係節が日本語の対応

する構造と異なった談話的な機能を果たしうることを示している．このような場合，日本語ではインドネシア語の単独関係節を直訳せず，主節に変換し，指示詞や提題助詞を補っている．

単独関係節が話し言葉においてかなり頻繁に用いられる言語もある．Laury の研究（Laury (2013)）によれば，フィンランド語の会話においては (35) のような単独関係節が用いられることがある．このような単独関係節は，通常の関係節と異なり，主要部の指示対象が先行文脈で言及されることなく即時的に創出されるという点で「叙述 (predicating)」機能を果たしている（以下，フィンランド語のグロス・例文は筆者による）．

(35) 　6 Missu: KUka,h
　　　　　　　だれ　　「誰（のこと）？」
　　　　7 Vikke: *se　　mikä　　on se-n,　　　　se-n, se-n*
　　　　　　　　指示詞　関係詞　is　指示詞-属格 (0.3)　*poliisi-m*
　　　　　　　[poika.　　　　　　　　　　　　警察-属格
　　　　　　　息子
　　　　　　　「あの，あの，あの警官の息子の（人よ）．」

4.1.2.　「補文」タイプ

いわゆる「補文」的な構造が非従属化して用いられる現象は，例えば英語のような言語ではかなり限定的である．英語においては，(36), (37) のように，限定的ではあるが，不定詞補文や補文化詞 that によって導かれた定形節補文が非従属化して「感嘆」のような喚情的な意味を表すことがある．ただし，英語の場合は，語彙的名詞を主要部とする (37′) のように補文が非従属化することは通常なく，(38) のように語彙的名詞の主要部と従属的な that 節がコピュラによって結ばれる形の構文が存在する．

(36)　*To think* that she should be so ruthless!
　　　　　　　　　　　(Quirk et al.(1985), quoted in Evans (2007: 404))
　　　「彼女があれほど薄情であるとは！」
(37)　*That* I should live to see such ingratitude!

(Quirk et al.(1985), quoted in Evans (2007: 403))
「この年になってあんな恩知らずな行為を目にするとは！」
(37′) ??*The fact that* I should live to see such ingratitude!
(38) Paul admitted. "But that's not the point. *The point* is *that* there's magic in his name." (Shibasaki (2014: 80))

　一方，日本語のような言語では語彙的な名詞を主要部とした「（名詞）補文」的な構造が非従属化して文末形式として用いられることが多い．補文タイプの文末形式の使われる範囲は，4.1.1 節で見た「関係節」タイプと一部重なっており，新聞報道などのジャンルでは (39) のようにこのタイプが用いられることがある．

(39) ［このほかにも複数のバスの乗客がけがをしている］模様．
　　　　　　　　　(2012-7-25 読売新聞；大西 (2013: 25))

大西 (2013: 26) は，文末が名詞 (N) で終わる引用・報告表現をコピュラの有無によって以下の2つのタイプに分ける提案をしている．

(40) a. 欠如タイプ　N φ．
　　 b. 余剰タイプ　N＋だ／です／である．

また，大西は，(40a) の「欠如タイプ」について以下の分類を提示している (p. 27)．

(41) a. X は N（だ）．（名詞述語文の「だ」がない）
　　 b. V した疑い／模様／由（だ）．（人魚構文（体言締め文・文末名詞文））の「だ」がない）
　　 c. V したもの／とのこと（だ）．（機能的主要部を持つ名詞修飾節）

それぞれのタイプの例文は以下の通りである．

(1′) b. 桜井署によると，現場は［遮断機や警報機がない］踏切．
　　 f. ［花子が合格した］由．
　　 f′. ［花子が合格した］とのこと．

大西の分類は「引用・報告表現」に限定されているが，その中に「連体複文構文」も部分的に含まれている（例：(1′) の (b), (f), (f′)）．本研究では大西の分類を，文末に単独でコピュラあり，あるいはコピュラなしで生起する「連体複文構文」に拡張・援用し，(42) のような「連体複文構文」の構造的スキーマを提案する．

(42) a. ［節］N（＋lexical）｛φ／*?だ｝．
　　　　（「関係節」タイプ；新屋 (2014) の「名詞句独立文」に対応）
　　b. ［節］N（±lexical）｛φ／だ｝．（「名詞補文」タイプ）

(42a) の「関係節」タイプは，語彙的な主要部名詞を持ち，通常はコピュラを伴わない「欠如タイプ」(40a) であり，逆にコピュラが用いられると (1′b), (1c) のように自然さを欠くものが多い．

(1′) b. 桜井署によると，現場は［遮断機や警報機がない］踏切（??だ／?である）．
　　c. レンコ，バス停に止まっていたバスに飛び乗る．閉まるドア（*だ）．

一方，「名詞補文」タイプは，語彙的な意味を有するものと，語彙的な意味が様々な度合で希薄化し機能語化しているものの両者があり，コピュラなしでも（欠如タイプ），コピュラありでも（余剰タイプ）成立するものが多い（堀江・パルデシ (2009)，新屋 (2014)）．

(39′)　［このほかにも複数のバスの乗客がけがをしている］模様（だ）．
(1′) d. ［太陽光発電の将来性と実用性について国が認めその普及をバックアップしましょうという］意図（です）．

ただし，「名詞補文」タイプでもコピュラが伴わないものもある．

(1′) f. ［花子が合格した］由（*だ）．　　　　　　　（大西 (2013)）
　　g. ［よくもそんな図々しいことが言えた］こと（*?だ）！

堀江・パルデシ (2009: 2章) で詳述したように，「名詞補文」タイプのうち

特に機能語化した「の」「こと」「もの」等のいわゆる「形式名詞」に関しては，堀江・パルデシ（2009）で論じたように，コピュラを伴うものと伴わないものの間に機能分化が生じている．(43) のようにコピュラを伴うタイプは，モダリティ，アスペクト，エビデンシャリティー等の文法的意味を表す．

 (43) 「のだ」: 証拠性・モダリティ（「説明」「理由」「関連づけ」「断言」等）
    「ことだ」: モダリティ（「(個人的) 助言」「指示・命令」等）
    「ものだ」: モダリティ（「(道徳的) 助言」）・テンス（「過去の習慣」）
    「ところだ」: アスペクト（「進行相」「完了相」「前望相」）
    「ようだ」: 証拠性（「様態」）
    「わけだ」: モダリティ（「理由・説明」）
    等   （堀江・パルデシ (2009: 99)）

これに対して，(44) のようにコピュラを伴わず，形式名詞が直接文末に生起する場合は，それぞれコピュラを伴った用法と意味的な連続性を持ちつつも，話し手の聞き手に対する何らかの働きかけ（「聞き手目当て」）の意味がより明確になり，使用文脈による語用論的解釈の幅がより広くなる（「＋α」で表示）という「語用論的富化」の傾向が観察される．

 (44) 「の」: (証拠に基づく) 説明・主張・確認等　＋　α
    「こと」: 命令・指示・感嘆等　＋　α
    「もの」: 断定・主張等　＋　α
    「わけ」: 理由づけ・正当化等　＋　α
    等   （堀江・パルデシ (2009: 99)）

例えば，いわゆる「のだ」文の「のだ」と「の」の間には明確な機能分化が認められる．市村・堀江 (2015) によれば，いわゆる「説明のノダ」の機能や，「話し手が当該命題を話し手の思考に登録したことを当該発話の受信者に伝達する」という「発見のノダ」の機能（名嶋 (2007: 118)）に関しては，「のだ」も「の」も果たすことができる．例文 (45) においては「の」と「の

だ（んだ）」が同じ会話断片の中に前後して生起し，両方とも「発見のノダ」の機能を果たしている．

(45) 774　F12: ((韓国料理を)) こっちで食べたことないんだけどね．
　　 775　F11: うん．
　　 776　F12: 高いからさー．
　　 777　　 : 韓国の，2倍なんだよね，値段が．
　　 778 → F11: そうな<u>の</u>．
　　 779　F12: ＜ちょうど2ばん '倍'＞{＜}．
　　 780 → F11: ＜あ，安い<u>んだ</u>＞{＜} 向こう．　　　　（女性）
　　　　　　　　　　　　　　　　　　　　　（市村・堀江 (2015: 60-61)）

　一方，「聞き手の発話を解釈するために必要な情報を求める．もしくは，聞き手に対して自身の解釈の妥当性を確認する」という「疑問文のノダ」の機能については (46) に示すように基本的に「の」が担っている．語用論的に文脈依存性の高い，聞き手目当ての「確認」機能をコピュラなしの「の」が遂行しているのは (44) の説明から自然な帰結である．

(46) 675　M05: だ，「学科名4」ねー，ぶっちゃけ，((好みの女の子が)) 誰も今はいないんだよなー．
　　 676 → M06: 誰がいい<u>の</u>？．
　　 677　M05: 「学科名4」？．
　　 678　M06: うん．
　　 679　M05: いない．
　　 680 → M06: 全然いない<u>の</u>？．
　　 681　M05: 正直，今んところ，いないけど．　　　　（男性）
　　　　　　　　　　　　　　　　　　　　　　（市村・堀江 (2015: 61)）

市村・堀江 (2015) によれば，両者の相違は，計量的な違いとして示すことができる．具体的には，表1に示すように，男女を問わず，「疑問文（確認）」の用法に関しては「の」の使用が圧倒的多数を占めている．

表1　各ノダにおける「の (∅)」及び「んだ (∅)」の出現数

（　）内は％を示す

	男性			女性		
	の (∅)	んだ (∅)	計	の (∅)	んだ (∅)	計
平叙文（説明）	66 (79.5)	17 (20.5)	83 (100.0)	171 (94.0)	11 (6.0)	182 (100.0)
平叙文（発見）	14 (15.9)	74 (84.1)	88 (100.0)	11 (9.3)	107 (90.7)	118 (100.0)
疑問文（確認）	205 (97.6)	5 (2.4)	210 (100.0)	192 (99.5)	1 (0.5)	193 (100.0)

(市村・堀江 (2014: 62))

4.2.　「連用複文構文」に基づく文末形式

　「副詞節」の非従属化は，「関係節」や「補文」の非従属化と比べると，言語間でかなり広範囲に観察される．例えば Laury の一連の研究から明らかなように，フィンランド語においては，(47) に示すように，会話において，主に「依頼」表現として聞き手側に好ましくない行為（"dispreferred action"）を伴う場合に if に相当する jos によって導かれる条件節が単独で用いられる例が会話で頻繁に見られる（Laury (2013)）．

(47)　09 Missu:

niij　jos　tota, te　　　　Maksasitte
小辞　もしも　小辞　2人称複数　支払う：条件法：2人称複数
sittem　　meille takas.
そうすれば　私達に　戻って
「それで，ええと，もしお金を返してもらえるのでしたら．」

10 Anna:

joo-o ?　totta kai.
小辞　　　もちろん
「はい，もちろん．」

(247)

　また，吉田（印刷中）によると，(48) に示すように，英語においても条

件の if 節が単独で「命令・指示」の表現としての相互行為的機能を果たすことがある．

(48) TA 3: *If you go down to the bottom left hand corner of your page,*
　　 TB 4: Aha.
　　 TA 5: do you have a van?

(Lleq4c8)

吉田は，if 節の機能に関して以下のように述べている．

　こうした帰結節をもたない「孤独な」if 節の主な伝達機能は，協働作業において伝えられる教示や，やんわりとした命令，指示（directives）という行為を示す．この教示は，典型的に発話開始時に現れ，指示から情報とりのための質問というプロセスへの連鎖や（1）（＝例文48），指示からさらに次の指示へと移っている連鎖へと引き継がれる（2）．

　「連用複文構文」の非従属化の現象は，日本語学において早くから「言いさし」という名称で研究されてきた．言いさしは，典型的には「ば」「から」「のに」「けど」「し」などの「接続助詞」を伴う連用修飾節（「副詞節」「等位節」に対応）が単独で生起し，主節として用いられる現象である．堀江・パルデシ（2009: 126-127）で述べたように，日本語は，様々な従属度の連用複文構文（南（1974）の A 類～C 類）において非従属化の現象が生産的に観察される．

　「言いさし」の体系的な研究の代表的なものである白川（2009）は，シナリオ，漫画，対談集，小説などの書き言葉において創作された話し言葉のデータに基づいて，以下の言いさし形式を扱っている．

(49) (i) 　ケド節．
　　 (ii) 　カラ節．
　　 (iii) 　タラ節．
　　 (iv) 　レバ節．

(v) シ節.
(vi) テ節.

「言いさし」の例は以下の(1′)の(i)-(k)に示すとおりである.

(1′) i. ［ちょっと，煙草買うてくる］から.
j. ［会議がもう始まるそうです］けど.
k. ［目が乾く］し！

フィンランド語や英語の条件節の例((47),(48))と平行的に，日本語においても，「副詞節」に相当する連用複文構文が，相互行為的な機能を果たしている現象が頻繁に観察される．例えば「原因・理由」の「から」節による「言いさし文」は，白川(2009)によると，(50)のような機能を果たすと主張されている．

(50) (i) 「条件提示」用法：「必ずS_2が先行し，間に会話の進行があってからS_1が提示されるのが特徴である．」(p. 54)
(ii) 「お膳立て」用法：「その行為の実行を期待しているわけではないが，聞き手が実行しようと思えばできるように，聞き手にS_1を新情報として導入している．」　　(白川(2009: 57-58))

古田・堀江(準備中)では，介助者と利用者の間で交わされた会話の中で「言いさし」形式の「から」節が果たす機能を分析している．

(51) 介助者：C　利用者：F　(浴室への誘導場面)
　　9C：　はい，まっすぐ行きますよ．
→10C：　よいっしょ，しっかり歩くよ，おふろやからね．
　11C：　足，膝のばして，はい．

(51)では，従属節カラ節が「おふろやからね(おふろだからね)」という形で非従属化され，後置されている．これは白川の(50i)の機能によって説明できる．ここで，介助者の「よいっしょ」という掛け声で「歩く」という行動はすでに開始されており，「歩く」という行為の遂行を行う必要のある

「浴室」という条件が後で添えられている．(51) では，掛け声により「行動」を始めさせることで，聞き手に対する命令や指示を明示的に言語化する必要がない．そして「から」節を後置させることで聞き手の行為を述べた主節が前景化され，「から」節による条件付けを背景化することにより聞き手への配慮を示している．

　日本語で「言いさし」が多用される伝達上の動機づけはどのような理由によるものであろうか．この点について，Okamoto (2011: 3682) は，(52) のように「(以下の例の3行目のように) 接続助詞で発話を終わることは，話者が，断定的すぎる印象を与えることを回避することを可能にしうる．なぜなら表面的には話者は発話を完結していないからである．("Ending an utterance with a conjunctive particle, as in line 3 of this example, may allow the speaker to avoid sounding too assertive, because on the surface the speaker has not completed the utterance")」と述べている．

(52)　O4:　やっぱり，なんとなく新聞とかでねー，
　　　　　　いろいろあの記事を見るとねー
　　　　Y4:　うん，女の子だし．
　　　　　　　　　　　　　(Okamoto (2011: 3682)；原文ローマ字)

4.3. 「連体形」の転用による文末形式

　3節で，日本語と韓国語の「活用」を示したが，両言語の活用体系の顕著な相違点として，日本語は「終止形」と「連体形」が動詞に関しては同一形態である ((18′)) のに対して，韓国語は両者が形態的に区別される ((19′))．

(18′)　*yom-u.*　　　　(終止形)
　　　　yom-u (toki)　(連体形)
(19′)　*ilk-nun-ta.* (읽는다.)　(終止形)
　　　　ilk-nun (읽는)　　　　(連体形)

　例文 (53) を参照されたい．(53a) に示すように日本語は連体修飾節と主節の述語部分で同じ動詞の「読んだ」が生起している．これに対して韓国語

では，(53b) に示すように過去連体形が「ilk-un」と終止形（正確には終結語尾）の過去形が「ilk-ess-ta.」と全く異なった形態となっている．

(53) a. ［高校のときに読んだ］本をもう一度読んだ．
　　 b. [Kotunghakkyo ttay *ilk-un*]　　　chayk-ul tasi　hanpen
　　　　 고등학교　　　때　읽은　　　　　책을　　다시　한번
　　　　 高等学校　　　時　読む-過去連体形 本-を　もう 一度
　　　　 ilk-ess-ta.
　　　　 읽었다.
　　　　 読む-過去-終結語尾

　現代日本語では，形容動詞・コピュラ以外の述語，すなわち動詞，形容詞に関しては，連体形と終止形が同形になっている．これは，鎌倉時代頃から連体形が文終止の位置に生起するようになり，既存の「終止形」を駆逐するに至った「連体形と終止形の同一化」という大きな形態・統語的変化の帰結である（高山・青木 (2010)，青木（近刊），Horie (to appear, b)）．

　興味深いことに，現代日本語では，形容動詞の連体形が終止形の位置で用いられる現象が観察される．「引用表現」として文法化が進んでいるのは「みたいだ」の連体形「みたいな」である．[1]

(2)　先生がチョーおじさんなのね．（中略）フランス語なんかしゃべれんのかよ，みたいな．　　　　(Fujii (2006: 71)；原文はローマ字)

堀江・金 (2011) や金 (2013) はこの種の「断定保留」（堀江・金 (2011)）あるいは「緩衝化」（金 (2013)）の機能を果たす日韓語の文末連体形式に着目してブログや会話のデータを分析している．日韓語ともこのような機能を果たすのは「引用表現」が多いことが注目される．ただし，(2) の「みたいな」と異なり，(54), (55) の文末連体形式に含まれる「いう」は動詞であるため連体形と終止形が同形であり，連体形が終止形として機能しているとい

---

[1] 「みたいな」が脚本家，シナリオ作家などの内輪言葉から如何に人口に膾炙していったかという歴史的な経緯については松本 (2010) が詳しい．

うことは「みたいな」ほど明示的に示されない．

(54)　「もうしっかり着てっていう．」　　　　　　（金 (2013: 237)）
(55)　「いや，ただでさえ，家の中で迷惑かけていますから，なんかまたやって，[自分に火の粉が降り掛かるのが怖い]という．
　　　　　　　　　　　　　　　　　　　　　　　　　（金 (2014: 706)）

　一方，「っていう／という」に直接対応する韓国語の -tanun（다는）は終結語尾 -ta（다）と現在連体形語尾 -nun（는）が介在する引用補文化辞 -ko（고）と「言う，する」という動詞の語幹 -ha（하）が縮約されて文法化した形式であり，形態的に連体形から終止形に転じたことが明確である．その点ではむしろ形態的には「みたいな」と平行的である（金・堀江 (2011)）．-tanun（다는）は，本来は日本語の「という」と同様名詞修飾専用の引用形式 (56a) であったが，近年インターネットのブログやチャットなどの媒体で文末形式 (56b) として用いられるようになってきている（例文は堀江・パルデシ (2009: 129)；堀江・金 (2011)，金 (2014) も参照）．

(56)　a.　Salam-kwa konglyong-i hamkkey sal-ass-*ta-nun*
　　　　　사람과　　공룡이　　함께　　살았다는
　　　　　人-と　　恐竜-が　　ともに　生きる-過去 -TANUN
　　　　　cungke-tul
　　　　　증거들
　　　　　証拠-複数
　　　　　「人が恐竜とともに生きていたという証拠」
　　　　　　　　　　　　　　　　　　（出典：www.kacr.or.kr, 2007.5.27）
　　　b.　Yang-i manh-ase　twul-i　mek-taka
　　　　　양이　많아서　　둘이　　먹다가
　　　　　量-が　多い-接続　二人-が　食べる-接続
　　　　　namkye-ss-*ta-nun*.
　　　　　남겼다는.
　　　　　残す-過去-TANUN

「(ブログの中の料理の紹介箇所で) 量が多く，2 人で食べたけど残した<u>という</u>.」

(出典：http://blog.naver.com/sthe2002, 2007.5.4)

日本語では，「みたいな」のように文法化した特定の連体終止形形式以外にも，形容動詞の連体形が終止形形式として用いられることがある．

(57) a. はははは (笑)．聞く耳も<u>暇な</u>． (金 (2013: 239))
　　 b. <u>個性的な</u>．はは (笑)． (同上)

これらの形容動詞の文末用法は，通常の終止形（「暇だ」，「個性的だ」）とは異なる何らかの表現効果をもって用いられているように思われる．その点では，古典語において特定の表現効果（例：感動の表出）を持って用いられていた (58) のような「連体形終止文」を想起させる（高山・青木 (2010)）．

(58) 咲く風の誘ふものとは知りながら散りぬる花のしひて<u>恋しき</u>（後撰・91） (高山・青木 (2010: 76))

青木（近刊）は，古典語の「連体終止文」の機能としてこれまで提案されてきた代表的なものである「感動」「解説」は，あくまで述語連体形が「名詞句（準体句）」であるがために持ちえたものであることを指摘する．青木は，連体終止形が文末に置かれるようになることにより述語句（主節）に再解釈され，(59) のような構造的変化を起こし，「感動」「解説」の用法を失っていったと推定している．

(59) ₍名詞句₎[述語連体形] ➡ ₍述語句₎[述語連体形]

韓国語においては，現代日本語と異なり，すべての述語において「連体形」と「終止形」が形態的に区別されており，(56b) で例示した -tanun（다는）のような文法化した形式以外にも，日本語の (57) と平行的な，一般的な述語連体形が終止形に転じる現象が観察される．呉・堀江・金（準備中）は，テレビ番組のテロップにおいて用いられる連体終止形の用法を収集，分析し

第6章 日本語の「非終止形述語」文末形式のタイポロジー 163

た．(60) は，テレビ番組のインタビューにおいて用いられた連体終止形の実例である．

(60) A: Mwutay-ey iss-nun casin-i coh-ten-kayo?
　　　　 무대에　　　있는　　　　자신이　좋던가요?
　　　　 舞台-に　　いる-現在連体形　自分-が　よい-回想-疑問（丁寧）
　　　　「A: 舞台にいる自分がよかったですか？」
　　 B: A〜kukey-yo.　　　　　mal-lo　hyengyongha-l
　　　　아〜그게요．　　　　　말로　　형용할
　　　　ああ それが-終結語尾（丁寧）言葉-で 形容する-未来連体形
　　　　swu eps-nun!　　　mak　nwunal-i　tolaka-myense.
　　　　수　없는！　　　　막　　눈알이　　돌아가면서．
　　　　こと ない-現在連体形 なんか 目玉-が 回る-ながら
　　　　「B: ああ〜それがですね．言葉で形容することができない．
　　　　なんか目が回りながら！」（実際の発話）

(60) では，司会者 A が出演者（ヒップホップ歌手）B に，本格的にデビューする前にクラブからの依頼で舞台に立ち，ヒップホップ歌手として実力を最初に認められた舞台での経験について質問している．出演者 B はその答えとして「ああ〜それがですね．言葉で形容することができない．」と連体終止形で答え，それがそのままテロップに示されている．ここで，当時のことを思い出した話し手は早口で「mal-lo hyengyongha-l swu eps-nun（말로 형용할 수 없는，言葉で形容することができない）」と言う連体終止形で当時の感動の気持ちを伝えて，直後に「なんか目が回りながら．」という発話が続けられている．(60) の連体形は直後に名詞が省略されているという印象はなく，それ自体で文が完結されている．このような韓国語の連体終止形の「感動」用法は，(54)-(56) の連体終止形で示した「断定保留」「緩衝化」とは異なった側面であり，必ずしも確立した用法ではないが，古代語において日本語の連体終止形が果たしていた機能領域の広さを想起させるものである．

5. おわりに

本章は，日本語の文末において，最も無標的に用いられるはずの終止形述語の代わりに用いられる形式群の豊富さに着目し，「非終止形述語」文末形式，即ち「連体複文構文」(関係節・名詞補文)，「連用複文構文（副詞節・等位節)」，「連体終止形」の機能的な類型を提示した．これらの形式の詳細な分析は日本語の複文研究に新たな知見をもたらすのみならず，世界の言語の文法研究に日本語が貢献できるものと考える．

参考文献

青木博史（近刊)「終止形・連体形の合流について―構文化の観点から―」『日英語の文法化』，秋元実治・青木博史（編)，ひつじ書房，東京．
Comrie, Bernard and Kaoru Horie (1995) "Complement Clauses versus Relative Clauses: Some Khmer Evidence," *Discourse Grammar and Typology. Papers in Honor of John W. M. Verhaar,* ed. by Werner Abraham, Talmy Givón and Sandra A. Thompson, 65–67, John Benjamins, Amsterdam/Philadelphia.
Evans, Nicholas (2007) "Insubordination and Its Uses," *Finiteness. Theoretical and Empirical Foundations*, ed. by Irina Nikolaeva, 366–431, Oxford University Press, Oxford.
Fujii, Seiko (2006) "Quoted Thought and Speech Using the *Mitai-na*'be-like'," *Emotive Communication in Japanese*, ed. by Satoko Suzuki, 53–95, John Benjamins, Amsterdam/Philadelphia.
古田朋子・堀江薫（準備中)「文末の「から」節の相互行為的機能――入浴介助場面における介助者の発話に注目して――」
後藤乾一・姫本由美子・工藤尚子（翻訳）(2013) ウマル・カヤム『サストロダルソノ家の人々――ジャワ人家族三代の物語』段々社，東京．
Hasegawa, Yoko (1996) *A Study of Clause Linkage: The Connective Te in Japanese*, Kurosio, Tokyo.
Hirata, Andrea (2013) *Laskar Pelangi*, PT Bentang Pustaka, Yogyakarta.
Horie, Kaoru (2011) "Versatility of Nominalizations: Where Japanese and Korean Contrast," *Nominalization in Asian Languages. Diachronic and Typological Perspectives*, ed. by Yap, Foong Ha et al., 473–495, John Benjamins, Amsterdam/Philadelphia.
Horie, Kaoru (2012) "The Interactional Origin of Nominal Predicate Structure in

Japanese: A Comparative and Historical Pragmatic Perspective," *Journal of Pragmatics* 44, 663-679.
堀江薫(2014a)「主節と従属節の相互機能拡張現象と通言語的非対称性」『日本語複文構文の研究』,益岡隆志他(編), 673-694, ひつじ書房, 東京.
堀江薫(2014b)「文末名詞化構文の相互行為機能:日韓語自然発話データの対照を通じて」『解放的語用論の挑戦』,井出祥子・藤井洋子(編), 33-55, くろしお出版, 東京.
Horie, Kaoru (to appear, a) "Subordination," *The Handbook of Japanese Contrastive Linguistics*, ed. by Prashant Pardeshi and Taro Kageyama, Walter de Gruyter, Berlin.
Horie, Kaoru (to appear, b) "The Attributive-Final distinction and the Manifestation of "Main Clause Phenomena" in Japanese and Korean Noun Modifying Constructions," *Noun-modifying Clause Constructions in Languages of Eurasia: Reshaping Theoretical and Geographical Boundaries*, John Benjamins, Amsterdam/Philadelphia.
堀江薫・プラシャント・パルデシ(2009)『言語のタイポロジー——認知類型論のアプローチ——』(「認知言語学のフロンティアシリーズ」5巻), 研究社, 東京.
堀江薫・金廷珉(2011)「日韓語の文末表現に見る語用論的意味変化——機能主義的類型論の観点から——」『歴史語用論入門』, 高田博行他(編), 193-207, 大修館書店, 東京.
市村葉子・堀江薫(2014)「若者の自然会話における「の(∅)」の伝達的機能——男女間の使用差と「んだ(∅)」との機能分担に着目して——」『語用論研究』16, 57-66.
井島正博(2014)「動詞基本形をめぐる問題」『日本語文法』(日本語文法学会) 14.2, 34-49.
石黒圭(2007)『よくわかる文章表現の技術Ⅴ——文体編——』明治書院, 東京.
影山太郎(編) (2012)『属性叙述の世界』くろしお出版, 東京.
Kayam, Umar (1992) *ParaPriyayi—Sebuah Novel*, PT Pustaka Utama Grafiti, Jakarta.
加藤ひろあき・福武慎太郎(翻訳) (2013) アンドレア・ヒラタ『虹の少年』サンマーク出版, 東京.
金恩愛(2003)「日本語の名詞志向構造(nominal-oriented structure)と韓国語の動詞志向構造(verbal-oriented structure)」『朝鮮学報』188号, 1-83.
金珍娥(2013)『談話論と文法論——日本語と韓国語を照らす——』くろしお出版, 東京.
金廷珉(2014)「韓国語の引用修飾節の主節化」『日本語複文構文の研究』, 益岡隆志他(編), 695-717, ひつじ書房, 東京.
König, Ekkehard and Martin Hapelmath, eds.(1995) *Converbs in Cross-linguistic Perspective*, Mouton de Gruyter, Berlin.

近藤泰弘(2000)『日本語記述文法の原理』ひつじ書房,東京.
Laury, Ritva (2013) "Uses of 'Insubordinate' or 'Suspended' Clauses in Spoken Finnish," andout, Nagoya University, March 4th, 2013.
益岡隆志(編)(2008)『叙述類型論』くろしお出版,東京.
益岡隆志(2014)「日本語の中立形接続とテ形接続の競合と共存」『日本語複文構文の研究』,益岡隆志他(編), 521-542, ひつじ書房,東京.
益岡隆志・大島資生・橋本修・堀江薫・前田直子・丸山岳彦(編)(2014)『日本語複文構文の研究』ひつじ書房,東京.
Matsumoto, Yoshiko (1997) *Noun-Modifying Constructions in Japanese: A Frame-Semantic Approach*, John Benjamins, Amsterdam.
Matsumoto, Yoshiko (in press) "Japanese Relative Clauses that Stand Alone," *Japanese/Korean Linguistics* 22.
松本修(2010)『「お笑い」日本語革命』新潮社,東京.
Maynard, Senko K.(1997) *Japanese Communication*, University of Hawaii Press, Honolulu.
南不二男(1974)『現代日本語の構造』大修館書店,東京.
南不二男(1993)『現代日本語文法の輪郭』大修館書店,東京.
仁科明(2008)「人と物と流れる時と——喚体的名詞一語文をめぐって——」『ことばのダイナミズム』,森雄一他(編), 313-331, くろしお出版,東京.
野田尚史(2013)「世界の言語研究に貢献できる日本語文法研究とその可能性」『第147回日本言語学会大会予稿集』, 34-39.
生越直樹(2002)「日本語・朝鮮語における連体修飾表現の使われ方——「きれいな花!」タイプの文を中心に——」『対照言語学』,生越直樹(編), 75-98, 東京大学出版会,東京.
Ohori, Toshio (1995) "Remarks on Suspended Clauses: A Contribution to Japanese Phraseology," *Essays on Semantics and Pragmatics*, ed. by Masayoshi Shibatani and Sandra A. Thompson, 201-218, John Benjamins, Amsterdam/Philadelphia.
大堀壽夫(2000)「言語的知識としての構文:複文の類型論に向けて」『認知言語学の発展』,坂原茂(編), 281-315, ひつじ書房,東京.
Ohori, Toshio (2004) "Coordination in Metalese," *Coordinating Constructions*, ed. by Martin Haspelmath, 41-66, John Benjamins, Amsterdam/Philadelphia.
大堀壽夫(2014)「従属句の階層を再考する——南モデルの概念的基盤——」『日本語複文構文の研究』,益岡隆志他(編), 645-672, ひつじ書房,東京.
Okamoto, Shigeko (2011) "The Use and Interpretation of Addressee Honorifics and Plain Forms in Japanese: Diversity, Multiplicity, and Ambiguity," *Journal of Pragmatics* 43, 3673-3688.
Podlesskaya, Vladimir M. Alpatov-Vera (1995) "Converbs in Japanese," *Converbs*

in Cross-linguistic Perspective, ed. by König, Ekkehard and Martin Hapelmath, 465-485, Mouton de Gruyter, Berlin.
Quirk, Randolph, Sidney Greenbaum, Geoffrey Leech and Jan Svartvik (1985) *A Comprehensive Grammar of the English Language*, Longman, London.
呉守鎮・堀江薫・金廷珉（準備中）「韓国語の文字テロップにおける「連体終止形」——実例に基づく機能分類を目指して——」
大西美穂（2013）「文末が名詞で終わる報告・引用表現」『日本語用論学会第15回大会論文集』, 25-32.
Shibatani, Masayoshi (1976) "The Grammar of Causative Constructions: A Conspectus," *The Grammar of Causative Constructions*, ed. by Masayoshi Shibatani, 1-40, Academic Press, New York.
Shibatani, Masayoshi (1985) "The Passive and Related Constructions: A Prototype Analysis," *Language* 61, 821-848.
Shibatani, Masayoshi and Taro Kageyama (1988) "Word Formation in a Modular Theory of Grammar: Postsyntactic Compounds in Japanese," *Language* 64, 451-484.
Shibasaki Reijirou (2014) "On the Development of *The Point is* and Related Issues in the History of American English," *English Linguistics* 31:1, 79-113.
新屋映子（2014）『日本語の名詞指向性の研究』ひつじ書房，東京.
白川博之（2009）『「言いさし文」の研究』くろしお出版，東京.
高山善行・青木博史（編）（2010）『ガイドブック　日本語文法史』ひつじ書房，東京.
角田太作（1996）「体言締め文」『日本語文法の諸問題——高橋太郎先生還暦記念論文集——』，鈴木泰・角田太作（編），139-161，ひつじ書房，東京.
角田太作（2011）「人魚構文——日本語学から一般言語学への貢献——」『国立国語研究所論集』1, 53-75.
寺村秀夫（1992）「連体修飾節のシンタクスと意味」『寺村秀夫論文集——日本語文法編——』, 157-320, くろしお出版，東京.
坪本篤朗（1998）「文連結の形と意味と語用論」『モダリティと発話行為』，赤塚紀子・坪本篤朗（著），100-193，研究社，東京.
坪本篤朗（1999）「モノとコトから見た文法——主要部内在型関係節とト書き連鎖——」『日本語学』18巻1号, 26-40.
坪本篤朗（2014）「いわゆる主要部内在型関係節の形式と意味と語用論」『日本語複文構文の研究』，益岡隆志他（編），55-84，ひつじ書房，東京.
ウィジャヤ・シルフィア・堀江薫（準備中）「インドネシア語の「独立関係節」の構造的・機能的特徴——日本語との比較を通じて——」
山田孝雄（1908）『日本文法論』宝文館，東京.
吉田悦子（印刷中）「文法と談話のインターフェイス：「孤独な」if 節をめぐって」*JELS*（日本英語学会）.

第Ⅱ部

多様な可能性
―2つのテーマを対象に―

第 7 章

「城の崎にて」を読む
―― 語りの構造と描写のストラテジー ――*

山口　治彦

神戸市外国語大学

1. はじめに

　テクスト分析の指導をしていて困ることは，分析に当たっての手順が定まっていないことである．こうすればテクストに入り込んでいける，というようなありがたい方法論は残念ながら存在しない．分析者は，個々のテクストに向き合いながら，当該のテクストにふさわしいアプローチ方法をその都度探さねばならない．

　それでも，対象とするテクストがジョーク（小咄）のように，目的が一定（笑いを催す）で，しかも形式に明確な制約がある（パンチラインで終わる）場合は，分析の手がかりは増える．しかも，テクストの長さもたいてい短いので，多くの例に当たって違いを比較することも可能だ（山口 (1998) を参照）．

　しかし，当該のテクストの目的が単純でなく，形態に目立った特徴が見出しにくいとき，テクスト分析の苦労は倍増する．ジョークのような題材に使

---

* 本章の前身は，『三省堂ワードワイズ・ウェブ』(http://dictionary.sanseido-publ.co.jp/wp/) に掲載された「談話研究室にようこそ」の第 62 回から第 71 回までの文章である．ありがたいことに，発表の場をいただいたのみならず，改訂と再掲に快く同意いただいた．荻野真友子さんをはじめ三省堂辞書出版部の方々にお礼申し上げる．また，本稿の内容については，益岡隆志さんが主催する対照研究セミナーや神戸市外国語大学の複数の授業で発表の機会を得た．貴重なコメントをいただいた皆さんに，ここに改めて謝意を表する．

第 7 章 「城の崎にて」を読む

えた方法が通用しないからだ．たとえば，小説や戯曲のような文学テクストへのアプローチは，特に簡単ではない．テクストの形式はさまざまであるし，目的や効果も複雑で繊細である．言語学の観点から文学言語に切り込むには，分析眼の鋭さに加えて，効果的なアプローチが可能なテクストに巡り会える幸運を味方につけねばならない．

大沼雅彦の「Benjamin のことば」はその好例だ．この論文（大沼 (1971)) は，フォークナーの小説『響きと怒り』(Sound and Fury) のなかの第 1 部「ベンジーの部」を取り上げる．語り手であるベンジャミン・"ベンジー"・コンプソンは，重い知的障害を持ち，外界の出来事を普通の人のようにはとらえられない．小説冒頭において，芝生の上で「打って」は動き回る様子がゴルフのことである，と読者が気づくまでにしばしの猶予が必要となる．語り手は，目前で繰り広げられることの意味を理解することなく，それでも執拗に眺めつづける．語り手役のベンジーはことばが不自由であるにもかかわらず，彼が眺めた情景はそのまま言語化される．本来は不可能なはずの語りがもたらす表現効果を，大沼は丹念に描き出す．40 年以上も前に発表されたものだが，読者を納得させてしまう内容を今も備えている．

効果的な分析が可能になった理由の 1 つに，ベンジーの部の語りが形式的に極めて強い特徴を持つことが挙げられる．語りの地の文には，統合化されることのない即物的な行為が繰り返し描写される．通常なら，語りの地の文の記述が登場人物のせりふの理解に役立つはずなのに，そこでは地の文の意味を推し量るために，読者は登場人物のせりふをヒントにせねばならない．作者の意図は，このようにベンジーのことばに形をとって現れる．そのような構図を見抜いたからこそ，秀逸な分析が可能になった．

このことを裏返せば，テクストに形となって現れる明確な特徴がないと，効果的な分析は難しい．その事情は，「Benjamin のことば」から 40 年たち，談話分析が長足の進歩を遂げた今も変わらない．テクスト分析の最初の足がかりとなるのは，テクストの形式的な特徴である．

このような認識の上に立って，本章は短編小説の分析を試みる．形式的な特徴から出発し，作品の主題や表現効果にどこまで迫れるのかやってみよう．扱うのは，志賀直哉の短編「城の崎にて」である．この作品については，

多くの考察が日本文学の研究者の手によってなされているが，（もとより門外漢ゆえ，先行研究のことをよく知るわけではないのだが，）ここではそういった先行研究の蓄積に縛られずに，少し異なる切り口から論を起こしたい．

「城の崎にて」は，作者の実体験をありのままに描いたものと受け取られることが多い．しかし，私小説風心境小説という体裁の背後には，作者の綿密な意図や技巧が張り巡らされており，それ以上動かしようのない精緻な構成が垣間見られる．本章の企図は，「行きて帰りし」物語という冒険譚の構造に，小動物の死に関するエピソードが変奏される様子を重ね合わせ，この作品において主題が描き出される過程をことばの形式やテクストの構造をもとに描き出すことにある．

2. 「城の崎にて」の形式的特徴

この短編は，ひどい事故にあった「自分」が城崎に湯治に出掛け，そこで遭遇した小動物（ハチ，ネズミ，そしてイモリ）の生死を写実的に描写したものだ．作者志賀直哉は自作について次のように述べる．

> 『城の崎にて』これも事実ありのままの小説である。鼠の死、蜂の死、ゐもりの死、皆その時数日間に実際目撃した事だつた、そしてそれから受けた感じは素直に且つ正直に書けたつもりである。所謂心境小説といふものでも余裕から生れた心境ではなかつた。
>
> （「創作余談」『志賀直哉全集 第6巻』）

この志賀の発言は，読後の直感的な印象にも合致する．そして，その後の「城の崎にて」の批評にかなりの影響を与えたようだ．しかし，この作品を改めて読み直せば，「素直」と「正直」の背後には綿密な意図と精緻な技巧が透けて見える．その様子を作品の形式的特徴を足がかりに描き出したい．まずは作品の全体的な構造について確認しておこう．この短編を描かれた内容に応じて分割し，適宜命名すると以下のようになる．

第 7 章 「城の崎にて」を読む

(1) a. 冒頭
　　b. 淋しくも静かな城崎
　　c. 蜂との遭遇
　　d. 短編「范の犯罪」について
　　e. 鼠との遭遇
　　f. 揺れる桑の葉の不思議
　　g. 蠑螈（イモリ）との遭遇
　　h. 終幕

　冒頭と終幕（(1a, h)）は，前置きと後付けのかたちで本体部分（(1b-g)）を挟み込む．そこでは，城崎に来た経緯と 3 週間の滞在を終えて帰京したことがそれぞれ伝えられる．そして，本体部分は，小動物との遭遇について繰り返し語る（(1c, e, g)）．この部分が，本作の中心的なエピソードとなる．他方，「短編「范の犯罪」について」および「揺れる桑の葉の不思議」と題した (1d) と (1f) は幕間として本編に挿入される．
　テクストのおもだった形式的特徴は，以下の通りである．

(2) a. 本体が冒頭部と終幕部に挟み込まれている
　　b. 小動物の生死に関する記述が 3 度繰り返される
　　c. 会話部が存在しない

　ことに，(2b) の小動物のエピソードの繰り返しは，作品の主題に関わるものと見て間違いない．関連性のあることがらが 3 度も繰り返されるからである．この 3 つが同じ内容を伝えるのなら，それは単なる余剰でしかない．繰り返しの異なり方に意味が見出されるはずだ．そこに注目しよう．それぞれのエピソードが持つ意味については 5 節や 7 節で触れることになるが，まずは (2a) の冒頭と終幕のサンドイッチ構造がもたらす効果——物語の終わりを明確にし，「城の崎にて」を「行きて帰りし」物語として読ませる——について，続く 3 節と 4 節で論じることにする．

3. はじまりと終わりと円環構造

「城の崎にて」は次の一節からはじまる．[1]

(3) 　山の手線の電車に跳飛ばされて怪我をした、その後(あと)養生に、一人で但馬(たじま)の城崎温泉へ出掛けた。背中の傷が脊椎カリエスになれば致命傷になりかねないが、そんな事はあるまいと医者にいわれた。二、三年で出なければ後は心配はいらない、とにかく要心は肝心だからといわれて、それで来た。三週間以上―我慢出来たら五週間位いたいものだと考えて来た。

冒頭の文章は淡々と畳み掛ける．前文の内容を少しずつ重ねながら，次の文へと移る．述語だけ取り上げると，(けがをした養生に)「出掛けた」，(けがのことで)「と医者にいわれた」，「といわれて、それで来た」，「と考えて来た」となる．リズムよく重ねられた文章は，時間が止まったような印象を与える物語本体部分（前半）に比べると，いくらかあわただしい．

城崎での滞在について語る本体部分では，語り手は静かに生と死をじっと見つめる．それとは対照的なこの冒頭（と終幕）の文章は，あたかも城崎へ至るまでの（そして城崎からの）移動（旅行）のせわしさを暗示するかのようだ．ここはせかせかとするくらいのほうが，後の静けさが引立つのかもしれない．

なかでも最初の一文が目を引く．通常，「山の手線の電車に跳飛ばされて怪我をした、その後養生に、」というふうに，読点で連ねてひとつの文にするだろうか．句点でふたつの文に区切るか((4a))，「怪我をした」ことを名詞節のかたちで「(後の) 養生に」に修飾させる((4b)) ほうが，普通ではないか．

(4) a. 山の手線の電車に跳飛ばされて怪我をした。その後養生に、
　　b. 山の手線の電車に跳飛ばされて怪我をした (後の) 養生に、

---

[1] 分析に当たっては『志賀直哉全集』（岩波書店）も参照したが，引用は読みやすさの便を考えて岩波文庫から採った．ルビは少し減らしてある．

第 7 章 「城の崎にて」を読む

　ところが志賀は，「怪我をした、その後養生に」と軽く読点による小休止を置くだけで，次の節（「その後養生に、一人で但馬の城崎温泉へ出掛けた」）につなぐ．「怪我をした」は形式的には終止形か連体形なのに，文がそこで終わるわけでもなく，直接，体言に連なるわけでもない．句点と読点の使い分けに厳密な規則は存在しないので，破格とまではいえないが，慣用から外れているのは間違いない．
　では，なぜ，このようにつなぐ必要があったのか．
　(4a) のように，「跳飛ばされて怪我をした。」と句点で文を切ってしまえば，この一節の印象は変わってしまう．電車に跳ね飛ばされたのなら大事故だ．小説とはいえ，読者の心はその事件性の重大さに大きく動く．友人に「電車に跳ね飛ばされたんだ」といわれたら，「えーっ，うそー，ちょっと待ってそれマジで」とあわてふためいた対応にならないだろうか．それと同じことだ．読者の心は，いきなりこの事件のみに奪われてしまう．
　しかし，電車にはねられて死の危険に直面したことに対する意味づけは，物語中盤のネズミが必死に死を逃れようともがく様子を目撃するところで行われる．だから，事故のてん末や評価については触れず，あらかたの事情を伝えるのみで淡々と話を進めてゆきたい．そこで読点を挟むだけにして，やや強引に次の「その後養生に」へとつなぐ．読者に有無をいわせぬ展開をするために，ここは句点でなく，読点でなければならないのだ．
　他方，(4b) のように，体言のなかに押し込んでしまうと，電車事故のことを読者にとっては既知の前提として扱う度合いが強まる．しかし，読者にとって事故のことはまったくの新情報なので，この言い方もふさわしくない．
　つまり，第 1 文は (4a) や (4b) のような形式をとれない．第 1 文のかたちは動かしようがないのだ．「城の崎にて」の冒頭部は，いわば絵画の額縁の部分に当たる．しかし，そのような部分にも作者の細やかな注意と意図が刻印されている．「城の崎にて」の文章といえば，谷崎潤一郎が『文章読本』でほめたたえたハチの飛翔の記述が有名だが，この冒頭の文章もそう簡単にまねできるものではない．
　終幕に話題を移そう．「城の崎にて」は次の短い一節で幕を閉じる．

(5)　　三週間いて、自分は此処を去った。それから、もう三年以上にな
　　　　　る。自分は脊椎カリエスになるだけは助かった。

　先に見た冒頭の一節（(3)）と同様，淡々とした記述で，内容も文体も小説の本体部分とは大きく異なる．この終幕の部分はともすれば付け足しのようにさえ思える．実際，この部分は不要であると主張する研究者もいるようだ．
　たしかに，(3) と (5) がなくとも「城の崎にて」は短編小説として成立するだろう．では，冒頭と終幕の一節はなぜあるのだろうか．(3) と (5) をはじめと終わりにわざわざ置くことで，作品にどのような効果がもたらされるのだろうか．
　冒頭では，大丈夫だろうとは断りつつも，語り手に生命の危険があることが告げられる（「背中の傷が脊椎カリエスになれば致命傷になりかねないが、そんな事はあるまいと医者にいわれた」）．読者はいわば棘が刺さった状態に置かれる．語り手の生死に関わることが述べられるのに，その結果については何も知らされないからだ．
　そして，終幕の一節は脊椎カリエスにならなかったことを告げて，読者の心に刺さった物語の棘を抜き去る．冒頭で触れた発病の可能性について終幕で再び言及することによって，この作品はちょうど円環が閉じるように終わる．つまり，冒頭と終幕が本体部分を挟み込むことで，作品全体に強いまとまりの感覚と終わりの感覚がもたらされるのである．

4.　行って帰ってくる冒頭と終幕

　さて，円環といえば，この作品の冒頭部と終幕部による挟み込みの構造は，よくある物語の型を体現している．「行きて帰りし」物語の構造だ．
　「行きて帰りし」物語とは，瀬田 (1980) の用語である．瀬田は子どもたちが好む話の典型として，主人公が行って帰ってくるという極めて単純な構成の話に焦点を当てた．瀬田はこの話の構造を考えるとき，主人公の空間的な移動のみを問題とするが，神話や民話の研究においては，それに加えて一定の欠落とその欠損状態からの回復を物語の重要な要素と考えている．たとえ

ば，神話学者のジョン・キャンベルはビル・モイヤーズとの対談で次のように述べる．

> ふつう英雄の冒険は，なにかを奪われた人物，あるいは自分の社会の構成員にとって可能な，または許されている通常の体験には，なにか大事なものが欠けていると感じている人物の存在から始まります．それから，この人物は，失ったものを取り戻すため，あるいはなんらかの生命をもたらす霊薬を見つけるため，日常生活を超えた一連の冒険の旅に出掛けます．たいがいそれは，どこかへ行ってまた戻ってくるというサイクルを形成しています． （キャンベル／モイヤーズ（2010: 264））

つまり，この型の物語では主人公は文字通り，自分の故郷（ホーム）から旅立ち，主人公にとっての非日常空間での体験を経て帰って来る．始発地点のホームはたいてい安定（平衡状態）を象徴する．何らかの事件が起こってこの安定が崩れ，それを取り戻すために主人公は旅立つ．主人公はいくつかの試練を乗り越え安定を取り戻す．そして，主人公は帰郷し物語は幕を閉じる，というのがこの「行きて帰りし」物語の典型的な筋立てである．

この行って帰って来る筋立ては，出発点と移動先と到着点が明確なだけに，物語に明確な目標とまとまりを与える．『ハリー・ポッター』シリーズの1冊1冊が大部になるにもかかわらず，子どもがそれでもついていける理由のひとつに，ホグワーツ魔法学校に行って帰って来る——そして行った先では慣れ親しんだスクールカレンダーに従って行動する——という分りやすい構造があることが挙げられる．

『ドラえもん』や『クレヨンしんちゃん』も，日頃のテレビ放送では手短なエピソードでやりくりしているが，映画になって尺が長くなると，決まってこの行って帰ってくる形式を採用する．そして，この冒険譚の構造に呼応するかたちで野比のび太も野原しんのすけもテレビシリーズより勇敢になり，ヒーローの度合いを強める．「行きて帰りし」物語は，基本的に英雄の冒険譚であり，主人公の造形にも影響するのである．

話を「城の崎にて」に戻そう．(2c) にあるように，「城の崎にて」は会話部が存在せず，人と人との交わりはない．登場人物が滞在先で目撃する小動

物の生死が語られるだけで，とても動きの少ない物語である．物語に必要な変化に乏しいのである．しかし，冒頭と終幕が付加されたことで，この動きの少ない物語に「行きて帰りし」物語という明確な構造が与えられる．そして，この物語を主人公の旅立ちと帰還の話ととらえると，「行きて帰りし」物語にはつきものの欠損状態とその回復の様子に注意が向けられることになる．では，何が主人公に欠けていたのか．冒頭部に続く（1b）「淋しくも静かな城崎」の後半部分では，次のような記述がある．

(6) 冷々とした夕方、淋しい秋の山峡を小さい清い流れについて行く時考える事はやはり沈んだ事が多かった。淋しい考えだった。しかしそれには静かないい気持がある。自分はよく怪我の事を考えた。一つ間違えば、今頃は青山の土の下に仰向けになって寝ているところだったなど思う。青い冷たい堅い顔をして、顔の傷も背中の傷もそのままで。祖父や母の死骸が傍にある。

この短編の主人公「自分」は，「祖父や母の死骸が傍にある」との発想からすると，年齢はせいぜい30代までの未婚の青年のようだ．祖父と母からなる「家族」を想起するところに若さを感じる．たとえば，齢も50を回れば，死を意識する際に「祖父」を想起することはないだろう．少なくとも，この主人公に老成した心境は窺えない．[2] とすると，まだ若い青年が死について考え込み，その考えに対し「静かないい気持がある」という感想を持つことになる．しかも，((6)を述べたすぐ後で)「自分の心には、何かしら死に対する親しみが起こっていた」と語る．これは若い人にとってはたして健康な考え方だろうか．通常なら感じられるはずの死に対する怖れが，生と死の間に感じられるはずの緊張感が，失われてはいないだろうか．

とすると，主人公に何が欠けており，彼が何を取り戻して城崎を後にするのかが否応なく見えてくる．「行きて帰りし」物語の構造が，この短編に与

---

[2] ここでは作品の印象から「自分」の年齢を判断したが，「事実ありのままの小説」ということなら，伝記的事実を参考にしてよいかもしれない．ちなみに，城崎に滞在したとき志賀直哉はちょうど30歳であった．

える影響についてはふたたび7節で取り上げるが，冒頭と終幕が付加されたことが作品の解釈にも関わるとしたら，初めと終わりがもたらす影響は大きい．「城の崎にて」の冒頭と終幕は，決して余分な付け足しではありえない．

5. 3つのエピソードの順序に見る必然

　前節では，冒頭部と終幕部が動きの少ない物語に明確な構造を与えることを確認した．では，物語の本体部分はどのように構成され，どのように語られるのだろうか．

　2節で示したように，この作品は「皆その時数日間に実際目撃した事」を「素直に且つ正直に」書いた，と志賀直哉は述べている．つまり，主人公が宿の屋根にハチの死骸を認めたこと，魚串を突き刺されたネズミが助かる見込みがないのに逃げ惑いもがいていたこと，そして，主人公が投げた石が当たりイモリを死なせてしまったこと，これら3つの出来事は作者志賀が実際に経験した通りそのままを描いた，というのである．

　しかし，作者のこの発言をいぶかしむ声もある．実際，小動物の死に関する3つのエピソードには，発生順序以外の関係づけも見られる．三谷 (2003) は次のように述べる．

　　　三つの死の在り方を眺めてみると，不思議な配列に気づく．これら三つのエピソードの順序は緻密な計算の下に置かれているようなのだ．

　三谷によると，小動物の死には語り手の姿が投影されており，ハチの死は〈土の下の死後の安らぎ〉を，ネズミの死は〈死の直前のもがき〉を，そして，イモリの死は〈死の原因としての偶然の事故〉を，それぞれ表す．

　さらに，〈土の下の死後の安らぎ〉には，ハチが静かに死んでいる状態に加えて，青山墓地に埋葬された自分の姿を思い浮かべ，そのイメージに語り手が静かさと親しみを覚えたことが重ね合わされる．同様に，〈死の直前のもがき〉は，ネズミの最期のあがきに加えて，電車事故の後で語り手が半分意識を失った状態にもかかわらず，医者の手配などを自分で指図したことも

示すというのだ．つまり，小動物の死に関する出来事に主人公の経験や状態が重ねられるのである．三谷が指摘する対応関係を整理すると次のようになる．

(7) a. 〈土の下の死後の安らぎ〉：ハチの死＋主人公の死に対する親しみ
    b. 〈死の直前のもがき〉：ネズミの死＋主人公の事故直後の指示
    c. 〈死の原因としての偶然の事故〉：イモリの死＋山手線での事故

そして三谷は，ハチ・ネズミ・イモリのエピソードの順序を「「死後」から「直前」，「直前」から「原因」，と時間のフィルムを逆に回している」と主張する．たしかに，エピソードが語られる順序に関して一定の規則性が見られるようだ．この考え方はおもしろい．

だが，合点のいかないところもある．「死後」「直前」「原因」という順序で3つのエピソードをとらえ直すことで，いったい何が見えてくるのだろうか．三谷 (2003) にはそのことに対する説明がない．エピソードの順序に意味合いを見出そうとする三谷の基本姿勢には共感するが，エピソードの順序を動機づける指針については賛成できない．

そこで，3つのエピソードがはたして「死後」「死の直前」「死の原因」を表しているのかどうかについて確認してみよう．

まず，ハチの死は次のように語られる．

(8) ある朝の事、自分は一疋の蜂が玄関の屋根で死んでいるのを見つけた。足を腹の下にぴったりとつけ、触角はだらしなく顔へたれ下がっていた。他の蜂は一向に冷淡だった。巣の出入りに忙しくその傍を這いまわるが全く拘泥する様子はなかった。忙しく立働いている蜂は如何にも生きている物という感じを与えた。その傍に一疋、朝も昼も夕も、見る度に一つ所に全く動かずに俯向きに転がっているのを見ると、それがまた如何にも死んだものという感じを与えるのだ。それは三日ほどそのままになっていた。それは見ていて、如何にも静かな感じを与えた。淋しかった。他の蜂

が皆巣へ入ってしまった日暮、冷たい瓦の上に一つ残った死骸を見る事は淋しかった。しかし、それは如何にも静かだった。

たしかに，上の引用はハチが死んでしまった後の状態を描写している．しかし，ハチについては，(8) に先立つ一節において生きて元気に飛び立つ様子も記述される．

(9) 虎斑の大きな肥った蜂が天気さえよければ、朝から暮近くまで毎日忙しそうに働いていた。蜂は羽目のあわいから摩抜けて出ると、一トまず玄関の屋根に下りた。其処で羽根や触角を前足や後足で叮嚀に調えると、少し歩きまわる奴もあるが、直ぐ細長い羽根を両方へしっかりと張ってぶーんと飛び立つ。飛立つと急に早くなって飛んで行く。

しかし，三谷 (2003) は「この「蜂の死」のエピソードは「自分」の〈死後の安らぎ〉を蜂の死によって表象していると考えられる」というように，はなから死の局面しかとらえようとせず，生の局面を無視する．

では，なぜ，ハチについては生きて活動する姿も志賀は描写したのだろうか．「城の崎にて」生と死の対立についての物語なら，生に関する描写だって重要なはずだ．加えて，2節で述べたように，3つのエピソードが少しずつ描写の内容や方法を違えながら繰り返されるところに，この作品の主題に関するヒントが隠されているはずである．ならば，ハチに関しては「死んだ後」の様子だけでなく，「死ぬ前」の姿も一定の意図を伴って描写されていると考えたほうがいい．ハチの生の局面をわざわざ切り捨てるべきではない．ハチのエピソードは「死後」ではなく「死の前後」を描いているのである．

次は，ネズミのエピソードである．

(10) ある所まで来ると橋だの岸だのに人が立って何か川の中の物を見ながら騒いでいた。それは大きな鼠を川へなげ込んだのを見ているのだ。鼠は一生懸命に泳いで逃げようとする。鼠には首の所に七寸ばかりの魚串が刺し貫してあった。頭の上に三寸ほど、咽喉

の下に三寸ほどそれが出ている。鼠は石垣へ這上ろうとする。子供が二、三人、四十位の車夫が一人、それへ石を投げる。なかなか当らない。カチッカチッと石垣に当って跳ね返った。見物人は大声で笑った。鼠は石垣の間に漸く前足をかけた。しかし這入ろうとすると魚串が直ぐにつかえた。そしてまた水へ落ちる。鼠はどうかして助かろうとしている。

　この一節は，「死ぬに極まった運命」から逃れようとネズミが必死に逃げ回る様子を描写し，そして，ネズミに訪れるはずの「死の瞬間」については描かない．したがって，このエピソードについては，三谷が記述したのと同じく，「死の直前」を表すとしていいだろう．
　最後に，イモリ（蠑螈）の死については以下のように語られる．

(11)　自分は蠑螈を驚かして水へ入れようと思った。不器用にからだを振りながら歩く形が想われた。自分は蹲んだまま、傍の小鞠ほどの石を取上げ、それを投げてやった。自分は別に蠑螈を狙わなかった。狙ってもとても当らないほど、狙って投げる事の下手な自分はそれが当る事などは全く考えなかった。石はコツといってから流れに落ちた。石の音と同時に蠑螈は四寸ほど横へ跳んだように見えた。蠑螈は尻尾を反らし、高く上げた。自分はどうしたのかしら、と思って見ていた。最初石が当ったとは思わなかった。蠑螈の反らした尾が自然に静かに下りて来た。すると肘を張ったようにして傾斜に堪えて、前へついていた両の前足の指が内へまくれ込むと、蠑螈は力なく前へのめってしまった。尾は全く石についた。もう動かない。蠑螈は死んでしまった。

　描写方法については次節で言及するが，イモリを死に至らしめた過程がスローモーションのように綿密に記述される．それまで傍観者であった語り手がはじめて死を引き起こす行為者（動作主）となってしまうところだ．小さなイモリ相手に小まりほどの大きな石を投げてはいかんだろうと思うが，小説の神様，いや，語り手は意に介さない．そのせいでイモリを死なせてしま

う．三谷はこの出来事を「死の原因」ととらえた．

　しかし，ハチとネズミの死のシーンを「死の前後」「死の直前」というふうに単純に時間軸上の流れとしてとらえるのならば，イモリのエピソードを同様に時間軸上に並べてみるとどうなるだろうか．

　(11) のシーンは，生から死へと移行するまさにその瞬間をとらえている．(8) と (9) のハチと (10) のネズミのところでは語られることのなかった「死の瞬間」が，すさまじいほどの集中力をもって，しかし，いたって何気なく，描かれているのである．

　イモリのエピソードについては，この「死の瞬間」を描写する部分がことのほか目立つ．だが，イモリのエピソードはそれに尽きるわけではない．(11) に先立つ部分に次のような記述がある．

(12)　自分は何気なく傍（わき）の流れを見た．向う側の斜めに水から出ている半畳敷ほどの石に黒い小さいものがいた．蠑螈だ．まだ濡れていて、それはいい色をしていた．頭を下に傾斜から流れへ臨んで、擬然（じっ）としていた．体から滴（したた）れた水が黒く乾いた石へ一寸程流れている．自分はそれを何気なく、踞（しゃが）んで見ていた．

　これはイモリが死ぬ直前の様子を描写したものと考えていいだろう．さらには，(11) の直後には以下の文章が続く．

(13)　自分は飛んだ事をしたと思った．虫を殺す事をよくする自分であるが，その気が全くないのに殺してしまったのは自分に妙な嫌な気をさした．もとより自分の仕た事ではあったが如何にも偶然だった．蠑螈にとっては全く不意な死であった．自分は暫く其処に踞んでいた．蠑螈と自分だけになったような心持ちがして蠑螈の身に自分がなってその心持ちを感じた．

　イモリの様子が直接描写されているわけではないのだが，語り手のイモリに対する心情が述べられ，時間の経過が記される（「自分は暫く其処に踞んでいた」）．とすると，イモリのエピソードは，「死の瞬間」に焦点を当てつつも，「死の直前」から「死の直後」の局面を表現していると考えていいだろ

う．

　ハチのエピソードが「死の前後」，ネズミのそれが「死の直前」，そしてイモリが「死の瞬間」を中心に「死の直前」から「死の直後」までをそれぞれ表すとすれば，生から死へと移りゆく変化の過程を3つのエピソードですべてカバーしていることになる．（やれ死んだ後だ，やれ死ぬ前だと言い立てるのは，あまり気の進むものではないが）その様子を図示すると次のようになる．

(14)

| 死ぬ前 | 死の直前 | 死の瞬間 | 死の直後 | 死んだ後 |

　　　ハチ　　　　　　　　　　　　　　　　ハチ
　　　　　　　　　ネズミ
　　　　　　　　　　　　イモリ

　3つのエピソードで「死ぬ前」から「死んだ後」へのプロセスを実に効果的に押さえている．このようにとらえると，「城の崎にて」は生から死へ至る一連の過程をカバーして終わるという構造を持っていることが分かる．そして，その語りの順序は，死の外側（「死の前後」）から核心（「死の瞬間」）へ，という経路をなぞるのだ．死の周辺から中心に至って終わる，それがこの作品が内在する構造である．

　小動物の死の3つのエピソードは，表面上，語り手が経験した時間的順序によって緩やかに結びつけられる．ハチの死に気づいたのは「ある朝の事」で，その後，「蜂の死骸が流され，自分の眼界から消えて間もない時」にネズミの死に際に遭遇する．そして，「そんな事があって，また暫くして」イモリの死に立ち会う．

第7章 「城の崎にて」を読む

しかし，3つのエピソードは単に時間的順序のみによってつなぎ合わされているのではない．死の周辺から核心に至って終わるという，作品の主題にもかかわる記述順序によっても結びつけられている．つまり，3つのエピソードの生起順序は，複数の動機によって縛られているのだ．「城の崎にて」で描かれるエピソードは，順序の動かしようのない，緊密なまとまりを持っている．

6. 語る順序と描写の視点

「城の崎にて」において語られる小動物のエピソードは，「死の前と後」から「死の直前」へ，そして「死の瞬間（＋死の直前・直後）」というふうに，死の周辺から中心へと向かう．つまり，順に核心へと進んでいく．そして，この順序に呼応して，語り手の描写態度に変化が生じる．

最初のエピソードはハチについてである．語り手は，(8) にあるように，「足を腹の下にぴったりとつけ，触角はだらしなく顔へたれ下がって」いるハチの死骸を静かに眺める（「冷たい瓦の上に一つ残った死骸を見る事は淋しかった。しかし、それは如何にも静かだった」）．そして，その静かさに親しみを覚える（「忙しく忙しく働いてばかりいた蜂が全く動く事がなくなったのだから静かである。自分はその静かさに親しみを感じた」）．

ここで語り手は，ハチの死に心が揺さぶられるわけではない．このハチの死に遭遇する前から，語り手の「心には、何かしら死に対する親しみが起こって」いたのであるから．ハチの死骸を認めて一抹の淋しさを感じても，それを穏やかに受け入れている．

語り手のそのような態度は語り方にも表れる．ことに以下の表現は特徴的だ．いずれも前節の (8) から採った．

(15)　a.　蜂は如何にも生きている物という感じを与えた。
　　　b.　それがまた如何にも死んだものという感じを与えるのだ。
　　　c.　それは見ていて、如何にも静かな感じを与えた。

(15) の3つの表現は，「蜂」や「それ」（ハチの死骸が横たわっている様

子）が主体となって，語り手に対し一定の「感じ」を与えることを主張する．語り手が受けた印象が授受行為の構図——与える人，受け取る人，そして受け渡される物が存在する——に当てはめられて表現されている．もっとも，この場合，受け取る人が語り手であることは明らかだが，テクスト上に明示されているわけではない．

　これらの表現性についてもう少し詳しく考えてみよう．たとえば，(15c) を「静かな感じがした」というより直接的な表現と比較するとどうだろうか．「静かな感じがした」は，一定の認知の結果，どのような印象を持ったかを伝える表現で，結果のみに重点を置く．しかも，当該の出来事に対する感想をその内側から，つまり出来事を経験する者の視点から，眺めている印象が強い．こちらのほうが日本語としてはよくある表現だ．

　他方，(15c) は印象の出所を明示し，そこから他動的なはたらきかけがあったことを表す．そしてその結果，受け取る側にどのような印象が伝えられたかを示すものだ．一定の印象を認識するという出来事を，原因と結果の関係でとらえる．(15c) の「如何にも静かな感じを与えた」は，印象の受容者（「自分」）が明示されているわけではないので，当該の出来事が完全に外側から眺められている，とはいえない．しかし，少なくとも「静かな感じがした」に比べると，出来事をできるだけ外側から，一定の距離を置いて叙述しようとする語り手の態度が窺える．[3]

　留意すべきは，そういった分析的な表現が短い範囲のなかで 3 度も繰り返されることだ．なかでも (15b, c) の「それ」はハチの死骸（がそのままになっていること）を指す．[4] 物を主語とし，人を受け手とする他動詞構文は日本語においてあまり一般的ではない．しかも，(15) の 3 つの表現のいず

---

　[3] 印象の受容者を明示して「?如何にも静かな感じを自分に与えた」とすると，一定の印象を受けるという心理的な出来事を，外側から無理に記述することになってしまい，不自然な文になってしまう．「それは見ていて，如何にも静かな感じを与えた」というように，受容者を明示しないものの，発信者（発信源）を主語として明示するところに，可能なかぎり事態を外側から記述しようとする作者の努力が窺われる．

　[4] 語り手の観察対象となっているハチを物とみなせば，(13) の例はすべて物を主語とする構文ということになる．

れもが「如何にも」という語句を含む。[5] つまり，あまり一般的ではない分析的な表現が，ことさら目立つように配置されているのだ．ハチの死を見つめるときの落ち着いた印象は，こういった語り方にも起因している．

　これに対し，ネズミの一件が語り手にもたらした衝撃は大きなものであった．ハチの死とは異なり，死に瀕するネズミの姿は語り手には他人事とは思えない（「今自分にあの鼠のような事が起こったら自分はどうするだろう」）．だから語り手は，「鼠の最期を見る気がしなかった」わけだ．

　その語りは，ハチのときより臨場感を高めている．

(16)　鼠には首の所に七寸ばかりの魚串が刺し貫してあった。頭の上に三寸ほど，咽喉の下に三寸ほどそれが出ている。鼠は石垣へ這上ろうとする。子供が二、三人、四十位の車夫が一人、それへ石を投げる。なかなか当らない。

　ここでは第一文を除き，非「タ」形の文末が続く．ハチの描写においても非「タ」形の文末は見られるが，これほど連続することはない．もっとも，非「タ」形が用いられたからといって，必ずしも現在進行形で出来事が繰広げられるというものではない．だが，ここでのように克明な描写が時間順に非「タ」形で繰り返されると，さすがに出来事が目の前で進行する印象を持たずにはいられない．ことに，最後の「なかなか当らない」は，語り手の視点が語りを行う現在時点から過去の出来事の内部に入り込んだ印象をもたらす．ハチのエピソードにおける（15）の他動詞の構文がもたらす距離感（描写時の対象に対するスタンスのとり方）とは著しい対照をなす．

---

　[5]「如何にも」という修飾語句は（8）の短い一節のなかで4度繰り返される．本来は「その場の状況や雰囲気などが，そのような言葉で描写されるのにふさわしい条件をまさしく備えていると思われる様子」（『新明解国語辞典』）を強調するはずの表現を4度も繰り返すのは，語り手のこの部分の判断に対する信憑性を逆に疑わせる意図があるのではないかと思う．シェイクスピアの『ジュリアス・シーザー』3幕2場においてアントニーがブルータスのことを公明正大であると3度，4度と繰り返すときのように，ある種のうさん臭さを感じさせるのだ．そうとでも考えなければ，4度も繰り返す積極的な意義が見出せない．実際，死を静かで親しみのあるものと感じる語り手のこの時点での心境は，ネズミとイモリとの遭遇を経て，揺さぶられ否定されることになる．

死を前にして逃げ惑うネズミの姿に語り手の心は乱され，その描写はハチの死を認めたときよりも語り手が出来事の渦中にいるかのような度合いを強める．もっとも，そうは言っても，ネズミに関する描写がすべて眼前で繰り広げられる訳ではない．語り手は「淋しい嫌な気持ち」でネズミの様子に思いをはせる．

(17) 自分が希(ねが)っている静かさの前に，ああいう苦しみのある事は恐ろしい事だ。死後の静寂に親しみを持つにしろ，死に到達するまでのああいう動騒(どうそう)は恐ろしいと思った。自殺を知らない動物はいよいよ死に切るまではあの努力を続けなければならない。今自分にあの鼠のような事が起こったら自分はどうするだろう。自分はやはり鼠と同じような努力をしはしまいか。

語り手はもがき逃げ惑うネズミに自分の姿を重ねるが，ネズミに完全に感情移入してしまうわけではない．上の引用では「ア」系の指示詞が4度も繰り返される．ネズミが経験した苦しみや「動騒」は一定の距離を置いて想起されているのだ．つまり，ハチのときに比べると臨場感の伴った描写が行われるのだが，一定の距離感もそこには存在している．

他方，死のまさにその瞬間を経験するイモリの場面では，状況はより切迫する．語り手が「小鞠ほどの石」をイモリに「投げてやった」直後の記述である．(11)で観察した一節を再掲する．

(18) 石の音と同時に蠑螈は四寸ほど横へ跳んだように見えた。蠑螈は尻尾を反らし、高く上げた。自分はどうしたのかしら、と思って見ていた。最初石が当ったとは思わなかった。蠑螈の反らした尾が自然に静かに下りて来た。すると肘を張ったようにして傾斜に堪えて、前へついていた両の前足の指が内へまくれ込むと、蠑螈は力なく前へのめってしまった。尾は全く石についた。もう動かない。蠑螈は死んでしまった。

時間にして何秒だろうか．石が当たった瞬間からものの5秒もたたない時間は，小説のなかで引き延ばされる．イモリは，「横に跳んだように見え」，

「尻尾を反らし」たかと思うと，その尾が「静かに下りて」くる．すると，「両前足の指が」まくれ込み，「前へのめって」しまう．

　イモリの瞬時瞬時の動きが非常に細やかに，そして的確にとらえられている．観察されたひとつひとつの動きは時系列にそって並べられる．物語の時間の進行はいきおい緩やかになる．語る内容が多いからだ．加えて，その合間に語り手の感想（「自分はどうしたのかしら，と思って見ていた。最初石が当ったとは思わなかった」）が差し挟まれるので，時間の進行はさらに遅くなる．私たちはイモリの死をあたかもスローモーションでの再生を眺めるように経験する．

　しかも，イモリの尾，肘，そして「両前足の指」というふうに，語り手の視線は次第に細部へと移りゆく．視点の置きどころが非常に近い．対象に対し接写していくかのような印象を受ける．イモリが死にいくのを，語り手は――そして私たちは――このように目の当りにする．死という現象が何物の介在もなく直に提示される．そのような印象が強い．死の瞬間に接するのにふさわしいレトリックだと思う．

　この短編作品全体を通して，語り手は死のさまざまな様相を見つめ続けるが，見つめる行為に対する集中度は物語の進行に伴って高まる．ハチの死骸から逃げ惑う瀕死のネズミへ，そして図らずも命を奪ってしまったイモリへと，語り手の対象に対する距離のとり方は，死の周辺（「死の前後」）から死の核心（「死の瞬間」）に向かうにつれて狭められてゆく．[6] 作家が時間順に経験したという偶然以上の結びつきが，この3つのエピソードの間には存在し，作品の構成を実に強固なものにしているのである．

---

　[6] 三谷（2003）も，語り手と対象との距離については，手短ではあるが同じ趣旨の指摘をしている．

　　この空間的距離に反比例して，三匹の小さな生き物に観念的に接近する距離が徐々に縮まり，最後には全く同一化してしまうことも見逃すべきではなかろう．

上の「この空間的距離」というのは，ハチ・ネズミ・イモリを観察した地点が，次第に宿から離れていくことを表している．

7. 「行きて帰りし」物語ふたたび

　これまで「城の崎にて」を分析するにあたって，2つの構造をもとにこの物語について考察してきた．1つは「行きて帰りし」物語で，もう1つは死の周辺から核心へと描写を進めるプロセスである．しかしながら，これら2つの構造を下敷きにしてこの小説を読まねばならないという必然的な根拠は，実のところ存在しない．「城の崎にて」について私が示した見方は，言ってみれば，そのように解釈すると整合性の高い読みができる，という提言のようなものだ．読み方の1つの指針といってもよい．

　しかしもし，ここで取り上げた2つの構造が無関係なものではなく，互いに連動していることを示せたら，両者を作品解釈に適用することの信頼度はさらに高まるはずである．最後にその点について考えてみよう．

　「行きて帰りし」物語の構造を分析に用いたのは，おもに作品の冒頭と終幕に対してであった．他方，死の周辺から核心へと至るプロセスは，小動物の死に関する3つのエピソードに関係づけられており，作品の本体部分を構成する．つまり，これまでの分析では，「行きて帰りし」物語は作品のはじめと終わりに対応し，死の周辺から核心へのプロセスは作品の本体部分に対応する，という分業があったわけである．

　ところが「行きて帰りし」物語は，作品の周辺部分だけでなく，3つの小動物のエピソードを説明するのにも役立つ．まずは「行きて帰りし」物語についてその概要をもう一度さらっておこう．この物語は，典型的には英雄の冒険譚の形式をとり，おおむね次のように展開する．

(19) a. 不安定な欠損状態の存在
　　　b. 主人公の旅立ち
　　　c. 主人公の試練
　　　d. 安定状態の回復
　　　e. 主人公の帰還

　(19)を下敷きにすると，「城の崎にて」は，もちろん主人公が城崎に行って帰ってくる話であると同時に，死に対して失った畏怖をふたたび主人公が

回復し,生と死の緊張感を取り戻す話でもある.そういった主題を小動物に対する観察から浮かび上がらせる,それがこの小説の基本設定である.

このうち,作品の冒頭部（3節の（3）に当たる）と終幕部（同じく（5））はそれぞれ,（19b）の「主人公の旅立ち」と（19e）の「主人公の帰還」に該当する.残る3つの部分（(19a, c, d)）は,（14）で示した生から死へのプロセス（死の前後／死の直前／死の瞬間（を中心とする死の直前から直後））に対応するのと同時に,「行きて帰りし」要素にも対応する.

(20) a. ハチのエピソード：不安定な欠損状態
    b. ネズミのエピソード：主人公の試練
    c. イモリのエピソード：安定状態の回復

ハチのエピソードでは主人公が山手線の事故以来,死の静かさに親しみを抱いていることが語られる.彼は死に対していわば麻酔がかかった状態にある.生の躍動を意識できず,それと表裏一体にある死に対しても畏怖の念を失ってしまった.その意味において,主人公は危うい不安定な状態にある.以前から続くこの状態を克服するために,彼は城崎に来た.これが物語の始発点である.

生きて動き回るハチを飽きずに眺めていた主人公（語り手）は,ある朝,ハチが「玄関の屋根で死んでいるのを」認める.つまり,死ぬ前の生きている状態のハチと,「足を腹の下にぴったりとつけ」て死んでいるハチとをそれぞれ別個に経験するわけだ.

彼がとらえたハチの死は,その周りを「忙しく立働いている蜂」と対照させられるものの,そのハチ自身の生からは完全に切り離されている.死は,おそらく生と連続するがゆえに恐ろしい.しかし,生と切り離された死は,単に静かな状態でしかない.そこには生から死への連続が,生と死との対立が,欠如している.彼に変化はまだ訪れない.死の静かさに親しみを覚えるばかりである.

ネズミのエピソードは,そのような主人公の上辺の安穏さを脅かす試練を与える.「鼠が殺されまいと,死ぬに極まった運命を担いながら,全力を尽して逃げ廻っている様子」は,主人公にとって直視できない痛切なもので

あった(「自分は鼠の最期を見る気がしなかった」).死の静かさに親しみを感じていた主人公の仮初めの安定はここにいたって打ち砕かれる.

しかし,「鼠の最期を見る気がしなかった」主人公は,死の直前で直視することをやめてしまう.このエピソードではネズミの死の瞬間は描かれない.彼は死の現場を離れ,少し距離を置きながらネズミの「直後」に対し思いをはせるのみだ.つまり,これまでの見せかけの安穏さは打破されるにいたったものの,生から死へといたるその瞬間の経験を拒否したため,死に対する新たな意識を持てずにいるのである.

最後のイモリのエピソードで主人公は自らイモリの死を引き起こす.そして,死のとらえ方に対してすでに心を揺さぶられていた主人公は,「生きている事と死んでしまっている事」に対し意識を新たにする.

(21) 死んだ蜂はどうなったか。その後の雨でもう土の下に入ってしまったろう。あの鼠はどうしたろう。海へ流されて、今頃はその水ぶくれのした体を塵芥(ごみ)と一緒に海岸へでも打ちあげられている事だろう。そして死ななかった自分は今こうして歩いている。そう思った。自分はそれに対し、感謝しなければ済まぬような気もした。しかし実際の喜びの感じは湧き上っては来なかった。生きている事と死んでしまっている事と、それは両極ではなかった。それほどに差はないような気がした。

主人公がとらえた生と死の対立について寡黙な作者は多くを語らない.「それほどに差はないような気がした」とあるので,ことによるとハチの死骸を眺めていたときと,死に対する意識はさほど変わらないとする向きもあるかもしれない.しかし,「そして死ななかった自分は今こうして歩いている」というふうに,主人公は自分が生の側にあることを実感している.死に対して親しみを覚えていた当初に比べると,それは明らかに自然な状態と言える.欠如していた安定状態が,死に対する畏怖と死に対峙する生の意識が,ここに取り戻されたのだ.「行きて帰りし」物語の構造は欠落と欠損状態からの回復に読者の目を向けるので,失われたものが何か了解されると,回復されたものが何なのか筆を割く必要がないのである.

第7章 「城の崎にて」を読む

「城の崎にて」は静かな心境小説である。一見したところ，「行って帰ってくる」英雄の冒険譚がその背景にあるというのは，意外な取り合わせのように思えるかもしれない．しかし，「行きて帰りし」物語を下敷きにすることで，「城の崎にて」の主題は引立つ．繰り返される小動物の死に関するエピソードは，死の前後から死の直前へ，そして死の瞬間へと進んでいくプロセスは，「行きて帰りし」物語の構造を重ね合わせることによって，ちょうどイザナギが亡き妻イザナミに会いに黄泉の国に旅立ち，そして逃げ帰ってくる神話のように，死の深奥部に触れて生の世界へと帰ってくる冥界巡りの冒険（「生きて帰りし」物語）としてとらえられるのである．

各エピソードが表す「行きて帰りし」要素と生と死の局面の対応関係をまとめると，以下の表のようになる．

表1　行って帰ってくる物語と生と死の局面

エピソード	ハチ	ネズミ	イモリ
主人公の経験	ハチの生きた姿と死骸を静かに眺める	逃げ惑う姿を最期まで見届けることができず，目を背ける	死の瞬間を目の当りにし，生と死の対立を直視する
行きて帰りし要素	不安定な欠損状態	主人公の試練	安定状態の回復
生と死の局面	死の前後	死の直前	死の瞬間＋死の直前直後
対象との距離	遠	中	近

表に示したように，主人公の3つの小動物にかかわる経験は，それぞれが「行きて帰りし」物語の要素（「不安定な欠損状態」／「主人公の試練」／「安定状態の回復」）を担うと同時に，死の周辺から核心へと向かうプロセス（「死の前後」／「死の直前」／「死の瞬間」）にも対応している．分析の過程で作品から別々に取り出されたはずのこのふたつの構造は，緊密に連動している．しかも，叙述の際の語り手の位置取りも，死の核心へと向かうにつれて，対象との距離を次第に縮めていく．このように，「城の崎にて」は，叙述の内容と叙述の形式が密接に結びついて，非常に収斂性の高いテクストを

形作っているのである．

8. おわりに

　本章は，(2) にとりあげた「城の崎にて」の形式的特徴のうち，本体が冒頭部と終幕に挟み込まれていることと，小動物の生死に関する記述が 3 度繰り返されることから論を起こし，「事実ありのままの小説」の背後に潜む作者の意図と技巧を解き明かすことを目標とした．作品の解釈にかかわるなかで，既成の言語学の領域から議論が踏み出たところがあったかもしれない．しかしそれも，本書の目指す日本語研究の可能性を追求するための試みであったと理解いただきたい．

参考文献

キャンベル，ジョーゼフ，ビル・モイヤーズ (2010 (1988))『神話の力』飛田茂雄（訳），早川書房，東京．
三谷憲正 (2003)「「城の崎にて」試論:〈事実〉と〈表現〉の果てに」『日本ペンクラブ電子文藝館』(http://bungeikan.org/domestic/detail/721/) (初出は『稿本近代文学』第 15 集，1990)
大沼雅彦 (1971)「Benjamin とことば」『批評-文学と言語: 成田成寿教授還暦記念論文集』，356-368，研究社出版，東京．
瀬田貞二 (1980)『幼い子の文学』中央公論社，東京．
山口治彦 (1998)『語りのレトリック』海鳴社，東京．

第 8 章

日本語の韻文文学の表現と文法

森山　卓郎
早稲田大学

1. はじめに

　ここで取り上げたいのは，俳句や短歌，近代詩など，韻文というジャンルでのいわゆる文学的な表現における文法の問題である．文学的表現には，日常言語にはない特異な表現が見られる．仮にそれを文学的表現と呼ぶとすると，[1] 文学的表現としてのおもしろさが文法という観点からいかに特徴づけられるかということは，1つの研究課題となる．

　言うまでもなく，日本語はいわゆる開音節言語であり，短歌や俳句など，音節数を整えた定型詩形は発達しているものの，脚韻を踏むなど，音節の複雑さを利用した詩的言語を作ることは極めて難しい．また，短歌や俳句といった短詩系の文学では，複雑な対句構造などはとることができないという制約もある．

　では，日本語の文学的表現にはどのような可能性があるのだろうか．そこで注目されるのが，日本語の文法的特質である．文法の上で非日常的な表現が，何らかの文学上の表現効果を持つことも考えられる．

　日本語では，いわゆる膠着語として，語順ではなく形態によって名詞の文

---

[1]「詩的言語」といった用語はロシア形式主義から位置づけられる．「超意味語」と訳される「ザウーミ」（完全な意味を持たぬ，自由な，しかし時として喚情的な音声の組み合わせ）など，初期の展開では音声的側面を中心とした展開であることには注意したい．

法的位置づけを示すことができる．また，トピック・コメント型の構造をとることで，主述の論理関係についての厳密な一致関係はなくてもよく，その意味での表現の自由度も高い．[2] さらに，動詞述語に様々な形態の付加ができ，単一の述語についての情報量を大きくすることもできる．こうした特質は，あらゆるジャンルの日本語の韻文文学の表現の手段として利用できるものといえる．

近代における代表的な詩人の一人であり，また，理論家でもあった萩原朔太郎は，日本語の詩的表現をめぐって次のように述べている．

> 西洋の詩は，（韻律的エフェクトがあり―引用者注）本来その饒舌の中に魅力を持つので，言はばおしゃべりが長所である．然るにそのおしゃべりを以て欠陥とし，彼の詩の短所と考へる日本人は，初めから批判の立脚地を取蹉してゐる．日本の詩人は，国語の宿命づけられた因果からして，本来おしゃべりが出来ないのである．
> （中略）即ち我々の詩人たちは，饒舌の代りに沈黙を発見し，国語の特有な「てにをは」や，語義の漠然とした象徴性や，自由で大胆な省略や，暗示と連想に富む特質から，世界に類なき特殊なポエヂイを創造した．[3] 　　　　　（「饒舌の詩と沈黙の詩」『純正詩論』1935）

この「沈黙を発見」，「自由で大胆な省略や暗示と連想に富む特質」といったことは，まさに日本語の文法的な特質と関連しているように思われる．

以下，本章では，記述的文法研究の立場から，日本語の韻文文学の文学的表現について，「修辞的逸脱」「解釈の非限定性」「認知過程の現場性」という3つの観点から整理してみたい．

文学的表現には非常に多様なものがあるが，ここでは俳句を中心に取り上げる．最も短い詩形である点で，文学的表現としての性質が最も観察しやすいからである．また，特に自由律俳句には，構造的複雑さも，文語という非日常的なスタイルも，定型によるリズムも期待できない．その意味で，自由

---

[2] Li and Thompson (1976).

[3] 『萩原朔太郎全集 9』(pp. 40-41)．羽生 (1989) は朔太郎を口語自由詩の完成者とする．

律俳句において，詩的言語としての形式をいかにして作り上げるかということは，日本語の詩的言語の特性を考える上で非常に大きな参考となる．もちろん，適宜短歌や口語自由詩にも言及したいと思う．

なお，文学作品を言語的に分析する場合，解釈の自由性や嗜好の個人差という問題がある．そこで，ここでは，ある程度社会的に広く認知されている，いわゆる「名作」を対象とすることとする．また，純粋にテクストそのものを問題とし，作家論や作品の影響関係，また，その作品の社会文化的背景等は一切考察に入れないことを断っておきたい．

2. 共起関係としての修辞的逸脱

2.1. 修辞的逸脱とスクリプト

文学的表現として典型的な異化作用が認められるものとして，修辞的効果をもった逸脱表現，すなわち本来の語法から外れた表現の仕方がある．これを広く修辞的逸脱と呼ぶこととしたい．

修辞的逸脱として，隠喩的な修飾は，特によく観察される．例えば，

　　　　朝の蚊のまことしやかに大空へ　　　　阿部みどり女

においては2つの修辞的逸脱がある．1つは，「朝の蚊」についての「まことしやかに」という擬人法である．もう1つは「まことしやかに」という「うそをつく」動きを修飾する副詞的成分が，「大空へ」という移動先成分によって想定される「移動」を修飾しているという一種の不一致である．

いずれも日常言語の用法とは違うが，それぞれの表現は，蚊の羽音を，擬人的に「だますような話し方」と見立てるとともに，「蚊が微かな音を立てて空へ飛んでいく」という事態に応じている．そこには，全体として，こっそり血を吸った蚊が空へと飛んでいくという1つの事態のスクリプト[4]が存在している．

---

[4] 我々の経験から蓄積された，さまざまな事態についての，「こんなふうな場合にこんなふうな出来事が起こる」といった，枠組みないし台本のような知識，としておく．

修辞的逸脱による修飾関係は隠喩的な関係だけに限らない．例えば，

　　　あをあをと山あをあをと墓洗ふ　　　黒田杏子

では，「山青々と」「墓洗う」とはスクリプトの共通性は一見考えにくい．また，明確な隠喩構造があるわけでもない．しかし，墓を洗う行為を青々とした山の中で行っていると考えれば，「山が青々としていて，その中で」といった要素が省略され，簡潔に表現されていると見ることができる．通常の連用修飾関係ではなく，いわばはしょった形での修飾である．しかし，特に，石の墓をぬらす水に青々とした山々の情景が反射して見えることなどを考えれば，ここに一貫したスクリプトの中での位置づけができる．

　なお，「あをあをと山あをあをと」を句点で独立させる読みも一応できる．その場合は述語部分を略したひとまとまりと「墓洗う」という独立した文の隣接という解釈になる（この場合，1つの句の表現としては少しぶつ切れの感はある）．

　いずれにしても，「(山ガ)青々としている」中で「墓を洗う」という関係であって，この句はあえて「山あをあをと」を連用修飾の形で直接隣接させることで，表現としての意外感を出している．「あをあをと」が繰り返されることで活性化される読みの予想は「青葉」に関するものであるが，それが，「墓」という全く違った語の出現によって覆される．そうした言語の線条性を利用した意外感もある．

　意味的に見れば，それが墓の「死」というイメージと青々とした山という「生」のイメージとの取り合わせのおもしろさを印象づけ，「墓を洗う」という行為に意味を持たせている．墓を洗うという行為は，墓を洗う人と墓の中に入った死者の存在（とそれへの想い）を前提としている．そういう人の「生と死」と，自然の変わらぬ「あをあを」とした美しく力強い「生」とが季節感を背景に対照されていると言ってもよい．

　さらに，時間的隣接関係による一種のメトニミー的表現についても見ておこう．

　　　をりとりてはらりとおもきすすきかな　　　飯田蛇笏

における「はらりと」は，布のような薄くて軽いものの動きを修飾する副詞である．これが「おもき」のような形容詞を修飾することは文法的に逸脱した関係と言える．しかし，「はらりと」という「折り取る」動きのもつ軽さが，ススキが手の中に入ると今度は「重い」という属性で詠まれる．この一種の意外性の中に「すすき」が本来持っていたその存在感が実感されている．ここでは，ススキを「はらりと（折る）」ことと，続いて手の中でその重さを実感することということが全体としてつながり，時間的なずれを越えて，いわばメトニミー的な関連づけとしての副詞的修飾がなされている．ここでも，ススキを折り取るというスクリプトの一貫性ができていることにも注意したい．

文学的表現とは，日常言語とは違った特殊性のある「詩的言語」である．その故に，一般的な語法からの逸脱による異化が認められる．しかし，一般的な語法からの逸脱といっても，まったく逸脱・破綻した表現では意味をなさない．例えば，「はらりと墓が痛い」のような表現を考えた場合，スクリプトとしての一貫性の想定は困難であり，その逸脱に一般的に理解されうるような修辞的効果を見いだすことは難しくなる．このように，修辞的逸脱表現は，単に本来の共起関係から外れているというだけではなく，背後にその関係の解釈を保証する一定の共有可能なスクリプトが必要である．

2.2. 連体修飾構造における修辞的逸脱

修辞的逸脱は，連体修飾構造における被修飾名詞の選び方，すなわち連体節と被修飾名詞の接近性（いわゆる，noun accessibility）とも関連している．例えば

　　　　待ち人の足音遠き落葉哉　　　　与謝蕪村

では，「落葉」が連体修飾を受けているが，これを修飾するのは「待ち人の足音が遠い」という節である．日常言語では，

　　　　*待ち人の足音が遠い落葉

という表現は不自然である．しかし，待たれていた人が落葉を踏んでやって

くる足音が遠くから聞こえる,といったスクリプトを想定すれば,この表現はそれなりに理解できる.日常言語からは逸脱しているが,状況が短くコンパクトに表されていると見ることもできる.

　文の中のどの要素を連体修飾の構造に入れられるかという観点で言えば,日本語はその範囲が広く,「魚を焼く臭い」が言えるなど,ソトの関係すなわち格成分以外のものもとることができる（寺村 (1992)[5]）.ここでの「落葉」はソトの関係を構築できるような語彙的な意味として状況を表す名詞ではないが,あえてこうした連体修飾構造に入れることによって,そうした関係を作る名詞として「落葉」を解釈し直すことができ,その結果,日常言語から離れるものの,それなりの理解可能な表現となり得ている.

　同じく,

　　　　田一枚植えて立ち去る柳哉　　　松尾芭蕉

も,「立ち去る」が「柳」という名詞を修飾していると見ることができるが,この修飾関係も一般的なものではない.[6]

　　　?彼が立ち去った柳

といった表現は日常言語では使わないのである.そもそも「柳」は樹木というモノを表し,場所を表すものではない.その点でも「柳から立ち去る」というとらえ方は,逸脱しているのであるが,さらにそれを連体修飾する構造となっているのがこの句である.

　しかし,ここでも,1つの句としての関連を考えれば,田の横にある「柳」が田植えの情景として想定され,「柳」を場所であるかのように扱うことは想定できる.日常言語から逸脱した修飾関係ではあるが,それなりに一貫したスクリプトによって位置づけられるものと言える.

　俳句では,[修飾部分＋名詞＋哉]のような喚体的表現が使用されること

---

　[5] 初出は寺村秀夫 (1978)「連体修飾のシンタクスと意味」.
　[6]「立ち去る」を終止形と解釈して「柳」を切り離して解釈する余地もないわけではないが,「柳哉」というように「柳」の取り上げ方を問題とする語法であることを考えれば,連体形と解釈することが自然であろう.

が多い．この場合，連体修飾構造が持つ制約を越える表現ができれば，それだけ表現の幅が広がることになる．連体修飾における関係の広さはそういった表現の幅の問題とも関わる．

2.3. 構文関係の変更

こうした修辞的逸脱の中には，動詞の格関係の臨時的変更もある．特に，種田山頭火の作品では，いささかラディカルな構文関係の変更が見られる．例えば，

　　　　水のうまさを蛙鳴く　　　種田山頭火

では，「蛙が鳴く」という自動詞でありながら，「水のうまさを」という対象格を共起させている．[7]「鳴く」という動詞は，音声を発することを表す動詞ではあっても，言語活動の動詞ではない．しかし，主張内容を対象格としてとる「～を述べる」「～を語る」などの動詞の用法に対する類推が働き，いわば構文文法的に，臨時的な「主張の動詞」のような解釈を誘発する．「蛙が～を鳴く」というようになることで，狭い意味での擬人法ではないが，あたかも蛙が「主張」するかのように見立てる点で，擬人法的な隠喩となっているとも言える．

同じような動詞の意味の変更は，例えば，

　　　　うしろすがたのしぐれてゆくか　　　種田山頭火

における「しぐれる」の用法にも見られる．「自嘲」という前書きがあるように，自分のことを「うしろすがた」と述べる点に着目する必要があるが，さらに，「時雨れる」という動詞の主語を「うしろすがた」とするところに日常言語からの逸脱がある．「時雨れる」の一般的な主語は「空」のような名詞である．しかし，「うしろすがたが時雨れる」という関係になることによって，

---

　[7]「水のうまさを」という表現を言いさしとして考え，「蛙鳴く」と共起させないという解釈の余地もないではない．ただし，その場合，「水のうまさを」の後に大きな句切れを想定しなければならなくなる．その点で，ここでは「水のうまさを」を「蛙鳴く」と関連づける解釈を中心に議論を進める．

「時雨れる」の意味が,「時雨の中にある」とでもいった意味になる.さらに,ここでの「しぐれてゆく」は,「しぐれて＋行く」という本動詞の「行く」という意味で解釈できるのはもちろんであるが,そのほかに,「しぐれてゆく」という補助動詞としての「ゆく」という意味でも解釈できる.その場合には「しぐれる」がさらに「ていく」に対応して漸次的な変化を表すものとしても解釈される余地がある.

　動詞の用法だけでなく,文法的に構成される「文型」も関わりがある.次は,いわば文法的擬人法である.

　　　　こほろぎに鳴かれてばかり　　　　種田山頭火

では,迷惑受け身の構造が使われているが,このタイプの迷惑受け身ではニ格名詞は基本的に「人」ないしそれに準ずる扱いのできるものでなければならない.[8] 日常言語では,

　　　??私はこおろぎに鳴かれた.

のような表現は,あまり一般的ではない.狭い意味での擬人法とは,「机が笑う」のような語彙的意味の転換であるが,本来人でないものが,［＋人］という素性のある構文をとるという,構文法的擬人法というべき語法も一種の擬人法であり,人への隠喩的関係を構成すると言える.それによって,「こおろぎ」に何か意志があるような解釈ができ,あちこちで,あるいは長く続けて,こおろぎが鳴いている,という状況に対して,あたかも人に対して迷惑に思うような表現ができている.付言ながら,この場合,「ばかり」という取り立てが使われているが,これは「何度もそうだ」「いつもそうだ」というように個々の経験から全体を述べるようなとらえ方を表す.

　さらに,構造そのものの逸脱についても見ておきたい.例えば,「身辺整理」という前書のつけられた,

　　　　焼いてしまへばこれだけの灰を風吹く　　　　種田山頭火

---

[8]「雨に降られる」は例外.森山 (1988) 参照.

という俳句では,「焼いてしまえばこれだけの灰になった」という発見的な事態と「その灰を風が吹く（そして飛ばす）」といった事態とが重ねられている.「灰を風が吹く」という事態が成立するには「灰」の存在が前提となっているが,「焼いてしまえばこれだけの灰」というのは,「灰」の成立そのものを表し,存在前提の段階で逸脱が生じているのである.「焼いてしまえばこれだけの灰」といった表現に続くものとして考えられるのは,例えば,

　　焼いてしまえばこれだけの灰にしかならなかった.

といったものであろう.[9] 同じく,

　　　いつまで旅することの爪をきる　　　種田山頭火

でも同様である.「いつまで旅をすることか」という問いと「旅をする中での爪をきる」という事態とが重ね合わせられている.「いつまで旅する」という疑問文の内容が「こと」として設定しなおされ,「の」を介して名詞「爪」を修飾するというのは,本来の表現からは逸脱している.

　もっとも,そうした逸脱性はあるものの,自問自答をしながら「爪を切る」という事態にはスクリプトとしての一貫性が想定できる.また,こうした表現を構造的に支えるものとして,「の」による連体修飾の自由度の高さということも指摘できる.[10]

　以上,特に種田山頭火の作品に焦点を当てて,ラディカルな構文関係の逸脱表現についても見てきた.確かに本来の構文関係が変更されているのであるが,そこにはスクリプトとしての一貫性があり,また,言語的にもそうした逸脱を成立させるだけの機縁がある.

---

[9]「これだけの量の灰」のような「量」を補う言い換えもできる.
[10]「いつまで旅することの …」という被修飾部分不在のはしょった表現に「爪を切る」が単に続いているという解釈もできないわけではないが,「旅することの爪」というまとまりから,歩くことへの連想が足の爪を想像させるなど,「爪」を修飾するという読みの方をここでは優先的に捉えるべきであろう.

2.4. 修辞的「逸脱」における連続性

　ここまで，修辞的意図によって日常言語から「逸脱」した表現について見てきたが，「逸脱」といってもそこには連続性がある．例えば，

　　其子等に捕えられむと母が魂蛍となりて夜を来たるらし　　窪田空穂

という歌では，「母の魂が蛍となって子どもたちのところへ捕らえられようと来る」という見立てのみならず，それが「夜を来たる」という現れ方として表現されていることも重要である．

　一般に，「来る」という移動は経路を前提とするが，「夜」は「時間」であり，「場所」としての経路ではない．その点でこの表現は多少逸脱的である．しかし，「夜を来る」というこの表現によって，その「遠さ」と，ある意味での異空間性がイメージされ，子を残して亡くなった「母の魂」が蛍となってはるばるやってくるという，やるせない思いが感じられるようになっている．もっとも，「夜」を空間として捉え，夜の世界の遙か遠くから，ということを簡潔に表現していると考えれば，この「逸脱」は先に見た種田山頭火の動詞句の格構造の変化ほどの逸脱ではない．「夜」という「時間」の名詞を「場」の名詞としてカテゴリー的に拡張したに過ぎない．このように，日常言語からの逸脱という場合にも，程度差がある．

　逸脱といえるかどうかということ自体が解釈と関わる場合もある．

　　　桐一葉日当たりながら落ちにけり　　　高浜虚子

では，「日当たりながら」は通常の文法ではない．「ながら」は同一主語を要求する構造であり，「桐一葉」は「落ち」る主語であると同時に「（日に）当たる」の主語である必要があるからである．その点で，「日当たる」という表現は「日に当たる」のようになっている必要がある．しかし，通常，「に」は省略されない．そう解釈すれば，この句は「に」の不在という逸脱をもつと考えることができる．一方で「日当たりながら」は「日が当たりながら」のように解釈させることを予想させもする．「日当たる」のように言えば「が」の省略と考えられるからである．そう考えると，「日当たりながら」の逸脱は，「桐一葉」を主語とする主節において，「日が当たりながら」という

別主語を持つ節を置くというものとなる．その点で，「日に当たりながら」の「に」の省略という逸脱なのか，「ながら」の逸脱なのかという二通りの解釈上の可能性があるのである．さらに言えば，この二通りの解釈の間を揺れること自体が1つの表現上の効果となっているともいえるかもしれない．逸脱の認定は必ずしも固定的なものではない．

　逸脱的表現が単独の場合と複数出現する場合とについても見ておきたい．例えば，「命が死ぬ」という関係もあまり一般的ではないが，

　　月光にいのち死にゆく人と寝る　　　　橋本多佳子

という俳句では，「人の命が死ぬ」というように，「死ぬ」ことをメトニミー的（全体－部分関係的）にとらえる．これも逸脱というほどではないが，日常言語とは違った表現となっている．「月光に寝る」という表現も，日常言語では「月光の中で（に）寝る」といったものであるが，簡潔に，そして，月光という「光」を，あたかも1つの状況であるかのように表現することとなっている．[11] この句の場合，そうしたいわば修辞的な逸脱というべき表現が単独ではなく，複数現れている．しかも，この両者は関連づけられていて，「月光に寝る」といういわば特殊な空間は，同時にそれが「いのち死にゆく人と寝る」という切ない場でもある．

　以上，日常言語から逸脱しているが，そのことによって，むしろ日常言語から異化された表現が成立することを見てきた．ただし，その根底には，一貫したスクリプトとしての関係づけや，構造が持つ意味などを利用しながらいわば意味関係を追跡可能な範囲でずらすといった関係づけが指摘できる．そこには隠喩や表現の簡潔化など様々な動機があり，単なる共起関係だけではなく構文の利用といった手段の多様性もある．逸脱における程度性などの多様性もある．このように，文学表現上の脱日常化という表現効果に関連して，多様な修辞的逸脱ということが位置づけられるのである．

---

[11] この句の場合，「［月光にいのち死にゆく］人」という解釈もできる（山口治彦氏の指摘による）．「月光に死にゆく」となるとすると死にゆく場面が限定されてしまうきらいがあるが，月光が古来から持つ不吉なイメージを読むことはできる．

3. 解釈の非限定性

3.1. 後続述語の存在暗示

　日常言語と違った表現として，次に，解釈の非限定性という点について考えてみたい．これには，「後続部が存在するがその存在が暗示されるだけで表示されない」という表現の存在の暗示という修辞もある．これは日本語の名詞が屈折的な格形を持たず，述語との関係づけに一定の自由度があるということ，その一方で，次に何かが続くことを示す修飾形態があることと深くつながっている．

　まず，「の」による後続部分の存在の暗示から見ていきたい．例えば，

　　　まこと山国の，山ばかりなる月の　　　種田山頭火
　　　つゆけくも露草の花の　　　　　　　　種田山頭火

といった句では，「山ばかりなる月の」が述語部分ないし被修飾名詞部分を表示していない．実質的にはその前にある「まこと山国の」「つゆけくも」などの表現によって，属性についてのある程度の情報は与えられているが，後続する述語部分ないし被修飾部分はない．その不在感がさまざまな描写の可能性の余地を残している．こうしたことは前述の修辞的逸脱ということにも関わっていて，安定性は悪いが，そのために後続部分を想像する余地ができている．さらに，読みようによっては，これは具体的な描写が不能であるほどの情動の存在を暗示することにもなっている．

3.2. 後続部分暗示としての連用形終止

　こうした後続部分の存在の暗示をする語法としてよく見られるのが連用形終止である．例えば，

　　　月光ほろほろ風鈴に戯れ　　　荻原井泉水

では，「月光」が「戯れ」るという擬人化，「ほろほろ」という独創的なオノマトペの面白さのみならず，「戯れ」という連用形終止になることで，次に何らかの事態があることが暗示される．このため，次に「月光」という主語

についての叙述がさらに続く可能性が残され，「月光」に描写の焦点を当て続けることもできる．表現された事態は絵画のアナロジーで言えばそれだけが切り取られるのではなく，いわばぼんやりとした背景を持つことになるという言い方ができるだろう．もし終止形で「戯る」とすれば，独立した一事態として，いわば完結してしまうからである．

　近代口語詩でも，連用形連続を利用した詩を見いだすことができる．萩原朔太郎「地面の底の病気の顔」(『月に吠える』所収)では，すべての文が連用形で終止している．

　　地面の底の病気の顔

　　地面の底に顔があらはれ，
　　さみしい病人の顔があらはれ．

　　地面の底のくらやみに，
　　うらうら草の茎が萌えそめ，
　　鼠の巣が萌えそめ，
　　巣にこんがらかつてゐる，
　　かずしれぬ髪の毛がふるえ出し，
　　冬至のころの，
　　さびしい病気の地面から，
　　ほそい青竹の根が生えそめ，
　　生えそめ，
　　それがじつにあはれふかくみえ，
　　けぶれるごとくに視え，
　　じつに，じつに，あはれふかげに視え．

　　地面の底のくらやみに，
　　さみしい病人の顔があらはれ．

　　　　　　　　　　（萩原朔太郎「地面の底の病気の顔」）

「あらはれ」のような連用形によって，次に述語が続くという形になってい

るのである．この作品の場合，同じフレーズが最初と最後に置かれているが，それが連用形であることによって，叙述の連続性ができ，終わりの部分からさらに最初の部分へとつながるような円環性も生んでいる．[12] なにより，連用形によって生ずる連続性が，冬至のころに，弱いながらも地中深くにかすかに兆した「さみしい病人の顔」（おそらく春のこと）を述べる中で，茎や根が「萌えそめ」ていくという出来事の連続性を表していることにも注意が必要である．後に続きがあるという暗示は，表現内容にも連動していると言える．

3.3. 連用形後置名詞・終止形後置名詞

連用形やテ形の連用表現に名詞が続く語法もある．

　　　　末枯れの陽よりも濃くてマッチの火　　　　大野林火

などでは，「濃くて」により，後に何らかの述語の存在が暗示される．すなわち，連用形によって，

　　　　末枯れの陽よりも濃くて［印象的だ・驚いてしまう ...］マッチの火

のように様々な属性や事態の存在あるいは解釈が読み込まれるのである．こうした構造を広く連用形後置名詞と呼びたい．[13] このパタンは，述語の存在を暗示するために，一種の不連続関係を生じさせるとともに，述語の存在が暗示され，「言及されていないが，そこに続く何か」の存在が解釈上の想像の広がりをもたらす．

　例えば，

---

[12] 羽生（1989）は脚韻的効果を指摘するが，日本語の場合，終止形でも脚韻的効果は出てしまう．連用形の場合，むしろ音にばらつきがある．その点で，脚韻的効果というよりも文法的な述語への連続性の効果がリズム感につながるとみたい．ただし，連用形終止の口語自由詩は手法として多く採用されているわけではない．

[13] 一方，連用形の後に名詞が置かれる場合でも，述語の存在を暗示する「朝顔に釣瓶取られてもらひ水」（加賀千代女）のようなものは，「もらひ水」という動きの名詞が続き，「もらい水をする」といった動き相当のものの後続として解釈できる．

七月の青嶺まぢかく φ 熔鉱炉　　　山口誓子

も，連用形の後に述語動詞なしに名詞が後続する点で，述語の存在が暗示される例である．もしも，

　　　七月の青嶺まぢかし熔鉱炉

であれば，一種の倒置として解釈される可能性がある．また，

　　　七月の青嶺まぢかき熔鉱炉

というように連体形になれば，全体が1つにまとまり，「溶鉱炉」という一体的な名詞のまとまりができる．いずれもそれはそれとして1つの語法となっているが，何らの欠損部分もないことになる．しかし，「まぢかく」になれば，あとに「ある」「建てられている」といった何らかの存在に関する成分が強制的に想定されるにもかかわらず，それが欠損していることになる．そこに1つの句切れも発生している．

　終止形によって句切れが生じ，そのあとに名詞が置かれる場合も同様である．次の俳句でも，名詞の格関係は表示されない．

　　　柿食へば鐘が鳴るなり法隆寺　　　正岡子規

での「法隆寺」という名詞は，「法隆寺柿食へば鐘が鳴るなり」の単なる倒置とは言えない．場所名詞であり，もちろん「鐘が鳴る」という述語と関連付けるならば，「法隆寺で」という解釈が自然であろう．しかし，あくまでもこの句の表現は，「法隆寺で柿を食えば鐘がなる（のだ）」といったものと同じではない．

　終止形の句切れの後に名詞「法隆寺」が置かれている点で，この名詞は述語からの関係づけの付与はない．例えば，「（ここは）法隆寺である」といった一語文的な解釈も不可能ではない．

　このように，すべてを言語化していないかのような後続部分の存在の暗示という手法は，1つのテクストとしてのまとまりの中で，「述べられてはいないが想像できること」の余地を大きくする点で，表現されるものを限定せ

ず，いわばその幅を大きくしている．

3.4. 名詞による終止

　前節の連用形後置名詞，終止形後置名詞に連続するが，明らかに一文として独立した名詞もある．名詞による独立した終止も大きく見れば解釈の非限定性ということと深く関わっている．名詞はそれだけで一体的な概念となっている．そこから，述語にもなることができると同時に主語ともなり得る．主語となり得るということは，そこから何らかの述語としての展開の可能性を持っているということでもある．[14]

　例えば，

　　　　みすぼらしき郷里の新聞ひろげつつ，
　　　　誤植ひろへり．
　　　　今朝のかなしみ．　　　　　　　　　　　石川啄木

では「今朝は悲しい」「今朝（は）悲しむ」のような終止形ではなく，「悲しみ」という連用形名詞起源の抽象名詞が句点の後に「今朝の悲しみ」という形で使われている．もし「今朝は悲しい」のようなテンスを持つ述語になれば，そのときの状態や心的な動きが平板に述べられるに過ぎない．これに対して，「今朝の悲しみ」という名詞の提示はテクストの前半部での「誤植の発見」が「悲しみ」であるという述語的な関係づけになる．名詞述語は何にあたるかという概念の一致性を表す（森山（1993））．そのため，その体験が「今朝の悲しみ」に相当するという関係づけができるのである．さらにその一方で，名詞として，新たな主語としての展開の可能性もある．名詞句「今

---

[14] 例えばラネカー（2011）によれば名詞はモノ thing をプロファイルするものだとする．そのモノ thing とは隣接性や類似性などによって一つにグルーピングすること，そして，それを単一の存在であるとして物体化 reification することという二つの認知現象の産物だという．これに対して動詞は，「出来事を時間の展開に沿って1コマごと順次的に心的走査する」という関係をそのスキーマとして持ち，そうしたプロセスをプロファイルするものという（pp. 48-49）．名詞が持つ焦点化と言えるが，その背景についてはさらなる検討が必要である．

朝の悲しみ」として提示することで主述を備えた「全き文」以前の，いわば判断としては未分化なままの一体的な概念として様々に関係づけられる「可能性」のある表現となっている．

テクスト全体がこうした独立名詞としての名詞句となっているものもある．例えば，

　　　ゆく秋の大和の国の薬師寺の塔の上なるひとひらの雲
　　　　　　　　　　　　　　　　　　　　　　　　佐佐木信綱

などは，「雲」とそれを修飾する連体修飾句である．言語の線条性に着目すれば「秋，大和の国，薬師寺の塔」というように順序だてた描写上の一種のカメラ操作によって，「ひとひらの雲」が導き出されているのだが，最後が名詞になることで，その「雲」自体に焦点が当たっているという点にも注意が必要であろう．文に展開せず，主語になれる資格のある名詞で終結する点で，様々な述語の可能性が残される．そのことによって，解釈上の非限定性ができるのである．

3.5. 後続部分の存在暗示と動詞の不在化

後続部分の存在を暗示するだけで実質的には言及しないという表現の中に，動詞を不在にする表現も位置づけられる．例えば，

　　　菜の花や月は東に日は西に　　　　与謝蕪村

では，「X1がY1に　X2がY2に」という格構造をとることで，動詞が示されないにもかかわらず，「XがYにある」といった格構造が想定される．この場合は動詞として「ある」のほか「浮かんでいる」なども想定できる．仮にこれを

　　　菜の花や月は東へ日は西へ

のように「へ」とするとこんどは移動動詞としての構造が想定される．このように，述語動詞の意味がある程度限定されるものの，最終的には指定されないことにより，表現はより簡潔になる．

格助詞は複数の名詞句との関係によっても規定される．例えば，

　　　五月雨や大河を前に家二軒　　　与謝蕪村

という句では，二軒の家を，五月雨の季節の「大河」と対照させる．ここでの「X を Y に」という構造は，Y に「前，後」などの視点に関わる相対的な関係を表す名詞を置くことで，その方向性を意識させる構造となり，「を」「に」の語順の入れ替えはできない．この構造は，例えば，「全校生徒を前にして立つ」のように，いわば「立ち向かった態勢」であることを暗示する．ここでも，動詞は具体的に表示されていないが，格関係のみで表示される構文自体が一つの意味を持ち，簡潔に「立ち向かった態勢」での「家二軒」のあり方が示されている．

　付言ながら，格関係の表示はさらに抽象化し，新聞などの見出しの文体では，一種の述語のカテゴリーを表すことにもなる．例えば，

　　　寝台トワイライト引退へ　老朽化で存続断念
　　　　　　　　　　　　　　　　　　（朝日新聞デジタル 5 月 28 日）

のように，格助詞「へ」が動名詞につくことで，「〜へ向かって事態が展開する」というように，未来への事態の進行を表す．また，

　　　起業家育成へ教育・選挙改革を　　　　　（『Wedge』26-5, 2014）

のように格助詞「を」が必要性の主張などを表すようにもなっている．これらでは動詞は存在しないが，格助詞による提示が一つの文法的な表示形式として独立し，テンスやモダリティなどの代役ともなっている．動詞の不在化は簡潔な表現として，一般化し，そこからさらに，残された助詞類が独自の意味と機能を獲得しているのである．

3.6. 句切れによる関係づけの非限定性

　後続部分の存在の暗示に関連するのが関係づけにおける多様性である．これは副助詞的な表現が持つ特性ともつながるのであり，典型的には俳句における切れ字の裏にある様々な論理関係の非限定性ということにもつながる．

例えば，

　　　古池や蛙飛び込む水の音　　　松尾芭蕉

という句でも，その関係性には多様な解釈があり得る．まず，「古池」は語彙的意味としては「場所」として解釈できる．文脈から考えて「飛び込む」のは「古池（の水）」しかないからである．しかし，この名詞について，動詞との格関係は指定されていない．「や」によって断絶が示されているだけで，「飛び込む」との関係は指定されていないのである．実は「古池で」「古池へ」「古池に」というように，「古池」という名詞そのものは様々な格関係を持つ可能性を残しているのである．

　述語に関係づける場合，想定する格助詞によって，当然意味は違ってくる．「古池へ」，「古池に」と解釈する場合，「古池」は「移動先」である．一方，「古池で」と解釈することもできる．動きが発生した場所が表され，「古池で蛙が飛び込むという出来事が起こる」というように，「古池」はより大きな「場」として解釈されることになる．

　さらに，「古池」という名詞の表示だけがなされていて，最初の「古池」という名詞は述語から位置づけられていないという点を重視すれば，「古池」という名詞は，「（ここは）古池である」というように名詞の存在を導入する一語文的な解釈もできる．

　このように，句の中での名詞は述語から格関係を指定されるのかどうかが不分明な場合がある．特に俳句の場合，「や」のような切れ字によって，一つの句というテクストの中に，格関係が指定されないまま名詞が置かれる．「切れ」という様式を持つことで俳句には名詞の位置づけに関する一種の関係づけの非限定性ないし多様性が生ずるとみてよい．

3.7. 取り立てによる他要素の暗示

　取り立てによって他要素が暗示される場合も，表現としてのいわゆる含蓄につながる．例えば，

　　　初しぐれ猿も小蓑をほしげ也　　　松尾芭蕉

山吹も菜の花も咲く小庭哉　　　正岡子規
　　　鉄鉢の中へも霰　　　　　　　　種田山頭火

など,「も」を使用する句は多い.「も」によって,ほかの事態に重ねて表現することになっており,表現として表されるものの集合が閉じないのである.こうした表現も解釈上の非限定性が生ずる例として考えてよい.このほか,例えば,

　　　鮟鱇の骨まで凍ててぶちきらる　　　加藤楸邨

のように「まで」が使われることもある.「骨が凍てる」状況を極端なものとして扱うために,鮟鱇の,骨を含む全体が全く凍てていること,そしてそのゆえに「ぶち切ら」れるといういわば散々な事態が表されている.このように「他にもある同類の暗示」は,尺度上の暗示関係もあり,そこに暗示されるものの可能性を広げることにもつながっている.

　以上,連用形による終止などの後続部の不在,連用形や終止形に対する名詞の後置,名詞による終止,切れ字などの句切れによる関係の多様性,そして取り立てによる他要素の暗示などについて見てきた.これらはいずれも表現としての,「他にあり得る表現内容を想像する余地」でもある.これは,場合によっては「舌足らず」性ということや,曖昧性ということにもつながるが,そのこと自体が1つの修辞として,解釈上の非限定性をつくるということでもある.

4. 認知過程の現場性

4.1. 認知の現場性と凍結的時間

　短詩系の文学では,認知過程を表現すること自体が,文学的な表現効果につながる場合がある.
　まず,時間的なとらえ方から見ていく.一般に,日常言語,特に会話では,動きを表す動詞のスル形が時間軸上に位置づけられる場合,未来のことを表す.習慣や性質を表す用法など,限られた場合にしか現在のことを表さ

第 8 章 日本語の韻文文学の表現と文法

ない．例えば，

  日が暮れる．

は，よく知られているように，まだ「暮れ」ていない状況において使われる．これに対して，

  障子あけて置く海も暮れきる　　　　尾崎放哉

における「海も暮れきる」は，少なくとも具体的な時間に位置づけられた「未来」ではなく，「これから暮れきる」のではない．この形自体は，むしろ単純な終止形であり，具体的な時間上には位置付けられていないと考える方が適切である．もちろん，この句の場合，特に「暮れる」ではなく「暮れきる」になることで，そこに時間的な経過が表されていることにも注意は必要である．

 一般に韻文では，具体的な時間軸に位置づけないという特性が指摘できる．韻文での終止形は，詠まれた場での「単なる言語化」「現状の報告」としての単なる終止形であり，発話時と，間断なく進行していく実時間とには位置づけられないのである．これは，

  ピッチャー投げます．おっと，当たった！ いい当たり！ 伸びる，伸びる … ホームランです．

のような実況中継的なものと似ている側面もあるが，実況中継は現場描写として過去形も生成されるのに対し，文学的な表現ではそうではない．言語化された内容はいわば現実との関係づけを無くした，いわば凍結的な無標のアスペクトでありテンスである．この句でいえば，「暮れきる」と作者が描写したその状況は，そのまま作品としての額縁の中に凍結保存される．

 もちろん，凍結させる段階で，事態の概念をそのまま述べるのではなく，状態の中に位置づけることもできる．例えば，

  障子あけて置く海も暮れきっている

のような形も，形としては十分あり得る．ただし，「暮れきっている」は「暮

れきった後の状態の一部を取り出す取り上げ方」となっている．そうすると，「障子あけて置く」という事態は「海が暮れきった後」に生起することになってしまう．これに対して，「障子あけて置く海も暮れきる」は「障子をあける」時間が先行し，その状態の中で後件の「海が暮れきる」事態が生起するという意味で解釈できる．状態化しないために，事態状況の内部に視点を構築する必要がないからである．そのことによって，言語的には表現されていなくても，「障子をあけて置く」という前件との関係から，海が暮れきっていくまでの時間経過とその眺めが読み込まれることになる．

　こうした時間性の認識は文末形式の問題だけではない．句の内部での時間経過が暗示されるものもある．例えば，

　　　すべってころんで山がひつそり　　　　種田山頭火

では，「すべってころんで」というテ形の接続に別の主語をとる「山がひっそり」という成分が後続することで，継起関係が読みこまれ，二事態間での時間経過が表現されている．この場合，「山がひっそり」自体は状態だが，この事態連続の中に位置づけられることで，「滑って転んだ音がした後，山が再び静かになった．その静寂にあらためて気づく」といったスクリプトとして，事態連続的な解釈を誘発することができている．

　このように作品として生成される事態には認知の現場性があり，「その場」で表現する作者の存在がいわば前提とされている．そこでの時間はいわば凍結されたものとして，現実の発話時間とは関係づけられない．

4.2. モーダルなとらえ方

　現場的な認識はモダリティの形式によっても表される．例えば，

　　　笠も漏りだしたか　　　　　　　　　　　種田山頭火
　　　音は朝から木の実をたべに来た鳥か　　　同
　　　街はおまつりお骨となつて帰られたか　　同

では，「か」があることで，疑問型情報受容文となり，例えば最初の句では「笠も漏りだした」ことを新情報として認識したことを表す．この「か」によ

る新情報の受容は，自分が認識するまでに，どうなるのかについて考えていたことを暗示する．例えば突然ポケットが破れていることに気づいた場合，「あ，ポケットが破れている！」のようにそのまま事態を言語化するのが普通であり「ポケットが破れたか」とは言わない．一方，破れそうになっていることを知っていた場合には「とうとうポケットが破れたか」のように言える．このように，「か」があることで，それまでのとらえ方との関連が示されるのである．ここで示したほかの句でも，「鳥か」「帰られたか」といった述語部分に「か」があることで，それまでの一種の懸念のようなものが対照され，単なる事実の報告だけでなく，それをめぐっての作者のとらえ方の変化も表されているのである．

文末に主張がくる場合もある．例えば，「ぼろぼろな駝鳥」では，

> あの小さな素朴な頭が無辺大の夢で逆まいてゐるぢゃないか．
> これはもう駝鳥ぢゃないぢゃないか．（後略）
>
> （高村光太郎「ぼろぼろな駝鳥」）

のように，「じゃないか」で終わる文が並び，リズムが形成されている．この「Xじゃないか」という表現は，「Xだ＋そうではないか」という発話現場での強い認識を表し，その連続によって，異議申し立ての語調を形成している．

このように，モーダルな形式によって，話し手の認識の仕方自体が表される．これも，その現場での表現の形成とその主張ということを表すものとして位置づけてよいであろう．

4.3. 繰り返しの類像性

韻文において作者が構築する世界に認知の現場性があると考えると，表現における繰り返しなど類像性（iconicity）も関連して捉えることができる．[15] 実は，わずか17音しかない短詩文学であるにもかかわらず，俳句では，同

---

[15] こうしたことは近代の韻文の出発点に，正岡子規の写生論など，「写生」に着目されているという文学史的背景も無関係ではない．

じ語のくりかえしがしばしば見られる．例えば，

  蛙の目超えて漣又さざなみ　　　川端茅舎

では，蛙の目を越えて来るかすかなさざ波について繰り返しがある．「漣」「さざなみ」と表記が変えられているが，いずれも動きを表す名詞が「又」で連結され，繰り返されることで，さざなみが次々とやってくる様子を実況中継しているかのような効果が生じている．

  すつくと狐すつくと狐日に並ぶ　　　中村草田男
  西国の畦曼珠沙華曼珠沙華　　　森澄雄

なども，一定のカメラアングルでの時間経過の中で，「狐」の繰り返しての出現や「曼珠沙華」の存在の多数性（とその発見）が，言語表現としてそのまま繰り返されている．現実世界のあり方が，言語表現にも反映しているのである．このような表現は，繰り返し表現による類像性として位置づけられる．

 狭い意味での繰り返しではないが，

  ここからは海となりゆく石狩の河口に立てば，立てば天啓
             俵万智

ではいったん言葉を失い，言い継ぐようにして「立てば」が繰り返されている．これも，表現の現場のある意味での再現であり，そして，それによる，一種の不整性がむしろ情動の強さを暗示する１つの表現効果となっている．こうしたことも表現行為そのものの現場性ということから位置づけられる．

 以上，認知過程の現場性を表示するという表現方法によって，いわば作品世界の認知が追体験されることを見てきた．こうした表現も文学的表現の１つのタイプとして位置づけられる．

5. おわりに

 以上，文学的表現とはどういったことかということをめぐって，文法に焦

点をあてつつ考えてきた．特に言及したのは，修辞的逸脱，解釈の非限定性，認知過程の現場性という3つの観点である．これらはいずれも，文学的な表現における脱日常言語化として位置づけられる．

　日本文学では，その解釈のプロセスを豊かにするために，日本語の特性に深く関わった表現が構想されている．ここで冒頭の萩原朔太郎の指摘をもう一度考えてみたい．

> 　我々の詩人たちは，饒舌の代りに沈黙を発見し，国語の特有な「てにをは」や，語義の漠然とした象徴性や，自由で大胆な省略や，暗示と連想に富む特質やから，世界に類なき特殊なポエヂイを創造した．　　（前出）

ここで指摘されていることを，言語研究の面から，いかに言語現象に関連づけて具体的に分析していくのかに我々の課題があり，研究展開の可能性がある．今回，本章で指摘してきたことは，こうしたことへのささやかな提案である．

　修辞的逸脱は，一般的な共起関係を逸脱しつつもスクリプトの一貫性を保つことで，斬新な表現や見方の提案となっており，日常言語に対する異化という効果をもたらす．また，解釈の非限定性ということも，後続部分を表示しないことなどを例として，表現された世界の解釈の幅を大きくし，その内容をより広く想像させる非日常的表現になっていると言える．こうしたことは，まさに「沈黙を発見」することでもあり，「国語の特有な『てにをは』や，語義の漠然とした象徴性や，自由で大胆な省略や，暗示と連想に富む特質」を生かすことでもある．修辞的逸脱と解釈の自由性という2点は，言語的特性を生かして，表現を読者がいかに解釈するかという推論過程をより豊かにするものとしてまとめることができるからである．

　これに対して，認知過程の現場性は，「認知と表現」との近接性とその追体験として位置づけられる．作品が取り上げる世界を，読み手はその認知に連動した表現によってリアルに追体験できる．これは，解釈における推論過程そのものではないが，表現の「現場の再現」として，作品世界をよりリアルなものにするという点での関連づけが可能である．

　なお，ここで，非日常的表現と日常言語との関係についても少し断ってお

きたい．一般に，日常言語でも，表現された形式とその解釈との間には推論が必要である．しかしながら，その推論は，最適の関連性を持つものとして，ある程度自動化されている．日常言語に意味的な未決定性はあるにしても，[16] 未決定性をあえて意図的に利用することで楽しむといったことは，能率的な伝達にはならない．

しかし，文学的な表現は，あえてその間の「解釈の橋渡し」を楽しむものと言える．あまりに単純な橋渡しであればそこにおもしろさはなく，また，あまりに遠い関係であって橋渡しができなければ，その表現は文学的表現として受容されない．読者は，表現されたものをひもとくこと自体を楽しむ．そこに，言葉の特性が深く反映している．表現における非日常性が，そこにそう表現されることの必然として，言語的にかたちづくられているのであって，その「言語」としての読み解きが文学作品の解釈と鑑賞ということになる．

今後の課題も多い．日本の韻文文学作品といっても，その内容は多様である．短歌と俳句とでは詠み方の違いも大きい．もちろん時代差や作者による表現の違いも無視できない．そうした中で，作品論や作家論は究極の各論であるのに対して，言語研究がめざすのはある程度の一般化である．そうした方向性の違いをどう考えていくのかという問題もある．ここではなるべく俯瞰的な視座を得ることに重点を置いたが，もっと作品論や作家論によりそった詳細な議論も必要である．また，文学作品といっても韻文系のものだけではない．物語など，多様な作品について検討していくことも必要であろう．これまで文体論と言われてきたものは，さらに記述的文法論，認知言語学，語用論など，多様な角度から発展させていく余地がある．

---

[16] 日常言語であっても，コードモデルではなく，関連性理論などの推論モデル的な考え方がもちろん必要である．しかし，文学的な表現においては，スペルベル＆ウィルソン(1999)のいう関連性の伝達原理すなわち，「すべての意図明示的伝達行為（発話）はそれ自体が最適の関連性 optimal relevance をもつことの見込みを伝達する」ということの，その「最適の関連性」自体があえて単純に計算できなくされていると言えるかもしれない．これは詩的言語が，その機能として能率的な伝達を目指していないからである．

参考文献

Goldberg, Adele E. (1995) *Constructions: A Construction Grammar Approach to Argument Structure*, University of Chicago Press, Chicago.
萩原朔太郎（1935）「純正詩論」『萩原朔太郎全集　9巻』筑摩書房，東京．
羽生康二（1989）『口語自由詩の形成』雄山閣，東京．
池上嘉彦（1992）『詩学と文化記号論』講談社学術文庫，東京．
ラネカー，R.（2011）「概念化・記号化・文法」『認知・機能言語学（*The New Psychology of Language*）』（トマセロ（編），大堀寿夫ほか（訳）），研究社，東京．
Li, Charles N. and Sandra Thompson (1976) "Subject and Topic: A New Typology of Language," *Subject and Topic*, ed. by C. Li and S. Thompson, Academic Press, New York.
水野忠夫（編）（1971）『ロシア・フォルマリズム文学論集1』せりか書房，東京．
水野忠夫（編）（1982）『ロシア・フォルマリズム文学論集2』せりか書房，東京．
森山卓郎（1993）「否定の応答付加表現をめぐって」『日本語教育』81，日本語教育学会，東京．
森山卓郎（2000）『ここからはじまる日本語文法』ひつじ書房，東京．
森山卓郎（2002）『表現を味わうための日本語文法』岩波書店，東京．
森山卓郎（2013）「連用形の意味と修辞的効果をめぐって――国語教育とのつながりから――」『京都教育大学国文学会誌』
野内良三（1998）『レトリック事典』国書刊行会，東京．
スペルベル，D. & D. ウィルソン（1999）『関連性理論――伝達と認知』第2版（*Relevance: Communication and Cognition*, 1995）内田聖二他（訳），研究社，東京．
ストックウェル，P.（2006）『認知詩学入門』（*Cognitive Poetics: An Introduction*, 2002）内田成子（訳），鳳書房，東京．
寺村秀夫（1992）『寺村秀夫論文集Ⅰ　日本語文法編』くろしお出版，東京．

第 9 章

日本語研究の海外発信：副詞節の事例研究*

遠藤　喜雄
神田外語大学

0. 序

　本章では，日本語研究の国際化を目指す試みのうちから，日本語学における優れた研究を海外に発信するプロジェクトの一事例を紹介する．主に，最近の理論言語学の分野において飛躍的な発展を遂げている副詞節の研究に焦点を当てる．

　本章は，以下のように構成されている．まず，第 1 節において，南（1974）と野田（1989, 2002, 2013）による副詞節の研究を取り上げる．特に，これらの研究が海外に発信された結果（Endo (2012b)），英語における副詞節の研究成果と統合された事例を紹介する（Endo and Haegeman (2014)）．次に，第 2 節において，寺村（1992）と益岡（1997）により解明された副詞節におけるフォーカスの効果が洗練され，海外に発信された事例を見る（Endo (2012b)）．そして，従来のドイツ語と英語の副詞節に関わる類型論が改訂

---

　* 本章は，2011 年 12 月 17 日（土）に共同施設ユニティーで開催された国立国語研究所の研究プロジェクト「複文構文の意味の研究」のワークショップにおける招待研究発表の一部を加筆修正したものである．益岡隆志氏，加藤重広氏，橋本修氏をはじめとして当日に質問やコメントをして下さった方々に感謝の意を表したい．尚，本章の研究は，日本学術振興会科学研究費助成金（基盤研究（B）(#21320079) 研究代表者，遠藤喜雄）「談話のカートグラフィー研究：主文現象と複文現象の統合を目指して」の補助を得てなされている．

される可能性を論じる．最後に，第3節で海外に日本語学の研究成果を発信する際の私見と今後の展望について，ごく簡単に述べる．

1. 日本語と英語の副詞節

本節では，日本語の副詞節の優れた研究として，南（1974）と野田（1989, 2002）の研究が海外に発信された事例（Endo (2012b)）を紹介する．まず，これらの研究が海外に発信されるのに適した階層性に着目している点を述べ，次に，それらの研究が海外に発信された結果，英語等の副詞節研究と新たな統合がなされた点を，Endo and Haegeman (2014) から紹介する．

1.1. 南 (1974) と野田 (1989, 2002, 2013)

日本語学における副詞節研究の先駆けとなる研究として，南（1974）による文の陳述度の研究を挙げることができる．南は，文の従属度を，文中にどのような要素が生じることが可能かという点から分類した．具体的には，(1) に見る階層的に配列された A 類から D 類の要素のうち，どの要素までを副詞節に含めることができるかによって，南は副詞節を A 類〜C 類の3種類に分類した（D 類の終助詞については，Endo (2012a) を参照）．

(1) A 類：様態，頻度の副詞＋補語＋述語
    B 類：A 類＋制限的修飾句＋<u>主格</u>＋（否定）＋時制
    C 類：A 類＋B 類＋非制限的修飾句＋<u>主題</u>＋<u>モーダル</u>
    D 類：A 類＋B 類＋C 類＋呼び掛け＋終助詞

例えば，B 類に属する条件を表す「なら」副詞節の中には，以下の (2) に見るように，主格の「が」は生じることが可能であるが，話し手の心的な態度を表すモーダル要素「多分」「だろう」やトピックを表す「は」は生じない．これは，「なら」副詞節が B 類に属するため，C 類に属するモーダル要素やトピック要素を含めることができないためである．

(2) a. 山田さん {が／??は} 来たなら，パーティーを始めましょう．

b. ＊彼は多分来るだろうなら，彼女は帰ってしまうでしょう．

　南が注目したA類からD類までの階層性という観点からの副詞節の研究は，野田（1989, 2002, 2013）によって洗練され，大きな発展を遂げた．野田は，次の2つの点で副詞節の研究を大きく推進した．まず，南による副詞節の内部構造をより詳細に洗練し，次に，副詞節の内部構造の豊かさと，その副詞節が結びつく主文の統語的位置との関連性を発見した．以下，この2点について，具体例を交えながら概観する．

　まず，野田は，日本語の文構造が，(3)に見る線形順序を持つ点に着目する．これらの要素は，どれひとつとして，その順序を入れ替えることができない．野田は，この文の要素の線形順序の性質を，文の持つ階層性に還元した．その主な考えは，「階層的に高い要素は，それよりも階層的に低い要素よりも外側に生じ，その順序は入れ替えができない」という趣旨である．例えば，アスペクトの階層に属する要素「てい」は，ボイスの階層に属する要素「られ」よりも高い階層に属する．そのため，「てい」は「られ」よりも外側に生じることにより，「られ-てい」という語順は可能となるが，その逆の「てい-られ」という語順は不可能となる．

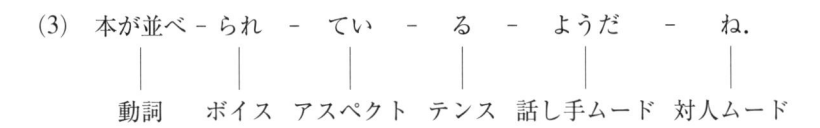

　　(3)　本が並べ - られ - てい - る - ようだ - ね．
　　　　　　　　｜　　　｜　　　　｜　　　｜　　　　｜　　　　　｜
　　　　　　　動詞　ボイス　アスペクト　テンス　話し手ムード　対人ムード

ここで，階層関係を「＜」という記号で表すと，各要素の階層関係は次のようになる．（ここで，A＜Bは，AがBよりも低い階層に属することを表す）

　　(4)　動詞＜ボイス＜アスペクト＜テンス＜話し手ムード＜対人ムード

　以上の点を念頭において，野田は，様々な副詞節が(4)における階層のどの要素までを含むことができるかという視点から副詞節を分類した．例えば，アスペクトを表す「〜ながら」副詞節は，ボイス成分の「られ」を含むことはできるが，アスペクト成分の「てい」は含むことができない．そのた

め，「叱-られ-ながら」は可能な表現となるが，「叱-られ-てい-ながら」は不可能な表現となる．他の副詞節に関しても，同様の視点から，日本語の副詞節が，以下に見るように，詳細に分類されている．（打ち消し線は，その要素が生じないことを示す．）

(5) a. 「ながら」（主文のアスペクトと相関する副詞節）
動詞-ボイス—アスペクト—否定—テンス—話し手ムード—対人ムード—ながら
(例) 叱-られ-ながら

b. 「ずに／ないで」（主文の否定と相関する副詞節）
動詞-ボイス—アスペクト—否定—テンス—話し手ムード—対人ムード—ずに
(例) （そんなところに）立っ-てい-ずに

c. 「時に」（主文のテンスと相関する副詞節）
動詞-ボイス—アスペクト—否定—テンス—話し手ムード—対人ムード—時に
(例) 勉強し-てい-な-かった-時に

d. 「が」（主文の対人ムードと相関する副詞節）
動詞-ボイス—アスペクト—否定—テンス—話し手ムード—対人ムード—ので
(例) 勉強し-てい-な-かった-だろう-が

ここで注意すべき点を見よう．上で見た野田の一般化については，例外があるのではないかという意見が散見される．[1] この種の意見は，理論を推進したり洗練したりする際の手がかりとなる有益な場合もあるのだが，仮に，少数の例外に遭遇したとしても，野田のこの発見や一般化自体は，破棄されるようなものではない一般的な性質を備えている．つまり，少数の例外によっ

---

[1] 例えば，否定のタイプである「いず」副詞節には，ボイス成分の「られ」とアスペクト成分の「てい」が同時に生じることは，「？叱られていずに」の不自然さに見るように，難しいように思われる．

て一般的な理論は，反駁されることはない．一般的な理論は，より優れた別の一般的な理論によって取って代わるという性質のものである．

次に，副詞節に関わる野田の2つ目の発見を見よう．上で見た副詞節は，主文のある特定の要素と結びつく，という性質がある．例えば，次の例を見よう．

(6) テレビを見ながら，ご飯を食べている／*食べ始める．

ここで示されているのは，「ながら」というアスペクトタイプの副詞節が，主文の「ている」という進行（progressive）のアスペクトとは馴染むが，「始める」という起動（inceptive）のアスペクトとは馴染まないという点である．野田は，これを，「ながら」副詞節が，主文のアスペクト階層の成分「ている」と選択的に結びつくことで，特定のアスペクトと「呼応」しているためとした．つまり，「ながら」副詞節は，進行のアスペクトとは呼応するが，起動のアスペクトとは呼応しないのである．

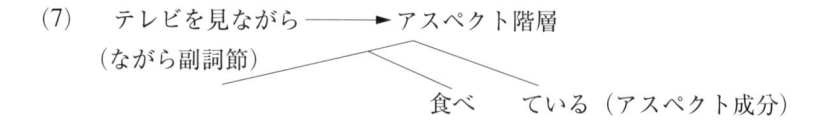

(7) テレビを見ながら ──→ アスペクト階層
   （ながら副詞節）
                 食べ　　ている（アスペクト成分）

以上の性質を念頭において，野田（2013）は，「副詞節が複数同時に生じた場合，主文の高い階層の要素と結びつく副詞節の方が，主文の低い階層の要素と結びつく副詞節よりも外側に生じる」という一般化を提示した．例えば，テンスの副詞節とアスペクトの副詞節が同時に1つの文に生じる(8)の文を見よう．テンスの階層は，アスペクトの階層よりも高いので，それと結びつくテンスの「ころ」副詞節は，アスペクトの「ながら」副詞節よりも外側（＝前）に生じ，その逆の語順は不自然となる．（この複数の副詞節の線形順序は，多少，容認性にばらつきはある．その点の議論については，野田（2013）を参照のこと．）

(8) a. ［大学を卒業して大学院に進学するころ］, ［大学に籍をおきながら］, NPO法人の理事長をしていた．

b. *[大学に籍をおきながら], [大学を卒業して大学院に進学するころ], NPO 法人の理事長をしていた.

　最後に, 野田による副詞節についての 2 つ目の発見を見よう. 野田 (1989, 2002) は, 副詞節の内部構造と主文の呼応する要素との間に規則性を発見した. その規則性とは, 「副詞節が, 主文と呼応する成分よりもひとつ下の階層の要素のみを, その内部に含むことが可能」という趣旨の発見である. 例えば, 上で見たアスペクトのタイプに属する「ながら」副詞節は, 「動詞-ボイス―アスペクト―否定―テンス―話し手ムード―対人ムード」という階層のうち下線を施した主文のアスペクト成分と呼応する. そして, この呼応する成分のひとつ下のボイスの成分（＝動詞-ボイス）のみをその副詞節の内部に含むことが可能となる. その結果, それよりも上の階層の否定やテンスの成分は, 「ながら」副詞節に生じない（＝「動詞-ボイス―アスペクト―否定―テンス―話し手ムード―対人ムード」）. この一般化は, 以下のように表すことができる.

(9) a. 「ながら」などのアスペクトタイプの副詞節）
　　　　動詞-ボイス―アスペクト―否定―テンス―話し手ムード―対人ムード―ながら
　　b. 「ずに／ないで」などの否定タイプの副詞節）
　　　　動詞-ボイス―アスペクト―否定―テンス―話し手ムード―対人ムード―ずに
　　c. 「時に」などのテンスタイプの副詞節）
　　　　動詞-ボイス―アスペクト―否定―テンス―話し手ムード―対人ムード―時に
　　d. 「が」などの話し手ムードタイプの副詞節）
　　　　動詞-ボイス―アスペクト―否定―テンス―話し手ムード―対人ムード―が

　以上, 南の階層に基づく副詞節の分類を概観した後に, それを大きく発展させた野田による副詞節の分析と新たな発見を見た. 日本語学の分野にのみ

目を向けている研究者には，この発見は，それほど驚くべきことには思えないかもしれない．しかし，海外の理論研究者には，この発見は，大きなインパクトを与える．後に見るように，海外での副詞節の理論研究は，南や野田の分析ほど洗練されていない．（もちろん，海外の研究の方が進んでいる点もある．）これは，南や野田の発見を出発点にして，それが他の言語でも当てはまるかを問う力を持っていることを示す．そこで，まず海外での副詞節の最先端の研究のうち，その内部構造と，それが結びつく主文の関係に関わる研究を Endo and Haegeman (2014) から紹介する（この点についての先駆的研究としては，Nakajima (1982) がある）．

1.2. 英語の副詞節研究

本節では，海外の副詞節研究で最も研究がすすんでいるとされる英語の研究を紹介する．そこには，2つの視点がある．1つ目は，副詞節を2分類して，副詞節と主文との関係を探るという点．2つ目は，副詞節の内部構造を移動という手段により原理的に説明するという点である．（英語等の副詞節の詳細については，Haegeman (2006, 2012) を参照のこと．）

英語の副詞節研究においては，(10) に見る2つの用法の特徴が，注目を浴びている．1つ目の用法は，(10a) に見る，副詞節が主文の出来事に制限を与える中核的（core）な用法で，2つ目は，(10b) に見る，副詞節が主文の背景となる周辺的な（peripheral）用法である．中核的な副詞節（以下，副詞節の主要部の下に1という番号で示す）は，主節の表す出来事の内容を制限する働きを持つので，(10c) に見るように，時を制限する表現 ever と共起することが可能である．一方，周辺的な副詞節（以下，副詞節の主要部の下に2という番号で示す）は，主節の表す命題内容やそれを取り巻く談話と結びつくので，(10d) に見るように，主節の時を制限する要素 ever と共起しない．

(10) a. I have been working on this since$_1$ I found these data online.
b. (*Ever) Since$_2$ I found these data online, they must be used sometimes.

c. I have been working on this ever since₁ I found these data online.

d. *Ever since₂ I found these data online, they must be used sometimes.

中核的な副詞節と周辺的な副詞節の違いは，等位接続の文にも見られる．中核的な副詞節と周辺的な副詞節は，(11a) に見るように，1つの文に同時に生じることが可能であるが，これら2つの種類の副詞節が接続詞 and により等位接続されると，(11b) や (11c) に見るように，非文法性が生じる．

(11) a. While₂ this ongoing lawsuit probably won't stop the use of lethal injection, it will certainly delay its use while₁ the Supreme Court decides what to do.

b. *While₂ this ongoing lawsuit probably won't stop the use of lethal injection and while₁ the Supreme Court decides what to do, it will certainly delay its use.

c. *This ongoing lawsuit will certainly delay the use of lethal injection while₁ the Supreme Court decides what to do and while₂ it probably won't stop its use.

(11b) と (11c) に見る非文法性は，Williams (1978) の Law of Coordination of Likes による．この制約は，同じ働きの要素を等位接続することを求める制約である．(11b) や (11c) では，中核的と周辺的な副詞節が同じ働きをしていないので，等位接続することができない．ここでの「同じ働き」とは，中核的な副詞節が主文の動詞句 (vP) と結びつくのに対して，周辺的な副詞節が，それよりも上位に位置する主文の談話やスコープの要素 (CP) と結びつくという統語的な働きを意味する．中核的な副詞節と周辺的な副詞節は，異なる統語的な位置と結びつくため，それらを等位接続すると，副詞節が1つの主文の統語的な位置と結びつくことができず，非文法性が生じる．

さらに，中核的な副詞節と周辺的な副詞節の違いは，削除文にも見られ

る．例えば，(12) に見る動詞句を削除した so will Bill という文において
は，その削除された動詞句の解釈に副詞節が含まれる．これは，それに先行
する中核的な副詞節が動詞句と結びつくためである．一方，(13) に見る動
詞句を削除した Bill didn't や Bill won't be においては，その削除された動
詞句の解釈に副詞節が含まれることはない．これは，周辺的な副詞節が，動
詞句よりも統語的に上位にある談話やスコープの要素の関わる CP と結びつ
くためである．

(12) a. While$_1$ his thesis is being discussed, John will leave the room and so will Bill.
b. While$_1$ his thesis will not be discussed, John will be invited for the interview and so will Bill.

(13) a. While$_2$ his thesis was being discussed, John left the room but Bill didn't.
b. While$_2$ his thesis will not be discussed, John will be invited for the interview but Bill won't be.

以上，英語の中核的な副詞節と周辺的な副詞節が，主文のどの要素と結び
つくかに関して違いがある点を見た．中核的な副詞節は主文の vP と強く結
びつくのに対して，周辺的な副詞節は主文の CP と強く結びつく．

次に，英語の副詞節の内部構造に目を向けよう．中核的な副詞節と周辺的
な副詞節は，その内部構造においても異なる．例えば，中核的な副詞節の内
部では，(14a) に見るように，副詞節中の要素を文頭へ移動する主題化
(topicalization) が不可能であるが，周辺的な副詞節の中では，(14b) に見
るように，主題化が可能である．

(14) a. *We discovered something else while this paper we were writing
b. His face not many admired, while his character still fewer felt they could praise.　　　(Quirk et al. (1985: 1378))

さらに，中核的な副詞節と周辺的な副詞節の内部構造の違いは，副詞の分

布においても見られる．中核的な副詞節は，(15a) に見るように，統語的に高い位置に生じる話し手指向の副詞 (speaker-oriented adverb) である luckily を含むことはできないが，周辺的な副詞節は，(15b) に見るように，話し手指向の副詞 probably を含むことができる．

(15) a. *If they luckily arrived on time, we will be saved

(Ernst (2007: 1027), Nilsen (2004))

b. If Le Pen will probably win, Jospin must be disappointed.

(Nilsen (2004: 811, note 5))

以上，英語の中核的な副詞節と周辺的な副詞節について，その緒特徴を見た．以上の点は，次のようにまとめることができる．

(16) 中核的な副詞節と周辺的な副詞節は，それが主文と結びつく要素が異なる．(中核的な副詞節は主文の vP と結びつき，周辺的な副詞節は主文の CP と結びつく．)

(17) 中核的な副詞節と周辺的な副詞節は，その内部構造が異なる．(周辺的な副詞節は，中核的な副詞節が含めることのできない要素を，その内部に含むことができる．)

1.3. 日本語と英語の副詞節の研究の統合

以上，日本語と英語の副詞節研究の研究を，その内部構造と主文の結びつく要素という点から概観した．これを見ると，南と野田の研究が，海外で注目を浴びる理由が明らかになる．それは，内部構造と主文との相関性について英語で2つのタイプの副詞節しか認識されていなかったのだが，日本語学の副詞節の研究では，それよりも詳細な内部構造と相関性が明らかになったからである．特に，ヨーロッパで注目を浴びているカートグラフィー研究においては，文の階層関係を機能語という軸を用いて解明することに重点が置かれている．野田の分析は，まさに機能語を軸に，階層関係の点から副詞節の内部構造と相関性を詳細に分析した点で，カートグラフィー研究の先駆けとなっており，最先端の理論研究にとって重要な研究となっている．とい

うのも，日本語の副詞節研究を出発点にして，英語や他の言語でも，日本語のような詳細な副詞節の内部構造や主文との関係を探求する可能性が開かれるからである．(たとえ，日本語のような詳細な一般化が他の言語になかったとしても，それが何故なのかという新たな問題を生み出す点で，世界の副詞節研究は推進される．)

次に，英語の副詞節の研究の方が進んでいる点を見よう．そこに関わるキーワードは，「移動」と「局所性」による説明である．以下では，まず，この2つの点を見た後で，日本語の研究に，これら2つの点を盛り込むことにより，日本語と英語の副詞節研究が実り豊かに推進された共同作業の事例を，Endo and Haegeman (2014) から見る．

まず，副詞節において，移動が関与することを示す事実を見よう．例えば，(18) における時を表す副詞節では，その内部が埋め込み構造を持つ複文の場合，そこには時のスコープに関して多義性が観察される．

(18) I saw Mary in New York when [$_{IP}$ she claimed [$_{CP}$ that [$_{IP}$ she would leave.]]]　　　　　　　　　　(Geis (1970, 1975, 1980))

(18) の括弧でくくった副詞節の1つ目の意味は，when が低い埋め込み節の述語 leave と結びつく解釈 (以下，低い解釈) で，「彼女が出かけた時」という時の解釈である．もう1つの解釈は，when が主文の claim に結びつく解釈 (以下，高い解釈) で，「彼女が主張した時」という解釈である．この点は，次のようにまとめることができる．

(19) I saw Mary in New York when [$_{IP}$ she claimed that [$_{IP}$ she would leave.]]]
　　(i) 高い解釈: 彼女が主張 (claim) した時 (when)
　　(ii) 低い解釈: 彼女が出かける (leave) 時 (when)

この2つの解釈は，以下の図に見るように，when と結びつく時のゼロ演算子 (= Op) が，埋め込み文の leave を修飾する節から移動するか，それよりも上位の claimed を修飾する節から移動するかに起因する (Larson (1990), cf. Geis (1970, 1975, 1980))．

(20) I saw Mary in New York
　　　　[before she claimed Op [that she would leave Op]].
　　　　　　高い解釈
　　　　　　　　　　　　低い解釈

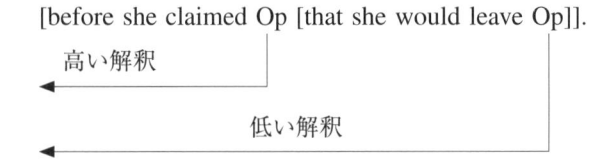

ここで，副詞節の内部において移動が関与していることは，移動に課される島の制約により確認される．ここでの島とは，複合名詞句（complex NP）制約で，「名詞＋文という複合名詞句の内部から要素が移動できない」という制約である（他の島については Endo (2015) を参照）．例えば，次に見るように，括弧内に見る the claim that … という複合名詞句が副詞節に生じると，その副詞節は低い解釈を持てない．

(21) I saw Mary in New York when she made [the claim that she would leave].
　　(i)　高い解釈：彼女が主張 (claim) した時 (when)
　　(ii) *低い解釈：彼女が出かける (leave) 時 (when)

ここで低い解釈が不可能なのは，次に見るように，埋め込み文の内部からゼロ演算子が複合名詞句の島を超えて移動してしまうためである．

(22) I saw Mary in New York when [$_{IP}$ she made [the claim [$_{CP}$ that she would leave Op.]]
　　　　　　　　　　低い解釈

副詞節に移動が関与することを示す別の事例として，条件を表す副詞節がある．英語の条件を表す副詞節の内部には，以下に見るように，ムード要素が生じることができない．

(23) a. ??*If frankly he's unable to cope, we'll have to replace him.
　　　　　　　　　　　　（発話行為のムード副詞 (Speech act)）
　　 b. *If they luckily/fortunately arrived on time, we will be saved.
　　　　　　（評価のムード副詞 (Evaluative)）

(Ernst (2007: 1027), Nilsen (2004))
c. *If the students apparently can't follow the discussion in the third chapter, we'll do the second chapter.
(証拠性のムード副詞 (Evidential))
d. *John will do it if he may/must have time.
(Palmer (1990: 121, 182)) (認識のムード副詞 (Epistemic))

Haegeman (2010) は，条件節のさまざまな先行研究を基に，条件節の内部では，ムードを表す可能世界の演算子（world operator）が，非現実（irrealis）のムード階層から if の領域まで移動する点に着目する．このムードに関わる演算子の移動の途中に別のムード要素があると，その移動は，(24) に見るように，同じタイプの要素を超して移動することを禁じる局所性の原理 (locality principle; relativized minimality) に違反する．そのため，条件節の内部には，ムードの副詞が生じることはない．（局所性の原理の詳細については Endo (2007) や遠藤 (2014) を，条件の副詞節の詳細については，Haegeman (2010) や Haegeman (2011) を参照のこと．）

(24)　If MoodP$_{speech\ act}$>MoodP$_{evaluative}$>MoodP$_{evidential}$ ModP$_{epistemic}$>**MoodP$_{irrealis}$ Op**

以上をまとめると，英語の副詞節の内部では，演算子が移動していることを見た．そして，その移動の途中に介在要素があると，その移動が阻止され，そういった介在要素の存在しない副詞節だけが文法的となる．この原理的な説明は，日本語学の副詞節の研究には見られない強みである．以下では，この原理的な説明が，南や野田の解明した副詞節内部の詳細な分布を説明するのに用いられることを見る．

実は，副詞節の内部での移動が，日本語の副詞節にも働くことを示唆する現象が英語にある．その現象とは，英語の副詞節において，文の階層構造の中心要素である主要部 should が移動する (head movement) ことにより副詞節が形成される現象である．

(25) a. If John should leave, ...

b. Should John ___ leave, …

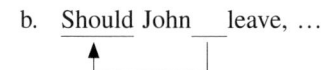

(25b) では，副詞節内部の should という主要部が文頭に移動することにより，(25a) と同じ条件の副詞節が形成されている．このような主要部の移動は，多くの言語に存在はするものの，それが副詞節内部において適用される例は，現在までのところ極めて限られるとされている．

ところが，南と（特に）野田の副詞節研究で解明された副詞節の内部構造を見ると，日本語では，この主要部移動が広範囲に用いられていることが示唆される．ここで，英語の副詞節において働く局所性の性質を思い出そう．それは，ある要素が移動する場合，その要素の移動は，同じタイプの要素が介在することにより阻止される，というものである．日本語の副詞節においては，この局所性の原則が次のように働く．副詞節の主要部（=「ながら」，「とき」など）が，もとは，その意味を表す階層に生成され，その位置から文末に移動して副詞節を構成する．そして，その移動の途中に同じ主要部タイプの要素があると，移動が阻止されることにより非文法性が生じる．具体例として，以下の「ながら」副詞節を見よう．

(26) 「ながら」（主文のアスペクトと相関する副詞節）
動詞-ボイス—アスペクト—否定—テンス—話し手ムード—対人ムード—ながら

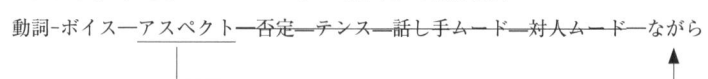

ここでは，アスペクトタイプの「ながら」副詞節の主要部である「ながら」が，もとはアスペクトの階層に生成されており，それが文末の位置まで移動することが示されている．（このように，ある要素がその移動先の位置で全体の性質が決定されるのは，Chomsky (2012) が labeling と呼ぶ操作による．）この「ながら」という主要部が文末に移動する途中に，テンス，否定といった別の主要部があると，その「ながら」の主要部移動は，局所性の原理により阻止される．その結果，テンスや否定といった主要部は，アスペクトタイプの「ながら」副詞節の内部に生じない，という英語と同様の原理的な説明がなされる．（ちなみに，アスペクトタイプの「ながら」副詞節の内部

には，「てい」というアスペクトの要素も生じない．これは，1つしかないアスペクトの階層の主要部の位置を「ながら」と「てい」が取り合ってしまうからである．）枚数制限のため割愛するが，他の副詞節についても同じ説明が成り立つ．

　以上をまとめると，日本語において，各タイプの副詞節が持つ内部構造の違いは，副詞節の主要部である「ながら」「とき」等が，その意味を表す文中の階層から文末の階層に移動すること，そして，その途中に別の主要部があると，その移動が阻止されることにより原理的に説明されることを見た．ここで重要なのは，英語と日本語の内部構造が，「移動」と「局所性」という同じメカニズムを用いて原理的に説明されるという点である．そして，日本語と英語の副詞節の主たる違いは，日本語では，副詞節の内部で主要部の移動が主に用いられるのに対して，英語では演算詞の移動が主に用いられるという点に還元される．これは，日本語と英語等を峻別する新しい類型論であり，日本語学の研究が，海外の理論研究と緊密な連携を持つことによって可能となった稀な事例である．

　次に，野田によって解明された副詞節と主文との呼応がどのように説明されるかを見よう．野田が述べるように，日本語の各副詞節は，主文の成分と呼応する．例えば，アスペクトの「ながら」副詞節は，主文のアスペクト成分と呼応する．そのため，「テレビを見ながらごはんを食べている」に見るように，「ながら」副詞節は，主文の「てい」という進行のアスペクト成分とは呼応するが，「テレビを見ながらごはんを食べはじめる」という非文法性に見るように，「ながら」副詞節は，主文の「はじめ」という起動のアスペクト成分とは呼応しない．

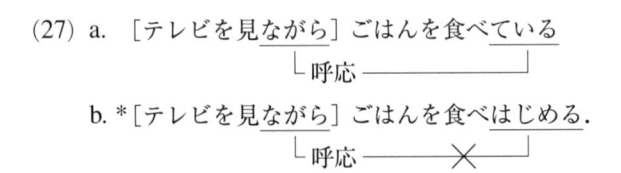

(27) a. ［テレビを見ながら］ごはんを食べている
　　　　　　　　└呼応────────┘

　　　b. *［テレビを見ながら］ごはんを食べはじめる．
　　　　　　　　└呼応──────×──┘

　これは，アスペクトタイプの「ながら」副詞節が，主文のアスペクトに結びつき，その結びつきが正当である場合にだけ文法的な文が生じることによ

る．このような副詞的な要素を主文と繋ぐ際には，Rizzi（2004）の研究により，Mod (ifier) という機能範疇を介して行われることが解明されている．すると，野田の呼応に関わる日本語の現象も，Mod という機能範疇を介して行われると考えることにより，その分布を，日本語のみならず他の言語と同等に扱うことが可能となる．これを表したのが，次の構造である．（その詳細は，Endo and Haegeman (2014) を参照．）

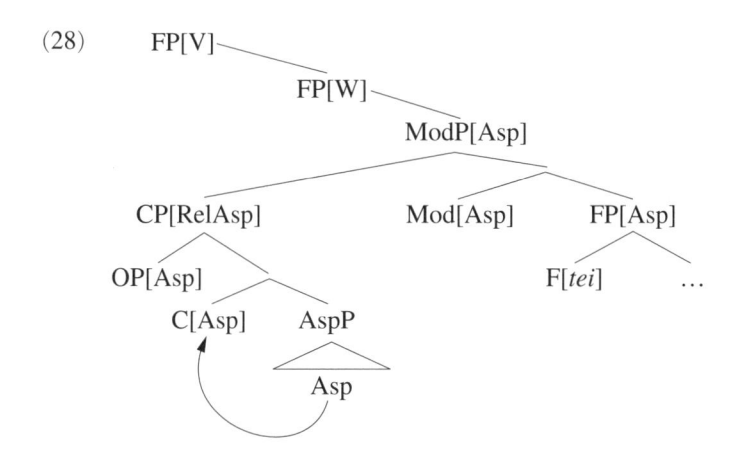

(28)
```
        FP[V]
         |
        FP[W]
         |
       ModP[Asp]
        /      \
   CP[RelAsp]   Mod[Asp]   FP[Asp]
     /    \                 /    \
  OP[Asp]  \             F[tei]  …
           C[Asp]  AspP
                    |
                   Asp
```

ここでは，(i) アスペクトを表す「ながら」(=Asp) が，談話／スコープ (CP) の領域に移動することにより全体がアスペクトタイプの副詞節（= CP[Rel Asp]）となる点，(ii) それが修飾に関わる機能語 Mod により，主文のアスペクト成分（= FP[Asp]）である「てい」と結びつけられる点，そして，(iii) 矢印で示した移動と局所性の原理により副詞節の内部構造が導き出される，という3点が示されている．

2. 副詞節と助詞とフォーカス

本節では，日本語の副詞節の研究が海外に発信された結果，世界の副詞節の研究に大きく貢献をした別の事例として，寺村（1992）と益岡（1997）をとりあげる．そこでは，寺村と益岡の考えが洗練されることにより，海外の副詞節研究に貢献した事例を Endo (2012b) から紹介する．具体的には，

副詞節に随意的に生じる助詞とそこに見られるフォーカスの意味効果をとりあげ，寺村と益岡の研究が，類型論の分野に新たな方向性を示す可能性を見る．

2.1. 益岡 (1997) と寺村 (1992)

本節では，副詞節に任意の助詞が生じることにより生じるフォーカスの効果を考察する．この分野の先駆けとなる研究として，寺村 (1992) がある．寺村は，副詞節に助詞「に」が随意的に生じる以下の文を議論している．

(29) a. ［京都の古本屋に行ったとき］思いがけない本を見つけた．
　　 b. ［京都の古本屋に行ったときに］この本を見つけた．

寺村 (1992: 155) は，まず，(29a) に見る「P トキ Q」という表現形式が，「まず，P という事態を述べ，次にそれに続いて起こったことを，いわば発見として述べる場合」に適しているとしているとする．一方，(29b) に見る「P トキニ Q」という表現形式は，「Q という事態の発生が既知の情報であって，それがいつ起ったのかが問題になっている場合に典型的に用いられる」とし，この種の文は，「Q ノハ，P トキダ」という言い換えが可能であるとしている．後者は，英語において，It is...that...という形式で表現される対照のフォーカス (contrastive focus) を表す際に用いられる分裂文 (cleft sentence) に相当する．本節の主たる関心事は，このように助詞を副詞節に加えることにより生み出されるフォーカスの意味効果にある．益岡 (1997) は，この副詞節に随意的に生じる助詞により生じる意味効果を詳細かつ体系的に論じている．

2.2. 副詞節が複文の場合

以下では，この寺村と益岡の研究のどのような点に，海外発信する意義があるのかを述べる．この点を見るために，前節で見た英語の副詞節が埋め込み構造を持つ (30) の文を再び見よう．この (30) の文は，(31) に見るように時の解釈に関わるスコープに関して多義性を持つ．

(30) I saw Mary in New York when [IP she claimed [CP that [IP she would leave.]]]　　　　　　　　　(Geis (1970, 1975, 1980))
(31)　(i)　高い解釈: 彼女が主張 (claim) した時 (when)
　　　(ii)　低い解釈: 彼女が出かける (leave) 時 (when)

ここで注目したいのは，次に見る日本語の副詞節には，英語のような低い解釈がないという点である (Endo (2012b), Miyagawa (2012)).

(32)　ジョンは［シェイラが［彼が出かけるべきだと］言った時］出かけた．

ところが，この副詞節に助詞「に」がつくと，(33) の文に見るように，英語と同様に，低い解釈が可能となる (Endo (2012b), Miyagawa (2012)).

(33)　ジョンは［シェイラが［彼が出かけるべきだと］言った時に］出かけた．

この2つの解釈は，次のように表すことができる．

(34)　解釈1: シェイラが言った時 (高い解釈)
　　　解釈2: 彼が出かける時 (低い解釈)

以上，時の副詞節に助詞が生じてフォーカスの意味が生じると，英語と同様に多義性が生じる事実を見た．次に，これがどのように原理的に説明されるかを見ながら，寺村と益岡の研究の重要性を論じる．

2.3.　英語との比較

益岡や寺村によれば，副詞節に助詞が生じる場合，その副詞節には，フォーカスの意味解釈が生じる．そして，このフォーカスの意味が，上で見た日本語の副詞節の多義性 (特に低い解釈) を生み出す力となっている．ここで，英語と同様に，日本語の副詞節における時の解釈は，時の演算子の移動が関与する点を思い出そう．例えば，英語では，次の (35a) の文が多義的となるが，この多義性は，次のように生じる．まず，時の演算子 (OP)

が副詞節内の埋め込み文に生じる場合，(35b) に見るように，その時の演算子が before の領域まで移動することにより「到着 (arrive) する前の時間」という低い解釈が生じる．一方，同じ時の演算子が副詞節内の上位の文に生じる場合，それが before の領域まで移動することにより「主張 (claim) する前の時間」という高い解釈が生じる．

(35) a. I saw Mary in New York [before she claimed [that she would arrive]].
   b. I saw Mary in New York
      [before she claimed Op [that she would arrive Op]].

日本語の副詞節の場合も，助詞が副詞節についてフォーカスの意味が生じると，時の演算子が埋め込み文から移動する低い解釈が生じる．なぜ，副詞節にフォーカスの意味が生じると，日本語の副詞節には埋め込み文から演算子が移動することが可能となるのであろうか？実は，この問題は，現在の理論言語学の最先端で議論される点である．つまり，移動の引き金となる要因とは，そもそも何であるのか，という問題である．この問いに対して，Miyagawa (2010) は，日本語のような談話情報の豊かな言語 (discourse prominent language) では，談話に関わるフォーカス等の素性が，移動の引き金になるとした．実際，この点は，古くから散発的に論じられている．例えば，Hoji (1985) においては，文頭の名詞句に助詞「は」が生じ，そこにフォーカスがおかれると，その要素は文中から文頭に移動する性質を示すことが述べられている．他方，「は」にそのようなフォーカスがおかれない場合は，その名詞句はトピックとなり，移動の性質を示すことがなく，基底から文頭に生成される性質を持つ．次の具体例を見よう．

(36) a. *その帽子はジョンが [[＿＿かぶっている] 人] を良く知っている．
   b. その帽子はジョンが [[pro かぶっている] 人] を良く知っている．

(36a) では，文頭に生じる「その帽子は」の「は」に，フォーカスがおかれている（＝以下，フォーカスを太文字で示す）．この場合，「その帽子」は，意味的には，かっこ内部の文の述語「かぶっている」の目的語（＝下線で示す）として機能しているのだが，その下線と文頭の「その帽子は」の関係は，移動により結ばれる．この点は，前節で見た移動に課される島の制約により検証される．(36a) の文頭と下線の間には，文＋名詞からなる複合名詞句の島があるので，文頭の「その帽子は」は，島の制約に違反した移動をすることになり，非文法性が生じる．一方，(36b) の文頭に生じる「は」には，フォーカスがないトピック要素である．この文でも，文頭の「その帽子は」と文中の要素とが結びつけられるのだが，その結びつきは移動ではなく，代名詞の束縛（binding）の関係である．つまり，文中にある「その帽子」の目的語の位置にはゼロ代名詞 pro が生じ，それが文頭の「その帽子」を指し示す関係となる．この文の派生には移動が関与しないため，文頭の「その帽子」と pro の間に移動を阻止する複合名詞句があっても，非文法性は生じないのである．

以上，談話に卓越した日本語では，フォーカスが移動の性質を示すことを見た．逆に言うと，フォーカスの意味が不在の場合には，移動は生じない．寺村と益岡の論じる副詞節に助詞が生じることでフォーカスの意味が生じると，その中で演算子が移動する可能性が生じる．そのため，副詞節の内部が埋め込み文を持つ複文構造の場合には，英語と同様に，埋め込み文から時の演算子が移動する低い解釈が生み出されるのである．これは，日本語学研究における寺村と益岡の発見を，現代の理論言語学の視点から捉えることにより可能となった事例である．（なぜ，助詞が副詞節に足されるとフォーカスの意味が生じるのかという別の問題については，Endo (2007) を参照のこと．）以下では，この寺村と益岡の研究成果が，さらに，世界の言語の類型論を塗り替える新たな可能性を開く力を持っている点を述べる．

2.4. 帰結：ドイツ語との比較

本節では，前節で見た寺村と益岡の研究の帰結を，類型論の観点から述べ

る。[2] 従来の副詞節のスコープに関わる研究では，類型論的に2つのタイプが認識されていた．1つ目のタイプは，副詞節の内部が埋め込み文を持つ複文の場合，低い解釈を持つ英語タイプの言語で，2つ目のタイプは，低い解釈を持たないドイツ語タイプの言語である．そして，この違いは，文の境界を越えて長距離の移動を許す英語と，(37a, b) に見るように，文の境界を越えて長距離の移動を許さないドイツ語の違いに還元されてきた（cf. Larson (1990: 172)）．

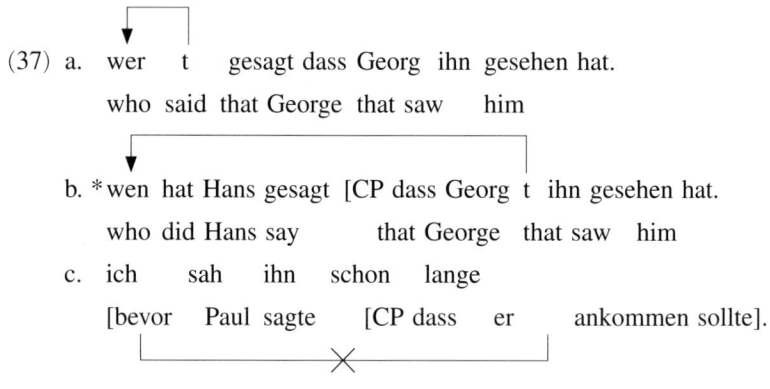

(37) a. wer t gesagt dass Georg ihn gesehen hat.
　　　　 who said that George that saw him
　　b. *wen hat Hans gesagt [CP dass Georg t ihn gesehen hat.
　　　　 who did Hans say that George that saw him
　　c. ich sah ihn schon lange
　　　　 [bevor Paul sagte [CP dass er ankommen sollte].
　　　'I saw him long before Paul said that he was supposed to arrive'

(37a) のドイツ語の文では，wer 'who' が文の内部で近距離の移動が可能であることが示されており，(37b) では，wen 'who' が埋め込み文の境界であるCPを超えて長距離の移動をすると，非文法的となることが示されている．そして，(37c) では，副詞節内部に埋め込み文のCPが生じた場合には，低い解釈ができないことが示されている．

　この2分法からすると，日本語は，(38) に見るように，長距離の移動 (= 長距離のかき混ぜ規則：long distance scrambling) を許す言語であるので，副詞節の内部に埋め込み文が生じる場合，低い解釈が常に可能であることが

---

[2] 本節での内容については，Richard Larson 氏との議論が有益であった．感謝の意を表したい．

誤って予測されてしまう．しかし，実際は (39) に見るように助詞が副詞節に足される場合にのみ，副詞節は低い解釈を持つことが可能となる．その点で，日本語は，一見したところ，類型論的には特殊に見える．

(38) 太郎を　次郎は［花子が　t　批判したと］思っている．

(39) a. ジョンは［シェイラが［彼が出かけるべきだと］言った］時　出かけた．
　　 b. ジョンは［シェイラが［彼が出かけるべきだと］言った］時に出かけた．

　寺村と益岡の発見は，この類型論研究に何を意味するのであろうか？　それは，副詞節の解釈に関して，英語タイプとドイツ語タイプのほかに第3のタイプがあることを示している．先行研究では，日本語は，ドイツ語タイプの言語であると思われることがあった．しかし，寺村と益岡の研究を視野に入れることで，実は，日本語はドイツ語とは同じタイプではなく，フォーカスという談話の情報により，長距離移動を引き起こす第3のタイプであることを示している．日本語の副詞節の解釈は，ある場合には英語的で（＝助詞が副詞節に足される場合），そしてある場合にはドイツ語的で（＝助詞が副詞節に足されない場合）ある．実は，これは，フォーカスといった談話情報によって引き起こされるというもう1つ別の類型論上の違いに起因するのである．

　寺村と益岡の研究が注目に値するのは，理論研究が進んだ状況のもとで，再評価できる一般的な特徴を持っている点にある．つまり，日本語のような談話に卓越した言語では，談話に関わる素性が移動を引き起こすという新しい提案がなされ，その提案をもとに寺村と益岡の研究を再評価することで，新たな言語類型論が発見されたのである．

　以上をまとめると，寺村や益岡の副詞節に助詞が足されることで生じるフォーカス効果の研究は，最先端の理論的な状況に沿う形に洗練されることで，古い類型論を改訂し，言語類型論と理論研究の進展に新たな一石を投じる起爆剤となることを見た．これは，海外に日本語学の成果を発信する際に

は，海外の言語研究で何が話題になっているかに目を配らせるという指針が必要であることを示している．

3. 海外発信について

本節では，海外に日本語学の研究を発信する際に求められることを，私見を交えながら手短に述べる．

時に，優れた日本語学の研究成果を翻訳して海外に発信する試みを耳にすることがある．しかし，日本人が世界の理論言語学の状況を見ることなしに，日本の内側で日本人にとって面白いと思われる日本語の特質を見つけて，それを世界に発信しても，効果はあまり期待できないように思われる．海外での研究を視野に入れる必要がある．

そして，日本にいる日本語学の研究者は，日本語学の論文が，多くの場合，日本人にしか通じないロジックで書かれていることが多いという点を認識するべきであると思われる．これは，特に，日本に留学した経験のある海外の研究者や，日本語がわかる海外の研究者が日本語学の（特に伝統的な）論文を読んだ時の感想として，たびたび口にする発言である．

では，日本語学の研究を海外に発信する際に，注意するべき点は何であろうか．文法研究についていえば，少なくとも2つの点が重要であるように思われる．1つ目は，一般的で体系的な論が明示的な形で展開されていること（この点は，階層構造を用いて，形と意味を対応させると表現しやすい）．そして，2つ目は，海外の言語研究の現状を提示して，どういう意味で，その発信する研究が重要なのかが述べられていること．これらの点が考慮されて，海外に優れた日本語学の研究が発信されることが望まれる．

最後に，今後の展望を見よう．日本語学の研究成果を海外発信する候補として，終助詞がある．日本語では，「来た-わ-よ-ね」という表現に見るように，ムードに関わる終助詞が多重に生じる特徴がある．Abraham and Leiss (2012) の論文集には，ドイツ語を中心に，終助詞に対応するようなムードや談話を表す接辞の特徴が詳細に述べられており，日本語からの貢献が期待される．その初歩的な研究としては，Endo (2012a) がある．さらに，上で

見たようなムードの終助詞が多重に生じるのも日本語だけではなく，West Flemish 等の言語でも見られる (Haegeman and Hill (2014))．これらの言語では，日本語と同じく，話者中心のムード表現が内部に生じて，聞き手を意識したムード表現が外側に生じるという共通性を持つ．これら終助詞の研究は，日本から，方言研究をも視野に入れて，海外に発信されることが期待される分野である．

参考文献

Abraham, Werner and Elisabeth Leiss, eds. (2012) *Modality and Theory of Mind Elements across Languages*, Mouton de Gruyter, Berlin/New York.

Chomsky, Noam (2012) "Problems of Projection," *Lingua* 130, 33-49.

Endo, Yoshio (2006) *A Study of the Cartography the Japanese Syntactic Structures*, Doctoral dissertation, University of Geneva.

Endo, Yoshio (2007) *Locality and Information Structure: A Cartographic Approach to Japanese*, John Benjamins, Amsterdam/Philadelphia.

Endo, Yoshio (2012a) "Illocutionary Force and Discourse Particle in the Syntax of Japanese," *Modality and Theory of Mind Elements across Languages*, ed. by Werner Abraham and Elisabeth Leiss, 405-424, Mouton de Gruyter, Berlin/New York.

Endo, Yoshio (2012b) "The Syntax-Discourse Interface in Adverbial Clauses," *Main Clause Phenomena: New Horizon,* ed. by Aeblbrecht Lobke, Liliane Haegeman and Rachel Nye, 365-384, John Benjamins, Amsterdam/Philadelphia.

Endo, Yoshio (2015) "Two ReasonPs: What Are('nt) You Coming to the United States For?" *Beyond Functional Sequence*, ed. by Ur Shlonsky, Oxford University Press, New York.

Endo, Yoshio and Liliane Haegeman (2014) "Adverbila Concord Merging Adverbial Clauses," *Proceedings of Formal Approach to Japanese Linguistics 7: MIT Working Papers in Linguistics*, 26-44.

遠藤喜雄 (2014)『日本語カートグラフィー序説』ひつじ書房, 東京.

Ernst, Thomas (2007) "On the Role of Semantics in a Theory of Adverb Syntax," *Lingua* 117, 1008-1033.

Geis, Michael (1970) *Adverbial Subordinate Clauses in English*, Doctoral dissertation, MIT.

Geis, Michael (1975) "English Time and Place Adverbials," *Working Papers in Linguistics* 18, 1-11, Ohio State University.
Geis, Michael (1985) "The Syntax of Conditional Sentences," *Studies in Generalised Phrase Structure Grammar*, ed. by Michael Geis, 130-159, Department of Linguistics, Ohio State University.
Haegeman, Liliane (2010) "The Movement Derivation of Conditional Clauses," *Linguistic Inquiry* 41, 595-621.
Haegeman, Liliane (2012) *Adverbial Clauses, Main Clause Phenomena and the Composition of the Left Periphery*, Oxford University Press, Oxford.
Haegeman, Liliane and Virginia Hill (2014) "Vocatives and Speech Act Projections," *On Peripheries*, ed. by Anna Cardinaletti, Guglielmo Cinque and Yoshio Endo, 209-236, Hituzi Syobo, Tokyo.
Hoji, Hajime (1985) *Logical Form Constraints and Configurational Structures in Japanese*, Doctoral dissertation, University of Washington.
Larson, Richard (1990) "Extraction and Multiple Selection in PP," *The Linguistic Review* 7, 169-182.
益岡隆志(1997)『複文』くろしお出版,東京.
南不二男(1974)『日本語の構造』大修館書店,東京.
Miyagawa, Shigeru (2010) *Why Agree? Why Move?*, MIT Press, Cambridge, MA.
Miyagawa, Shigeru (2012) "Agreements That Occur Mainly in the Main Clause," *Main Clause Phenomena: New Horizon*, ed. by Aeblrecht Lobke, Liliane Haegeman and Rachel Nye, 70-112, John Benajmins, Amsterdam/Philadelphia.
Nakajima, Heizo (1982) "The V4 Systems and Bounding Category" *Linguistic Analysis* 9, 341-378.
Nilsen, Øystein (2004) "Domains for Adverbs," *Lingua* 114, 809-847.
野田尚史(1989)「文構成」『講座 日本語と日本語教育』,宮地裕(編),第1巻,67-95,明治書院,東京.
野田尚史(2002)「単文・複文とテキスト」『複文と談話』,野田尚史・益岡隆志・佐久間まゆみ・田窪行則(著),岩波書店,東京.
野田尚史(2013)「日本語の副詞・副詞節の階層構造と語順」『世界に向けた日本語研究』,遠藤喜雄(編),69-101,開拓社,東京.
Quirk, Randolph, Sidney Greenbaum, Geoffrey Leech and Jan Svartvik (1985) *A Comprehensive Grammar of the English Language*, Longman, London.
Rizzi, Luigi (1997) "The Fine Structure of the Left Periphery," *Elements of Grammar,* ed. by Liliane Haegeman, 281-338, Kluwer, Dordrecht.
Rizzi, Luigi (2004) "Locality and Left Periphery," *Structures and Beyond: Cartography of Syntactic Structures* volume 3, ed. by Adriana Belletti, 104-131, Oxford University Press, Oxford.

寺村秀夫（1992)「時間的限定の意味と文法機能」『寺村秀夫論文集 I』, 127-156, く
　ろしお出版, 東京.
Williams, Edwin (1978) "Across the Board Rule Application," *Linguistic Inquiry* 9,
　31-43.

第 10 章

東北方言の特質
―言語的発想法の視点から―

小林　隆

東北大学

1. はじめに

　方言の地域差についての研究は，従来，狭い意味での形や意味，あるいは文法と呼ばれるものを取り扱ってきた．しかし，そのような範疇を超えて，ものごとをどのように表現するかという，そもそもの考え方の面にも地域差が認められる．そうした言葉を操る考え方のことを筆者は「言語的発想法」と名付け，これまで表現法や言語行動など言語の運用面の観察から抽出してきた．すなわち，「発言性」「定型性」「分析性」「加工性」「客観性」「配慮性」「演出性」の7つの発想法である（小林・澤村 (2014)）．

　こうした言語的発想法の発達状況を総合的にとらえると，全国は大まかに次の4つのグループに分類される．

　　発達地域　　　：近畿地方
　　準発達地域　　：西日本（九州を除く），関東地方（特に東京）
　　準未発達地域：東日本（東北を除く），九州・琉球地方
　　未発達地域　　：東北地方

　この分類から明らかなように，東北地方は近畿地方とは対照的な位置にある．つまり，日本語方言の中で，上記の発想法はとりわけ東北方言で不活発である．ここでは，そうした東北方言の特徴について，さらに掘り下げて考えてみたい．言語的発想法の視点から，東北方言の特質について考えること

が本章の目的である．なお，言語的発想法はその概念自体，まだ検討の余地が残されている．そこで，本章では小林・澤村（2014）で述べた内容を補説しつつ話を進めることにする．

さて，具体的な議論に入る前に，あらかじめ簡単に見通しを述べておこう．まず，7つの言語的発想法が東北方言で不活発であるのは，この方言にとって，自己と話し手が未分化の状態にあり，ものの言い方を生み出し，操作するシステムが精密化していないことに起因すると考えられる．一方，こうした面の裏返しとして，躍動感あふれる感動詞やオノマトペに見られるように，言葉が身体化されており，現場的リアリティに富んだ言い方を好むという表現性も指摘できる．さらに，この地域の言語的発想法は，表現法や言語行動といった運用面のみでなく，構造面も含めた言語全般の性格に影響を及ぼしている．こうした東北方言の言語的発想法のあり方には社会的な背景が潜んでおり，それはさらに自然環境に影響を受けている可能性が考えられる．

以下，詳しく論じていこう．

2. 東北方言の言語的発想法

2.1. 言語的発想法とは何か

あらためて言えば，言語的発想法とは，観察可能な言語現象，つまり具体的な表現法や言語行動の背後に潜んでその運用を操る考え方のことである．物事をどのように表現するかという態度，あるいは，言葉に向き合う人々の姿勢と言ってもよい．一般に"ものの言い方"や"話しぶり"などと言われるものは，この発想法が具体的な姿となって現れた現象であるとみなされる．

表現法や言語行動の地域差に関する従来の研究をもとに，そうした発想法を抽出したのが次の7つである．

(1) 発言性：あることを口に出して言う，言葉で伝えようという発想法．
(2) 定型性：場面に応じて，一定の決まった言い方をするという発想法．

- (3) 分析性：場面を細かく分割し，専用の形式を用意するという発想法．
- (4) 加工性：直接的な言い方を避け，間接的な表現を使うという発想法．
- (5) 客観性：主観的に話さず，感情を抑えて客観的に話すという発想法．
- (6) 配慮性：相手に対する気遣いを言葉によって表現するという発想法．
- (7) 演出性：会話の進行に気を配り，会話を盛り上げようという発想法．

　表現法や言語行動の具体的な姿はもちろんさまざまである．しかし，千差万別，いろいろなかたちをとる言語現象の違いを越えて，それらの言語現象を生み出し操作する発想法には，7つの視点で把握できる一定の傾向性が存在すると考えるわけである．

　もっとも，これらの言語的発想法をこのように並列させてよいかどうか，検討の余地が残る．つまり，レベルや性質の異なる発想法が単純に並んでしまっているのではないか，という点である．

　例えば，最初に示した「発言性」という発想法は，話すか話さないかという問題であるのに対して，他の発想法は，話すとすればどう話すかという問題である．すなわち，「発言性」は他の発想法の土台にあたる発想法と位置付けられそうである．

```
定型性　分析性　加工性　客観性　配慮性　演出性
              発言性
```

　また，「定型性」「分析性」が，ものごとを確実かつスピーディーに伝えるという「伝達効率」に関わる発想法であるとすれば，「加工性」「配慮性」「演出性」は，いかに効果的に相手に働きかけるかという「伝達効果」に関する発想法であると考えられる．「客観性」は，「伝達効率」「伝達効果」の両方にまたがる発想法と言えるであろう．

```
伝達効率に関わる発想法 ── 定型性・分析性
                         客観性
伝達効果に関わる発想法 ── 加工性・配慮性・演出性
```

この点をもとに一歩進めて考えてみると，これらの発想法はその発達においても違いが見られるかもしれない．つまり，すべてが足並みを揃えて一斉に活性化するのではなく，ある発想法が先行し，ある発想法はそれに遅れるという可能性が考えられる．そうした順序性の観点から見たとき，「伝達効率に関わる発想法」の方が，「伝達効果に関わる発想法」よりも先に発達を始めるのではないかと思われる．なぜなら，情報伝達という言語の本質に直結するのが「伝達効率に関わる発想法」であり，それに対して「伝達効果に関わる発想法」は，周辺的・修飾的な機能（あるいは社会的な機能）に属する発想法とみなされるからである．

今，発言性を最初において，これらの発想法の発達の順序を仮説的に示せば次のようになる．

```
発達の順序 ────────────────────────────────────▶
発言性    定型性・分析性   客観性   加工性・配慮性・演出性
          ╲_____╱      ╲_____╱
            伝達効率に                伝達効果に
           関わる発想法              関わる発想法
```

以上はまだ試みの案である．7つの言語的発想法をどう分類し，構造化して理解すべきかはさらに考えてみたい．

2.2. 7つの発想法と東北方言

はじめにも述べたように，東北方言はこれらの言語的発想法が発達していない．全国的な地域差を扱った小林・澤村（2014）の事例をもとに，東北方言の特徴を記せば次のようになる．

(1) 発言性： 挨拶をしない，礼を言わない，文句も言わないなど，他の地域に比べて口に出さず，言葉にして伝えようとしない傾向が見られる．発話量が少なく，「無口」の印象である．沈黙を嫌う意識や何か話さなければいけないという義務感も弱いことが予想される．

(2) 定型性： 弔問などの儀礼的挨拶，朝の出会い・他家への訪問など

の日常的挨拶のいずれにおいても定型的表現が使用されにくい．喧嘩の際の罵倒表現や，失敗時の感動詞の使用などにおいても同様の現象が確認され，表現全般にわたって一定の決まった言い方を志向しないという傾向が読みとれる．

(3) 分析性： 汎用性の高い挨拶形式や感動詞を用いる，形容詞の叙述形式と感嘆形式を区別しない，といったように，表現場面を細かく切り分け，それぞれ専用の形式を用意するという発想が弱い．命令表現の多様性が乏しいことも同様であり，表現全般に未分化な様相が見られそうである．

(4) 加工性： 自分の行動目的をそのまま言い放ったり，相手の行動内容に立ち入って確認を行ったりするなど，単刀直入で用件中心の物言いがなされる．また，同じ目的を達成するにも，褒める・おだてるよりは，けなす・脅すといった人間の本性に近い表現が現れる．さらに，同じ事態を言語化するにも，動詞などの概念的な形式を用いるのではなくオノマトペによる描写を好むというように，表現が直接的で手を加えない傾向が強い．

(5) 客観性： 感情を抑制せず，驚きの気持ちを積極的に表現する．また，相手に自分との共感を強要するかのように話す，感謝は相手に向けられる謝辞よりも自分の満足感や安堵感の表出によって行う，などといった特徴が見られる．総じて，客観的・論理的な表現より，主観的・感情的な表現が勝る傾向にある．

(6) 配慮性： 恐縮や感謝の表現が，相手から恩恵を受けるときなど共通語の感覚では使われて当然の場面で出てこないということがある．また，依頼における命令表現の使用や，申し出における授益表現の使用などにも見られるように，言葉によって相手への気遣いを表すという姿勢が弱い．

(7) 演出性： 話を盛り上げたり，会話を楽しんだりすることが苦手のようである．また，会話構築に向けた相手との協調性が弱く，自分本位の話し方になる傾向がある．全体に，会話を管理し演出しようという意識が低いと考えられる．

このように，東北方言はどの発想法についても不活発な状態にある．そもそも，ものごとを言葉にして伝えようとしない．発話における「伝達効率」や「伝達効果」を積極的に追求することもしない．そういった特徴が認められるのである．

3. 自己と話し手の分化について

3.1. 精密化されない発話生成装置

前の節の末尾で，東北方言は伝達効率や伝達効果を積極的に追求しないと述べた．このことは，情報伝達の装置としての言語のあり方の問題であるとも言える．

ものの言い方を生み出し操作するシステムを機械に喩えて「発話生成装置」と呼んでみよう．私たちが考えたことや感じたことは，この装置を通じて実際の表現として生成される．そこには，思考や感情を言葉に変換し，口から声として発するという基本的なプログラムが組み込まれている．また，目的に応じて一定の整った表現を作り出したり，細かく分類された表現群の中からその場に適切な言い方を見つけ出したりするプログラムも備わっている．あるいは，手の込んだ表現に加工したり，客観的な表現に置き換えたり，さらには，相手への配慮を言葉に反映させたり，会話演出のための要素を加えたり，といったプログラムも稼働させている．この発話生成装置がうまく機能すると，図1に示すように，思考や感情が言葉として発せられ，さまざまな特徴を備えた表現が生み出される．

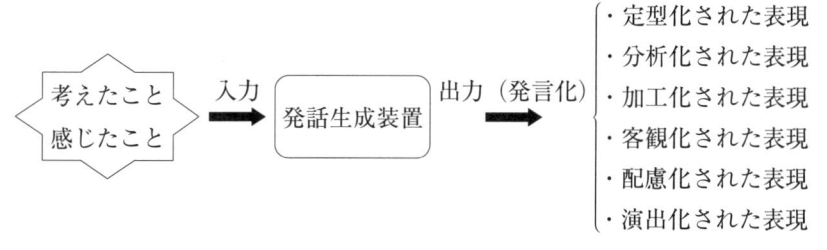

考えたこと／感じたこと → 入力 → 発話生成装置 → 出力（発言化） →
・定型化された表現
・分析化された表現
・加工化された表現
・客観化された表現
・配慮化された表現
・演出化された表現

図1　発話生成装置のイメージ

ここで言語的発想法は，この装置を設計する際のコンセプトのようなものであり，また，個々の具体的なプログラムを統括する管理プログラムのようなものでもある．

　こうした発話生成装置は，言語環境の変化に応じて発達すると考えられる．すなわち，コミュニケーションが単純で不活発なときには，言語的発想法の活性化も起こらない．すなわち，発話生成装置の設計コンセプトは簡単なものでよく，管理プログラムもそれほどしっかりしている必要はない．ところが，コミュニケーションが多様化し頻度も高まると，言語的発想法も大いに活性化してくる．つまり，発話生成装置の設計コンセプトは綿密なものとなり，管理プログラムも強力なものとなってくる．そうした変化が起こると，それまで簡単なしくみで済んでいた装置が対応しきれなくなり，複雑で精密な装置へと作り変えられていく．効率的で効果的な言語生活を送るためには，それに応じた装置が要求されるのである．

```
言語活動
（ものの言い方）
　　↑
言語態度
（言語的発想法）
　　↑
言語環境
　　↑
社会環境
```

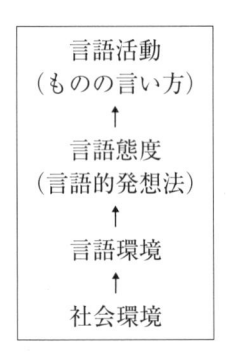

図2　社会と言語活動の関係モデル

　それでは，そのような言語環境の変化は何が引き金となるのだろうか．それはおそらく社会環境の変化であろう．社会が複雑化・活発化すること，端的に言えば農村型社会から都市型社会へ移行することがコミュニケーションの複雑化・活発化をもたらす．そして，それがさらに言語的発想法を発達させ，ものの言い方のあり方を変えていくと考えられる（以上図2の「社会と言語活動の関係モデル」参照）．

　こうした社会環境を土台にした影響の連鎖については，すでに小林・澤村

(2014) で論じている．詳細はそちらに任せることにして，東北方言について考えてみよう．以上のようなとらえ方からすれば，7つの言語的発想法が不活発な東北方言は，さまざまな機能を備えた装置としての言語が発達していないということになる．発話生成装置が精密化されることなく，単純な機能のまま据え置かれているとも言える．そして，それには，東北方言が単調で低頻度のコミュニケーション状態にあるという言語環境が影響している．さらにその背後には，この地域で，農村型社会から都市型社会への移行が遅れているという社会的要因が潜んでいることになる．

　東北方言で言語的発想法が未発達であるのは，社会的にその必要性が低かったことに起因する．伝達効率や伝達効果をそれほど問題にしなくとも言語生活を営める社会であったことが，発話生成装置の精密化や機能強化を阻んだと考えられる．

3.2. 未分化な自己と話し手

　前の節では，東北方言における発話生成装置が未発達な理由を社会的な必然性に求めた．ここでは，別の角度からこの問題を考えてみよう．つまり，発話生成装置と人間との身体的距離感という視点である．

　例えば，いつもメガネをかけている人は，ともするとメガネをかけていることを忘れがちである．しかし，一旦，自分の目から外してみるとその存在に気付くことができる．身体的距離感というのは，要するにそういったことである．メガネと同様に発話生成装置という機械も，ずっと身に付けているとその存在には気付かない．自分の体から外してみて初めてそれを認識できる．もし，そうした装置を目の前に取り出せるならば，今度はその装置の仕組みがどうなっているか，中を開けて触ってみたくなるだろう．そして，もっとうまく働く仕組みにするにはどうしたらよいか，いろいろ工夫や細工を施すこともできるようになる．

　このように発話生成装置の発達には，それを自分と切り離し，その存在を認識することが不可欠である．すなわち，ものの言い方のシステムを自分から分離し，客観的な存在として認めることが必要である．あたかも道具のようにその中身を構築し，それを巧みに操ることがものの言い方の発達につな

がると考えられる．

　この問題は，小林・澤村（2014）で提示した「自己と話し手の分化」の問題に直結する．「自己と話し手の分化」とは，会話において本来の自分から話し手としての自分を分離し，その切り離した自分に語らせるというものである．つまり，会話の場を構成するのは「話し手」と「聞き手」であるが，普通，「話し手」と本来の自分（「自己」）は一体化している．ところが，「話し手」が本来の自分から抜け出し，話すために設定された自分として「聞き手」に向き合う．この場合，小林（2009）で述べたように，会話参加者の構造は，「自己」「話し手」「聞き手」の「三極的構図」を形成することになる（図3・図4）．

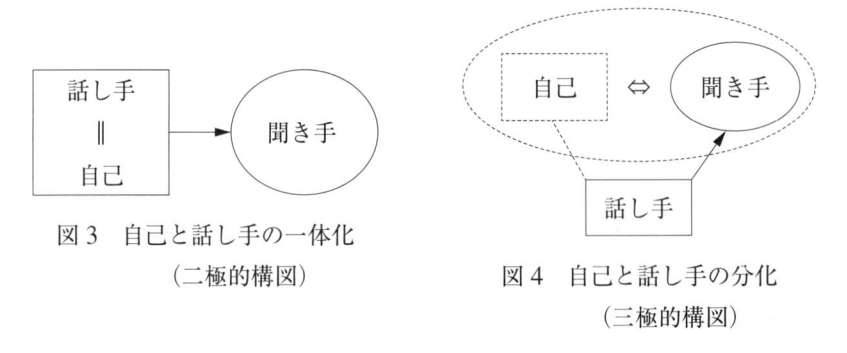

図3　自己と話し手の一体化
（二極的構図）

図4　自己と話し手の分化
（三極的構図）

　こうした「自己」と「話し手」の分化は，そもそも尾上（1999）が「当事者離れ」と名付けたものであり，大阪方言の主要な特徴の1つとされている．例えば，許しを乞いたい相手に「そない言わんと，まあ，堪忍したって（＝堪忍してやってくれ）」と頼む．あるいは，あつかましい相手を叱りつけるのではなく，「よう言わんわ（＝何も言えないよ）」と呆れ返るそぶりを見せる．このように，あたかも他人事のごとく表現するのが「当事者離れ」の手法である．

　一方，東北方言の話者は「自己」と「話し手」が一体化しており，「当事者離れ」が極端に苦手と考えられる．本音と建前の区別ができない，「うそ」や「おだて」が不得意である，感情がすぐ表に出てしまう，といった印象がこの地域の人々にはある．大阪人のように別の自分（＝「話し手」）に成り切

ることは，東北人にはなかなか難しいかもしれない．

　主観的な自己から客観的な話し手を切り離して認識する．そうすることで，その話し手が口にするものの言い方について考え，あれこれ工夫を行うことが可能になる．この「話し手」としての自分に当たるものが「発話生成装置」と呼んだものに等しいと考えてよい．発話生成装置の機能をレベルアップすることは，話し手としての自分の話術を鍛え洗練することと同じなのである．この点，関西方言は自己と話し手の分化を果たすことにより，発話生成装置の機能を精密化させ，さまざまな表現法や話術を発達させることができた．一方，自己と話し手が一体化している東北方言では，装置としての話し手のものの言い方に手を加えることができにくかったと考えられる．

　ところで，この「自己と話し手の分化」の問題は，日本語と外国語との対比という視点でも論じられてきた．井出 (2006: 30, 221) が「コンテクストの一部としての話し手の視点」，「話の場の中に入る話し手」と指摘し，池上 (2006: 183) が「自己の他者化」と述べた現象がこれと関係する．すなわち，英語は自己を他者化し，会話の場の外に話し手を立てるが，日本語はそうしたことをせず，会話の場の中に話し手も入る言語であるというのがその趣旨である．

　さらに，陣内 (2010: 105) では，そうした日本語と英語のほかに，関西方言が合わせて考えられている．すなわち，関西方言は標準的な日本語よりは自己の他者化が進んだ性質を持ち，その点で英語寄りの言語であると言う．この考えが興味深いのは，日本語と外国語の対立軸の上に日本国内の方言をも載せ，3 者を相対化させてみたところにある．この見方を発展させ，その軸の上に他の方言を加えてみると，日本語の中は，先に見た言語的発想法の「発達地域」（近畿地方）から「未発達地域」（東北地方）までが順番に並ぶことになるはずである．今，話をわかりやすくするために東北方言のみを加えてみると，図 5 のような分類ができあがる．

```
←自己・話し手分化                          自己・話し手未分化→
      英  語                日本語
                   ┌─────────────────┐
                   関西方言    東京方言    東北方言
                          （標準日本語）
```
図 5 自己と話し手の分化から見た言語（方言）の分類

　外国語も含めてこうした問題を考えてみることは興味深い．ただ，図の中で自己と話し手の分化が進んでいるとした英語が，果たしてここで言う 7 つの言語的発想法も発達させているのかどうかはまだよくわからない．自己と話し手の分化と言語的発想法とが密接に関連する日本語方言から見れば，同様のことは英語にも当てはまるのではないかという予想は立てられるであろう．この点はこれからの検討にかかっている．

　さらに言えば，図のように英語をひとくくりにして考えることも問題かもしれない．日本語の内部に発想法の違いが見られるように，英語社会にも発想法の多様性が存在することは十分考えられる．発想法の視点から，日本語は一枚岩ではないと主張する本章の立場からすれば，英語もいろいろなのではないかと疑ってかかるのが筋であろう．そうした疑いが本当かどうか，英語圏内の言語的発想法の違いにも注意を向ける必要がある．

4．躍動する感性—オノマトペと感動詞

　先の節では，言語的発想法の発達にとって必要な自己と話し手の分化の問題を取り上げた．しかし，自己と話し手を分化させ，発話生成装置を精密化させることは，逆に真の自己の表現を押さえつけることにもなる．この点，自己と話し手が一体化している東北方言は，ありのままの自分をさらけ出すことに優れている．このありのままの自己表現は，感情や感覚の表出において特に顕著であり，東北方言の重要な特徴となっている．

　この点に関しては，小林・澤村（2014）でも複数の箇所で言及した．ここであらためて整理して述べれば，東北方言は表現の生産において次の 2 つ

の特徴をもつと考えられる．

現場的リアリティの言語： 自己と話し手が未分化であるということは，会話の場の外に自分を置かないということである．つまり，会話の現場に自分が取り込まれたかたちで表現が行われる．このことは，表現と現場の密着性を東北方言にもたらしている．すなわち，東北方言は物事が生起するまさにその場に立った現実味のある表現を行うことに長けている．これを称して「現場的リアリティの言語」と呼んでみることにする．

身体化された言語： 東北方言では，言葉はそれを語る存在として設定された「話し手」から表現されるものではなく，「自己」そのものから発せられる．見たり感じたりしたことを，頭の中に引き込み，複雑な言語の回路を通して外に出すのではなく，それ以前の段階で，体の感覚に頼って，あるいは，体の反射として言葉にしてしまう．この点で，東北方言は身体と不可分の存在であり，「身体化された言語」と呼ぶべき性格を備えている．

以上の2つの特徴は，実際の言語においては，オノマトペと感動詞の使用に典型的に現れている．オノマトペは事態の感覚的描写を行う表現である．感動詞は感情の反射的表出を担うものである．いずれも現場性や身体性の高い表現であることはまちがいない．東北方言には，そうしたオノマトペと感動詞の種類が豊富で頻度も高いように思われる．

このうち，オノマトペについては，三井・井上（2007: 76）が全国的な談話資料の分析を通して，東北地方での使用頻度がやや高いと指摘している．また，齋藤（2007: 67）が宮城県小牛田町と高知県奈半利町での調査を通じて，小牛田町の方が1人の話者が複数の語を使用しやすく，会話中に現れるオノマトペがより豊富であると報告する．筆者も事例研究として「大声で泣く様子」の表現を取り上げ，他の地域が「大声デ泣ク」「ワメク」といった副詞句や動詞による概念化表現をとる傾向があるのに対して，東北地方では「オエンオエン」「オンエオンエ」など，臨場感溢れるオノマトペの使用が顕著であることを明らかにした（小林（2010a））．

一方，感動詞（もう少し広げて感動表現）が東北に多いかどうかはまだ十分な研究がない．それでも，小林・澤村（2014: 99-105, 135, 136）で「朝の他家への訪問」や「お金借り」などの場面を観察した結果からわかるように，東北方言では感動詞や感動表現の使用頻度が高いと予想される．筆者が進めている各地の談話資料の比較作業でも，そうした傾向が浮かび上がりそうだが，その点はまた稿を改めることにしたい．

　もう1つ，この現場性・身体性ということに関して押さえておかなければいけないのは定型性の問題である．つまり，東北方言ではオノマトペや感動詞の使用が顕著なだけでなく，それらの定型性が非常に弱いように思われる．

　この点に関して，先に紹介した齋藤（2007: 56）が，宮城県小牛田町のオノマトペは具体性が強く，「語形変化のアレンジ」によってその場面にふさわしい語形を生み出すのに対し，高知県奈半利町のオノマトペはそれほど形態の変化が活発でなく，語形がほぼ固定されていると述べているのは示唆的である．土井（1938）や竹田（2012）には，そうした東北方言の特徴を示す具体的なオノマトペが多数挙がっている．なお，関西方言でもオノマトペの使用が目立つという意見を聞くが，そちらは定型性が強く，さらに演出的でもある点が東北方言と異なるようである．

　感動詞については，三陸地方などで行われる「バ」という語について述べたことがある（小林・澤村（2012））．宮城県気仙沼市の調査では，この感動詞は「バッ」「バー」「ババババ」「バーババ」「バーバーバーバー」など，文字で表記できるだけでも30種類もの形態が観察された．その生産システムは図6に示すようなものと考えられる．すなわち，基本義（x）にさまざまな感情的意味（$\alpha \cdot \beta \cdot \gamma$ など）が加わり，それと対応するように基本形「バ」から実際の語形が作られる．その際，重音化・長音化といった形態的操作に加え，イントネーションの調整，力み（ストレス）や呼気の付与，スピードの調整など，多種多様な"声の技"が利用される．

第 10 章　東北方言の特質

```
基本形      語形化           実現形（語形）
「バ」       ➡              ババババ，バーー，バーバーなど
 ‖          ‖               ‖
⟨x⟩         →              x+α，x+β，x+γ など
基本義      語義化           実現義（語義）
```

図 6　感動詞「バ」の表出過程

　このようにさまざまな語形が生産されるのは，おそらく，その語形化における定型性の縛りが緩く，細かな感情のひだや微妙な心理の異なりがもろに実現形に反映されるからであろう．「バ」という一定の形のイメージは話者の脳裏に存在するとしても，実際に発話される際には多様な姿を帯びる．その生産性の高さの背景には，言葉としての型意識の希薄さがあるのではなかろうか．

　感動詞の中には日本列島の両端で同種のものが使用されていることがある．「バ」もその1つであり，九州や沖縄などにも分布が見られるが，それらの地域の「バ」を訪ねてみると，東北に比べて形態の変化に乏しいという印象を受ける．NHK の連続テレビ小説で有名になった岩手県久慈市の感動詞「ジェ」も，長崎新聞（2013 年 9 月 21 日）によれば長崎県対馬市にも行われているが，興味を引くのは，対馬の「ジェ」は繰り返しの回数が最大 2 回までに制限されるという点である．つまり，対馬の「ジェ」は久慈の「ジェ」に比べて形態のバリエーションが少ない．このことは，同種の感動詞において，西日本が形の固定化傾向にあるのに対して，東北地方はそうした傾向が弱いことを示唆する．これは，オノマトペで見た特徴と軌を一にするものと言えよう．

　こうしたオノマトペや感動詞のあり方からすれば，東北方言は，さまざまな感覚や感情を言葉という型で整形する操作，つまり，言語レベルでの制御が非常に弱い状態にあるとみなすことができる．制御・整形を行う発話生成装置が未発達な分，生の感覚や感情がそのままの姿で，いわば即興的に表出されるわけである．

ここでは，東北方言の性格として，「現場的リアリティの言語」「身体化された言語」という2点を挙げた．それらの特徴の背景には，自己と話し手が分化せず，感覚・感情を一定の型にはめて言語化する発話生成装置が十分発達していないという理由がある．別の角度から見れば，発話生成装置の単純さが現場性・身体性の高さを保障し，躍動する感性をリアルに表出するという特質を東北方言に与えている．それが顕著に現れているのが，この地域における自由奔放なオノマトペや感動詞のあり方だと言える．

　ところで，オノマトペや感動詞とはある種，対極に位置するものに比喩表現がある．ある種と断ったのは，オノマトペや感動詞が直感的であまり言葉らしくない表現であるのに対して，比喩表現はよく練り上げられた言葉らしい表現であるという意味である．あらためて発話生成装置の喩えを持ち出せば，比喩表現は精密で複雑な装置の回路を通して表出されるものであり，ある意味，言葉で言葉を説明する表現様式であるとも言える．

　これに関して，半澤（2001）が東日本より西日本の方が比喩を好むと述べているのが注目される．半澤の対象は比喩語の造語法であり，それがそのまま比喩表現全般に当てはまるとはかぎらない．しかし，上のような理解からすれば，比喩表現が西日本で好まれ，東日本ではそれほどでもないことは十分予想できる．特に，東北方言では比喩表現は不活発ではないかと思われるが，もちろんそれはこれからの検討にかかっている．

　比喩表現に関連して，「聞きなし」という言語操作についても触れておこう．動物の声を人の言葉としてとらえること，例えば，ほととぎすの「テッペンカケタカ（天辺かけたか）」やうぐいすの「ホーホケキョ（ほう法華経）」などが聞きなしである．これらはオノマトペから発達したものと考えられるが，動物の声を意味のある人の言葉とみなして表現するところがポイントである．オノマトペのもつ現場性を押し殺し，言葉らしい概念的な言語形式に変換するという加工性の強い表現である．こうした聞きなしも，東北方言の話者は不得手ではないかと予想するが，いかがだろうか．比喩表現の地域差とともに調べてみたい問題である．

5. 言語の構造面と言語的発想法

　東北方言は自己と話し手が未分化で，発話生成装置も他の地域ほど発達していない．この結論は言語行動や表現法だけでなく，より言語の構造に近い部分にもあてはまるだろうか．もし，構造面にも似たような傾向が確認できれば，言語的発想法は東北方言の言語全体に関わる問題としてとらえ直さなければいけないことになる．

　この問題については，すでに簡単に論じたことがある．すなわち，小林（2007）でいくつかの文法範疇の不活発さを指摘し，次に，小林（2010b）で発音構造の単純さも含めて概観した．そこで述べたことは次の3点である．

　(a)　単純な体系を志向する（= 未分化な言語構造）
　(b)　心情的な表現を志向する（= 未発達な論理的表現）
　(c)　現場重視の表現を志向する（= 不得意な概念化表現）

　これらの特徴は東日本方言全般について指摘したものであるが，その中でも特に東北方言にはこれらの特徴が色濃く現れている．音韻と文法について，主要な点を再論してみよう．

　まず，東北方言の発音構造には未分化な様相が見て取れる．シ・ス，ジ・ズ，チ・ツほか一部の音節に統合が見られ，例えば，「獅子」「煤」「寿司」がみなスィスィないしシュシュのような発音になるのがその典型であろう．生理音声学的には中舌化がその正体であるが，明晰な聞えや音韻の区別を犠牲にしても，発音労力の軽減や音韻体系の経済化をめざすという姿勢がうかがえる．同種の傾向によるものとして，イとエの区別が語頭で失われ，「苺」と「越後」が同じ発音になるという現象もある．また，シラビーム方言と呼ばれる特徴，すなわち，特殊拍（長音・撥音・促音）の独立性が弱くて一拍分の長さをもたず，「学校」がガコ，「新聞」がシブに近く発音される現象なども同様に理解される．

　こうした発音の単純化は，南奥方言の無型アクセントにも観察される．共通語では「雨」と「飴」，「花」と「鼻」といった単語は音の高低が決まっており，それで意味も区別されるが，無型アクセントはそうした規則がない．多

くの場合どの語も平らに発音され，この平板発音は発音労力の軽減に役立っている．そもそも高低の決まりがなくとも，実際の会話では単語の意味は区別できる．そうした余剰的な仕組みを排除しようという合理的な発想が無型アクセントであると言える．

　次に，東北方言の文法構造にも単純な体系の志向という特徴が認められる．文法事象の分布を調査した『方言文法全国地図』を見渡してみよう．まず，「が」「を」を中心とした格助詞の使用が低調なことは，この地図集を使った井上 (1992) に整理があるからそれに任せる．それ以外では，とりたての副助詞「は」の不活発さが挙げられる．『方言文法全国地図』には「は」の使用を確認できる地図が8枚あるが，程度の差はあるものの，どの地図でも東北地方を中心に「→」の右に示したような「は」を含まない方言形式が回答されている．

　　第10図「あれは学校だ」→「あれφ　学校だ」
　　第11図・第12図「ビールは飲まないが，酒は飲む」→「ビールφ　飲まないが，酒φ　飲む」
　　第16図「ここに有るのは何か」→「ここ有るのφ　何か」
　　第17図「行くのではないか」→「行くのでφ　ないか」
　　第161図「見はしない」→「見ない」
　　第162図「来はしない」→「来ない」
　　第152図「行きはしなかった」→「行かない」
　　第159図「高くはなかった」→「高くない」

　その後，最近の調査（国立国語研究所共同研究プロジェクト「方言の形成過程解明のための全国方言調査」）で，名詞述語の打ち消しについても「先生ではない」(G-022) という調査項目が加えられたが，結果を地図化してみるとやはり同様の傾向が浮かび上がる．こうした現象は，談話資料ではさらに格助詞「で」や接続詞「それで」，接続助詞「て」に接続する「は」にも確認される（東北大学方言研究センター (2014) の気仙沼市方言から引用）．

　　○オラエデφ　ヤメロッテ　ゼッテー　ユーデバ（うちで［は］やめ

ろって　絶対　言うってば）．(3. 役員を依頼する：010A)
○ハイ　ドーモドーモ．ンデφ　オコトバニ　アマエデ　オカセテモラウカラ（はい　どうもどうも．それで［は］　お言葉に　甘えて　置かせてもらうから）．(6. 駐車の許可を求める：009A)
○ヤンナクテφ　ワガンネゴト　オーグナッテキダガラッサ（やらなくて［は］　いけないこと　多くなってきたからさ）．(9. 町内会費の値上げを持ちかける②：009B)

このほか，アスペクトの面では，第199図「散っている（結果）」，第205図「読んでしまった（完了）」で，単に「散った」「読んだ」に相当する形式がかなり回答されており，東北地方で結果態・完了態に独自の形式が十分用意されていない状況が観察される．第200図「今にも散りそうだ（将然）」，第201図「今にも死にそうだ（将然）」でも，単に「散る」「死ぬ」に該当する形式を回答する地点が見られ，「無回答」の地点も目立つことからすれば，このアスペクト範疇にふさわしい形式を答えるのに話者が苦労した様子がうかがえる．

さらに，意志関係では，第106図「起きよう」，第109図「書こう」ほかの地図で単に「起きる」「書く」などに当たる形式が回答され，予想される「ベー」がかならずしも使用されない地点がある．打消し意志の第234図「行くまい」では，それに該当する専用形式の北限が大体福島・新潟付近であり，それより北はほぼ「行かない」にあたる形式のみとなっている．

最後に，禁止の意味について見た第225図「行ってはいけない」では，命令形式の「行くな」が東北地方を中心に出現している．

以上，文法に関して副助詞の「は」の不活発さを取り上げ，次いで，いくつかの文法範疇に専用形式が発達していないことを見てきた．この場合，例えば，「見はしない」なら「見ない」，「読んでしまった」なら「読んだ」，「起きよう」なら「起きる」といったように，特別な文法的意味の加わらない，いわば基本形が選択されることが多い．つまり，基本形がカバーする文法的意味の守備範囲が非常に広いわけである．最初に「(a) 単純な体系を志向する（＝未分化な言語構造）」と述べたのは，こうした現象をとらえてのこと

である．

　ただし，ここで注意しておかなければいけないことがある．それは，実際には，これらの基本形に終助詞が加わるケースが多いという点である．いくつか具体例を挙げてみよう．

　　第161図「見はしない」→ 見ナイゾ，見ナイジャ，見ナイデバなど
　　第205図「読んでしまった（完了）」→ 読ンダッチャ，読ンダハなど
　　第200図「今にも散りそうだ（将然）」→散ルゾ，散ルナなど
　　第106図「起きよう」→ 起キルゾ，起キルカなど

　終助詞は話者の心的態度を表明するものである．そうした要素への依存傾向が見られるのは，当該の文法的意味にふさわしい形式を整備するというよりも，終助詞という心理的な要素で文法的意味をそれらしく代用しようとする発話態度の現れではなかろうか．このような現象を，ここでは「擬似的文法表現」と呼んでおこう．

　例えば，上記の例のように，とりたてや将然，意志といった文法的意味を，それらを表出する際の活性化した心理状態を契機に「ゾ」というある種の強調や訴えかけの終助詞で代用する．あるいは，完了という文法的意味を，既定性を仲介することで当然のこと，当たり前のこととして言い放つ「ッチャ」や「ハ」といった終助詞に肩代わりさせる．さらに，意志を表明する際の心の揺らぎをとらえて「カ」という疑問の終助詞を用いる．そうした現象が「擬似的文法表現」である．

　こうした現象は，東北方言が論理的な表現よりも心情的な表現を好む土壌であることを意味すると思われる．先に，「(b) 心情的な表現を志向する（＝未発達な論理的表現）」と指摘したのは，こうした意味においてである．時間や順序に関わる副詞「はや」「まず」が東北で感動詞的に使用され，さらに終助詞（「ハ」）に転じたり（半沢 (2013)），終助詞的な用法（「マズ」）を獲得したりするに至るといった文法化の現象も，併せて考えるべきであろう．

　また，もう1つの「(c) 現場重視の表現を志向する（＝不得意な概念化表現）」という特徴も，この終助詞重視の表現法と関係しそうである．終助詞

は聞き手目当ての文法形式であり，対人性の極めて高い要素と言える．つまり，会話の場で相手に向けて発せられるのが終助詞である．このことは，終助詞の付加された表現が，現場重視の表現であることを意味する．概念的な文法形式を選択して理屈で文を構成するのではなく，相手に向けた心情的な終助詞を文の終結部にぽんと付け加える．発話の現場で活性化した話者の心理がそのまま相手に向けられるというある種プリミティブな表現機構が，ここには認められるのである．禁止についても，「行ってはいけない」という命題の提示ではなく，「行くな」という相手への指示に置き換えてしまうところに，やはり表現の現場性を見ることができそうである．

以上のように見てくると，言語的発想法の考え方は言語の運用面のみでなく，構造面にも適用できることがわかる．本節で東北方言の構造上の特徴とみなした単純な体系の志向，心情・現場重視の表現の志向という点は，運用上の特徴としてすでに指摘した分析性や定型性，加工性，客観性の低さの問題に共通するものである．両者の関係についてはなお検討が必要であるが，言葉に対する東北人の姿勢や嗜好のあり方を，言語全般に通底するものとして考察することは十分有効であると思われる．

6. 東北的特質の背景にあるもの

6.1. 「高文脈文化」について

言語的発想法の違いを生み出すのは言語環境の違いであり，さらにそれは社会環境の違いに起因している．先に掲げた図2の「社会と言語活動の関係モデル」はその影響関係を示したものである．より具体的に言えば，都市型社会ではコミュニケーションは複雑で活発な状態にあり，それが言語的発想法の発達を促す．一方，農村型社会ではコミュニケーションは単純で不活発な状態にあり，それが言語的発想法を未発達な状態に留める．発言化・定型化・分析化・加工化・客観化・配慮化・演出化の進行と，それに応じた発話生成装置のレベルアップは，根本的には社会環境のあり方に左右されるというわけである．

このようなモデルに従えば，言語的発想法の地域差は図7に示すように，

都市型社会と農村型社会のどちらの性質が強いかという社会差が，地理的な地域差の上に反映されたものと理解することができる．東北方言について言えば，この方言が7つの発想法を発達させておらず，発話生成装置も単純な機能に留まるのは，東北地方が典型的な農村型社会であったことに起因すると考えることになる．

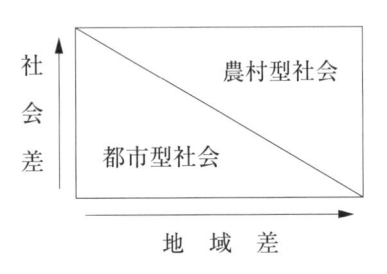

図7　社会差と地域差の相関

　さて，こうした言語的発想法と言語環境・社会環境との関係について論じる際，文化人類学者ホール（1979）の「高文脈（high context）文化」と「低文脈（low context）文化」の説に触れておく必要がある．この説では，知識や情報が互いに共有される緊密な社会か，それともそうでないかによって会話のスタイルが異なってくると考える．すなわち，「高文脈文化」では共有知識や場面情報など言葉以外の情報（文脈）を利用できるので，かならずしも言葉で示す必要がない．一方，「低文脈文化」では言葉以外の情報に頼ることができないので，伝達したい情報はすべて言葉で表現するという違いである．この見方で世界の言語を分類すると，察しの文化が栄えている日本語は高文脈文化に属するとされる．

　このような考え方は7つの言語的発想法のうち「発言性」の発想法，すなわち，口に出して伝えるか否かという点と特に関連が深そうである．つまり，積極的に言葉で表すことをせず，言外の情報に頼るという高文脈文化のコミュニケーション方法は，発言性の低い状態に対応すると考えられる．この点で，東北方言は高文脈文化と言われる日本語の中でも，特にその性格が際立っていると言える．

　ただし，気を付けなければいけないのは，高文脈文化という概念は，ただ

口に出さないというのではなく，はっきり言わないということがポイントだという点である．曖昧に言う，ぼかす，ほのめかす，といったコミュニケーションの方法も高文脈言語の特徴とされていることからすれば，それは言語的発想法の「発言性」の問題と同一ではなく，「加工性」の問題などとも関わってくることになる．

このように見てくると，高文脈文化という考え方の中には，次のaとbのような性格の異なる2種類のコミュニケーションのあり方が混在しているように思われる．

a. 原初的な高文脈文化（発言性がそもそも弱く，本来的に言葉に頼らない文化）
b. 発展的な高文脈文化（発言性は高いものの，加工性によってその一部が制御される文化）

ぼかしやほのめかしが，本来的な発言性の低さからくるものか，それとも一種の会話の技法として採用されるものか．あるいは，話さないことが話せないからそうなのか，それとも話せるのにあえて話さないのか，そこには大きな違いがある．筆者の見るところ，東北方言は前者，すなわち，原初的な高文脈文化に分類される．一方，後者，つまり，発展的な高文脈文化の典型と考えられるのが関西方言である．

なお，小林・澤村（2014）では7つの言語的発想法は一方向的に発達すると主張した．この見通しは誤ってはいないであろう．しかし，ただいまの議論からすれば，発言化に関して，加工化との絡みで細部を検討しなければいけないことになる．おそらく，コミュニケーションのあり方は口に出さない状態が先にあり，そこから発言化によって口に出す状態へと移行するはずである．しかし，加工化が進んでくると，ありのままに口に出すのではなく，それを制御する話術も習得していくことになる．それによって，発言性の一部が意図的に抑制されることも出てくる．言葉を前面に立てて話すときと，逆に言葉を隠すことで言いたいことを伝えるときの両方をうまく操作する．複雑で活性化した発話生成装置の発達は，発話の場に応じた臨機応変性を獲得することでもあると考えられる．

6.2. 「限定コード」について

　都市型社会ではさまざまな人々が暮らし，多様な目的をもった活動が展開される．そこで繰り広げられる複雑で活発なコミュニケーションのあり方ゆえに言語的発想法の発達が促される．だが，それだけではなく，小林・澤村 (2014) で述べたように，さまざまな言語文化との接触機会が用意されていることや，読み書き能力を備えた人々の多いことも，都市における言語的発想法の活性化を後押ししたと思われる．つまり，農村部に比べて都市部には言葉に対する鋭敏な感覚や言語的規範性・創造性を備えた人々がより多く存在したのであり，そうした一種の教養層が言語的発想法の発達を先導したのではないかと考えられる．

　この点に関しては，イギリスの教育社会学者バジル・バーンスタイン (1981) が唱えた「限定コード (restricted code)」と「精密コード (elaborated code)」にも触れておく必要がある．これらは言語の構造化の違いに注目したものであり，簡単にまとめれば，「限定コード」は文法構造が単純で表現が非分析的・感情的・具体的であり，一方，「精密コード」は文法構造が複雑で表現が分析的・論理的・抽象的であるという違いをもつ．「限定コード」が単純で荒削りな表現をとるのに対して，「精密コード」は複雑で精緻な表現を可能にするとも言える．

　こうした言語コードと言語的発想法の考え方はもちろん同じものではない．「限定コード・精密コード」の射程からは言語的発想法の「発言性」や「配慮性」「演出性」という要素が抜け落ちているように見える．また，「定型性」は予想に反して「限定コード」の特徴とみなされているようである．しかし，「分析性」「加工性」「客観性」は「精密コード」の特徴に含まれている．精緻な表現を可能にする「精密コード」は，ここでの論で言えば，複雑かつ精密な発話生成装置になぞらえて理解することも可能であろう．その点を重視すれば，概略，「限定コード」は言語的発想法が未発達な状態に，「精密コード」は同じく発達した状態に対応すると考えてよいかもしれない．

　ところで，バーンスタインはこうした言語コードを社会階層と結びつけて論じた．すなわち，イギリスの労働者階級の子供たちは「限定コード」しか持たないのに対して，中産階級の子供たちは「精密コード」も持つという違

いである．このように，社会階層の違いが表現法や言語行動の異なりと対応するという見解は興味深い．

　こうしたイギリスの社会階層をそのまま日本の社会に当てはめることはもちろん難しい．しかし，歴史的に見れば，日本でも商工業者と農山漁業者との間に財力の違いによる一種の階層差があったことは間違いない．しかも，都市には財力をもった商工業者が集まり，田舎には財力の乏しい農山漁業者が多かった．富を蓄えた都会の商工業者は子弟の教育にもお金をかけ，さまざまな言葉の文化にも親しんだはずである．そのようにして培われた教養は，言葉に対する規範力や創造力をも鍛えていったことであろう．

　このように見てくると，言語的発想法との関わりで都市型社会・農村型社会の性格を問題にする際，その構成員の違い，つまり商工業者と農山漁業者の違いに注目することは有効であることがわかる．八鍬（2003: 530）は近世の識字層が商工業者に多く，商工業者の住む都市の存在が識字層の拡大を先導したと述べるが，これは職業的な社会階層と言語能力との関係を示したものとして注目される．

　このようにバーンスタインの理論における社会階層という視点は，言語的発想法の発達について論じる場合にも参考になりそうである．ただし，少なくとも日本の場合には（イギリスもある程度そうかもしれないが），そうした社会階層の違いが都市部と農村部という社会的な地域差の上に投影されており，さらにそのような社会的な地域差が，関西（都市的）と東北（農村的）といった地理的な地域差の上に反映している点が重要である．図7に示したように，社会差と地域差の相関の中でこうした問題を論じていかなければならないのである．

　さて，東北地方をこのような視点からながめたとき，歴史的に見て商工業の発達が遅く，農村型社会が長く保たれたことが注意される．農山漁業者の割合が高い状態が長らく続いたのであり，財力を備えた商工業者が都市に集中することも他地域よりは遅れた．商工業者はコミュニケーションの多様さ・活発さをもたらすだけでなく，上で述べたように，その経済力をもって言語教育や言語文化に強く関わった．そうした人々の層（一種の社会階層）が貧弱であったことが，東北方言の言語的発想法の発達に停滞をもたらした

1つの原因であったと考えてよいだろう．

6.3. 言語，社会，そして自然

　先に掲げた図2の「社会と言語活動の関係モデル」では，その底辺に「社会」を位置付けた．それでは，社会よりもさらに深いところに何か社会を規定する要因は考えられないだろうか．

　この点で気になるのが，東北のズーズー弁は寒さのせいだという民間の説である．寒くて十分口を開けていられないから，自然と発音が訛る．「ドサ」「ユサ」（「どこへ行くのか」「お湯（風呂）に行くのだ」）といった具合に一言で会話が成り立つのも同様の理由だというのである．学界では，こうした民間の説はいわゆる俗説として退けられてきた．しかし，これを一瞥もせずに突っぱねてよいか，少々考えてみる必要がある．

　この民間説は，要するに気候が言葉に影響を与えるという話である．つまり，「自然」と「言語」の関係が焦点になっている．この両者を直接結び付けることは，一部の分野別語彙を除けばさすがに難しいであろう．しかし，両者の間に「社会」という要因を置いて考えてみるとどうだろうか．すなわち，自然→社会→言語，という影響関係である．本章は「社会と言語活動の関係モデル」のように，言語活動のあり方はその地域の社会のあり方に規定されるという立場をとる．つまり，社会→言語という関係が成り立つと考える．この関係については，小林・澤村（2014）で詳しく論じ，本章でも触れてきたが，要するに社会の複雑化・活性化が高頻度で多様なコミュニケーション環境を招来し，それが言語的発想法の発達をもたらすという考えである．それでは，自然→社会の関係はどうか．

　この点については，自然は社会に一定の影響を与えるというのが関連科学のこれまでの見解とみてよい．科学技術の進歩によって自然の克服が進んだ現代と異なり，古い時代には自然が社会に与える影響は非常に大きかったと考えられる．すなわち，稲作を中心とした日本の農業にはもともと温暖な気候が適し，寒冷地で収穫を上げるには品種改良をはじめとした技術の進歩が必要であった．農業に限らず，冬場，雪や氷に閉ざされる地域では，暖かい地域に比べて人々の生活が全般に制限されるということもあった．こうした

農業の効率性や人間の活動力の違いは，そのまま地域の生産力の差に反映された．生産力の高い地域ではますます人口が集中し，生産物を売りさばいたり加工したりするための商工業や，それらに関わる人や商品を運ぶための交通網も発達した．しかし，生産力の低い地域ではそうした面での変化は見込まれず，旧来の社会状態が続いた．

以上のように見てくると，社会のあり方は一定程度自然から影響を受けていることがわかる．本節の興味に引き付けて言えば，東北地方は寒冷地としての気候が生産力や経済力を低く抑え，人口の集中や人々の交流を阻害した．つまり，この地域では，その自然環境ゆえに，高頻度で多様なコミュニケーションをもたらす複雑で活性化した社会が成立しにくかったと考えられる．

このように自然→社会という関係が成り立てば，社会→言語と合わせて自然→社会→言語という3要素の影響関係が成立することになる．自然は直接には言語を規定しない．寒くて口を開けられないというのは，やはり俗説である．しかし，自然と言語の間に社会という要素を置いて見ることで間接的に両者を繋ぐことができる．「風が吹けば桶屋が儲かる」という諺があるが，この「風」と「桶屋」の関係に当たるのが自然と言語であると言ってもよい．

もっとも，自然と社会の関係をこのように単純に考えるのは，なお慎重を要するであろう．ここでは特に地域の生産力・経済力を問題にしたが，小林・澤村（2014）で取り上げたような同族組織型社会（東日本）と年齢階梯型社会（西日本）といった社会組織の違いもコミュニケーション環境の違いに関わると考えられる．そうした社会組織のあり方まで自然環境の影響下にあるのかどうかはよくわからない．さまざまな社会的要因のうち自然の影響を大きく受けるものとそうでないものとの違い，あるいは，一旦自然環境から影響を受けて成立した社会環境が別の社会環境を生み出すといった社会的要因相互の関係などにも目配りが必要である．しかし，それでもここでの議論のとおり，自然→社会→言語といった繋がり自体を認めることはできるであろう．図2の「社会と言語活動の関係モデル」の底辺に「自然」を位置付けることは原理的には可能である．

7. まとめ

以上，小林・澤村（2014）の論を補説しつつ，言語的発想法の視点から東北方言の特質について考えてきた．ここで述べてきたことを簡単にまとめれば次のようになる．

(1) 7つの言語的発想法は，それらを構造化してとらえることが必要であり，「発言化」とそれ以外に分ける方法や，「伝達効率に関わる発想法」と「伝達効果に関わる発想法」に分類する方法などが考えられる．

(2) 東北方言は7つの言語的発想法がすべて不活発な状態にある．そもそも，ものごとを言葉にして伝えようとせず，発話における伝達効率や伝達効果を積極的に追求することもしないという傾向が認められる．

(3) 言語的発想法が東北方言で不活発であるのは，この方言にとって，自己と話し手が未分化の状態にあり，ものの言い方を生み出し操作する「発話生成装置」が精密化していないことに起因すると考えられる．

(4) 上記（3）の裏返しとして，躍動感あふれる感動詞やオノマトペの使用に見られるように，「現場的リアリティの言語」および「身体化された言語」といった性格をもつことも東北方言の特質である．

(5) 東北方言の言語的発想法は，言語の構造面にも影響しており，音韻・文法の上で単純な体系や心情的・現場的表現への志向が見られる．言語的発想法を言語全般に通底するものとして考察することが必要である．

(6) 言語的発想法の違いを生むのは言語環境の違いであり，さらにそれは社会環境の違いに起因する．東北方言で言語的発想法が未発達である背景には，この地域における都市型社会への移行の遅れがあると考えられる．

(7) ものの言い方と社会との関係を論じる際，ホールの「高文脈文化」

の説や，バーンスタインの「限定コード」の説が参考になるが，それらをそのまま言語的発想法の考え方にあてはめることはできない．
(8) 上記（6）に関連して，社会環境の背後に自然環境の影響を想定することも可能である．東北地方は寒冷地としての気候ゆえに，高頻度で多様なコミュニケーションをもたらす社会が成立しにくかったと推定される．

このほか，東北方言の言語的発想法上の特質は，その方言形成にも影響を与えている．装置化された複雑なシステムをもつ中央語は，そうしたものへの欲求が弱い東北方言に受け入れられず，伝播がシャットアウトされる場合がある．また，受容される場合でも東北方言の発想法に沿って再生が起こる．すなわち，言語の構造的・概念的な側面には，体系や規則の単純化，形態（型）の磨滅・崩壊や意味の拡散・表面化（文法化も含めて），あるいは論理性の感情的要素へのすり替えなど，いわば強固な制度を軟化するような現象が生じる．また，言語の感覚的・感情的な側面には，それをより増幅・拡大する方向での再生が行われると考えられる．

こうした問題については小林（2014）である程度取り上げているが，あらためて詳しく論じることにしたい．

参考文献

バーンスタイン，バジル（Basil Bernstein）（著），萩原元昭（編訳）（1981）『言語社会化論』明治図書出版，東京．
ホール，エドワード（Edward T. Hall）（著），岩田慶治・谷泰（訳）（1979）『文化を超えて』ティビーエス・ブリタニカ，東京．
半澤幹一（2001）「西の人は「たとえ」がお好き？──日本方言比喩語の東西比較──」『文学芸術』（共立女子大学）第25号，5-20．
半沢康（2013）「東北地方の方言伝播──見かけ時間データを手がかりにして──」（「方言の形成過程解明のための全国方言調査」公開研究発表会資料）．
井出祥子（2006）『わきまえの語用論』大修館書店，東京．
池上嘉彦（2006）『英語の感覚・日本語の感覚〈ことばの意味〉のしくみ』NHK出版，東京．

井上史雄（1992）「社会言語学と方言文法」『日本語学』第11巻6号，94-105．
陣内正敬（2010）「ポライトネスの地域差」『方言の発見』，小林隆・篠崎晃一（編），93-106，ひつじ書房，東京．
小林隆（2007）「文法的発想の地域差と日本語史」『日本語学』第26巻11号，76-83．
小林隆（2009）「談話表現の歴史」『日本語表現学を学ぶ人のために』，糸井通浩・半澤幹一（編），188-211，世界思想社，京都．
小林隆（2010a）「オノマトペの地域差と歴史――「大声で泣く様子」について――」『方言の発見』，小林隆・篠崎晃一（編），21-47，ひつじ書房，東京．
小林隆（2010b）「日本語方言の形成過程と方言接触――東日本方言における"受け手の論理"――」『日本語学』第29巻14号，32-44．
小林隆（2014）「方言形成論の到達点と課題――方言周圏論を核にして――（改定版）」『柳田方言学の現代的意義――あいさつ表現と方言形成論――』，小林隆（編），341-386，ひつじ書房，東京．
小林隆・澤村美幸（2012）「「驚きの感動詞「バ」」『宮城県・岩手県三陸地方南部地域方言の研究』小林隆（編），165-188，東北大学国語学研究室．
小林隆・澤村美幸（2014）『ものの言いかた西東』岩波書店，東京．
国立国語研究所（1989-2006）『方言文法全国地図』全6巻，国立印刷局，東京．
三井はるみ・井上文子（2007）「方言データベースの作成と利用」『シリーズ方言学4 方言学の技法』，小林隆（編），39-89，岩波書店，東京．
尾上圭介（1999）『大阪ことば学』創元社，大阪（岩波現代文庫2010を使用）．
齋藤ゆい（2007）「方言オノマトペの共通性と独自性――宮城県旧小牛田町と高知県安芸郡奈半利町との比較――」『高知大国文』第38号，51-73．
竹田晃子（2012）『東北方言オノマトペ用例集』国立国語研究所，東京．
東北大学方言研究センター（2014）『生活を伝える被災地方言会話集――宮城県気仙沼市・名取市の100場面会話――』東北大学国語学研究室．
土井八枝（1938）『仙台の方言』春陽堂書店，東京．
八鍬友広（2003）「近世社会と識字」『教育学研究』（新潟大学教育学部）第70巻4号，524-534．

編者・執筆者紹介
(掲載順)

益岡　隆志(ますおか　たかし)[編者]

【略歴】　1950年岡山市生まれ．1976年大阪外国語大学外国語学研究科英語学専攻（修士課程）修了．文学博士（神戸大学，2008年）．神戸市外国語大学外国語学部教授．

【主な業績】　『命題の文法』（くろしお出版，1987），『複文』（くろしお出版，1997），『日本語モダリティ探究』（くろしお出版，2007），『日本語構文意味論』（くろしお出版，2013），ほか．

高山　知明(たかやま　ともあき)

【略歴】　1963年三重県生まれ．1992年筑波大学博士課程文芸・言語研究科言語学（日本語学）単位取得満期退学．博士（言語学）[2012年，筑波大学]．金沢大学人間社会研究域・歴史言語文化学系教授．

【主な業績】　『日本語音韻史の動的諸相と蜆縮涼鼓集』（笠間書院，2014），「現代日本語の音韻とその機能（第2章）」『朝倉日本語講座第3巻　音声・音韻』（上野善道編，朝倉書店，2003），「促音による複合と卓立」『国語学』182集（1995），「日本語における連接母音の長母音化──その歴史的意味と発生の音声的条件──」『言語研究』101号（1992），ほか．

田中　伸一(たなか　しんいち)

【略歴】　1964年大阪府生まれ．1993年筑波大学大学院博士課程文芸・言語研究科言語学専攻満了．博士（言語学，1999年）．東京大学大学院総合文化研究科言語情報科学専攻教授．専門は理論言語学（音韻論・形態論）．

【主な業績】　『日常言語に潜む音法則の世界』（開拓社，2009），『アクセントとリズム』（研究社，2005），*Voicing in Japanese* (Mouton de Gruyter, 分担執筆，2005), *Issues in Japanese Phonology and Morphology* (Mouton de Gruyter, 分担執筆，2001), ほか．

斎藤　倫明(さいとう　みちあき)

【略歴】　1954年青森県生まれ．文学博士（東北大学）．東北大学大学院文学研

究科教授．専門は日本語語彙論・語構成論．
【主な業績】『現代日本語の語構成論的研究』（ひつじ書房，1992），『語彙論的語構成論』（ひつじ書房，2004），『これからの語彙論』（共編著，ひつじ書房，2011），『日本語語彙へのアプローチ――形態・統語・計量・歴史・対照――』（共編著，おうふう，2015），ほか．

由本　陽子（ゆもと　ようこ）
【略歴】1986年大阪大学大学院文学研究科後期課程修了．文学博士（大阪大学，2004年）．大阪大学大学院言語文化研究科言語文化専攻教授．専門は語彙意味論，語形成論．
【主な業績】『複合動詞・派生動詞の意味と統語――モジュール形態論から見た日英語の動詞形成――』（単著，ひつじ書房，2005），『語彙の意味と文法』，（共編・分担執筆，くろしお出版，2009），『レキシコンに潜む文法とダイナミズム』（単著，開拓社，2011），"Variation in N-V Compound Verbs in Japanese," (*Lingua* 20, 2388-2404, 2010)，ほか．

野田　尚史（のだ　ひさし）
【略歴】1956年金沢市生まれ．1981年大阪外国語大学外国語学研究科日本語学専攻（修士課程）修了．博士（言語学）（筑波大学，1999年）．国立国語研究所教授．
【主な業績】『「は」と「が」』（くろしお出版，1996），『日本語の文法4　複文と談話』（共著，岩波書店，2002），『コミュニケーションのための日本語教育文法』（編著，くろしお出版，2005），『日本語の配慮表現の多様性――歴史的変化と地理的・社会的変異――』（共編著，くろしお出版，2014），ほか．

堀江　薫（ほりえ　かおる）
【略歴】1993年南カリフォルニア大学人文学研究科言語学科Ph.D.取得．名古屋大学大学院国際言語文化研究科教授，国立国語研究所言語対照研究系客員教授（兼）．専門は言語類型論・対照言語学．
【主な業績】『言語のタイポロジー――認知類型論のアプローチ――』（共著，研究社，2009），*Complementation: Cognitive and Functional Perspectives*（編著，John Benjamins，2000），"The Interactional Origin of Nominal Predicate Structure in Japanese: A Comparative and Historical Pragmatic Perspective" (*Journal of Pragmatics* 44, 2012)，「日本語と韓国語の文法化の対照」（『日本語の研究』1巻3号，2005），ほか．

山口　治彦（やまぐち　はるひこ）
【略歴】　1961年大阪府に生まれる．1989年大阪市立大学大学院文学研究科後期博士課程単位取得退学．神戸市外国語大学外国語学部教授．
【主な業績】　『語りのレトリック』（海鳴社，1998），『味ことばの世界』（共著，海鳴社，2005），『明晰な引用，しなやかな引用：話法の日英対照研究』（くろしお出版，2009），ほか．

森山　卓郎（もりやま　たくろう）
【略歴】　1960年京都市生まれ．1985年大阪大学大学院文学研究科国文学専攻博士後期課程修了．学術博士（1987年，大阪大学）．早稲田大学文学学術院教授．京都教育大学名誉教授．
【主な業績】　『日本語動詞述語文の研究』（明治書院，1988），『ここからはじまる日本文法』（ひつじ書房，2000），『日本語の文法3　モダリティ』（共著，岩波書店，2000），ほか

遠藤　喜雄（えんどう　よしお）
【略歴】　1960年東京生まれ．2006年ジュネーブ大学言語学研究科修了．言語学博士（ジュネーブ大学，2006年）．神田外語大学大学院言語科学研究科教授．
【主な業績】　*Locality and Information Structure* (John Benjamins, 2007), "Illocutionary Force and Modal Particle in the Syntax of Japanese" (*Modality and the Theory of Mind across Languages*, Mouton de Gruyter, 2012), 『日本語カートグラフィー研究』（ひつじ書房，2014），"Two ReasonPs: What Are*(n't) You Coming to the United States For?" (*Beyond Functional Sequence*, Oxford University Press, 2015), ほか．

小林　隆（こばやし　たかし）
【略歴】　1957年新潟県上越市生まれ．1983年東北大学大学院文学研究科国文学国語学日本思想史学専攻退学．博士（文学）（東北大学，2004年）．東北大学大学院文学研究科教授．
【主な業績】　『方言学的日本語史の方法』（ひつじ書房，2004），『シリーズ方言学1～4』（編著，岩波書店，2006～2008），『柳田方言学の現代的意義――あいさつ表現と方言形成論――』（編著，ひつじ書房，2014），『ものの言いかた西東』（共著，岩波書店，2014），ほか．

日本語研究とその可能性　　ISBN978-4-7589-2214-2　C3081

編　者	益 岡 隆 志
発行者	武 村 哲 司
印刷所	日之出印刷株式会社

2015 年 6 月 28 日　第 1 版第 1 刷発行Ⓒ

発行所　株式会社　開 拓 社

〒113-0023 東京都文京区向丘 1-5-2
電話　(03) 5842-8900 (代表)
振替　00160-8-39587
http://www.kaitakusha.co.jp

JCOPY ＜(社)出版者著作権管理機構 委託出版物＞
本書の無断複写は，著作権法上での例外を除き禁じられています．複写される場合は，そのつど事前に，(社)出版者著作権管理機構 (電話 03-3513-6969, FAX 03-3513-6979, e-mail: info@jcopy.or.jp) の許諾を得てください．